全国建设行业中等职业教育推荐教材

住房和城乡建设部中等职业教育市政工程施工与给水排水专业指导委员会规划推荐教材

建设法规与标准

JIANSHE FAGUI YU BIAOZHUN

（市政工程施工专业）

陈学文　主　编

杜　镀　张江威　副主编

杨永腾　主　审

中国建筑工业出版社

图书在版编目（CIP）数据

建设法规与标准/陈学文主编. —北京：中国建筑工业出版社，
2015.10（2023.12重印）
全国建设行业中等职业教育推荐教材. 住房和城乡建设部中等
职业教育市政工程施工与给水排水专业指导委员会规划推荐教材
（市政工程施工专业）
ISBN 978-7-112-18539-9

Ⅰ.①建…　Ⅱ.①陈…　Ⅲ.①建筑法-中国-中等专业学校-教
材②建筑工程-标准-中国-中等专业学校-教材　Ⅳ.①D922.297
②TU-65

中国版本图书馆 CIP 数据核字（2015）第 236556 号

　　本书根据最新颁布和实施的法律、行政法规、部门规章及相关规范和标准编写，突出中职教育特点、注重案例教学、强调实用和技能。全书共分为 9 个单元，内容主要有：绪论，工程建设执业资格制度，建设工程发包承包制度，建设工程招标投标制度，建设工程合同法规及监理合同法规，建设工程安全生产法律制度，建设工程质量法律制度，建设工程相关法律制度，市政工程专业相关标准。书中每单元附引言和学习目标及大量的工程案例来帮助学生理解相关法律法规。

　　本书既可作为市政工程施工、建筑工程施工、给水排水施工、工程监理、工程造价等专业中职学生的教材，也可以作为建筑工程岗位培训、建造师考试、市政及建筑从业人员自学教材。

　　为更好地支持相应课程的教学，我们向采用本书作为教材的教师提供教学课件，有需要者可与出版社联系，邮箱：jckj@cabp.com.cn，电话：（010）58337285，建工书院 http://edu.cabplink.com。

* * *

责任编辑：陈　桦　聂　伟　吴越恺
责任校对：李美娜　赵　颖

全国建设行业中等职业教育推荐教材
住房和城乡建设部中等职业教育市政工程施工
与给水排水专业指导委员会规划推荐教材

建设法规与标准
（市政工程施工专业）

陈学文　主　编
杜　镀　张江威　副主编
杨永腾　主　审

*

中国建筑工业出版社出版、发行（北京西郊百万庄）
各地新华书店、建筑书店经销
北京科地亚盟排版公司制版
建工社（河北）印刷有限公司印刷

*

开本：787×1092毫米　1/16　印张：15½　字数：363千字
2016 年 1 月第一版　　2023 年 12 月第六次印刷
定价：**34.00** 元（赠教师课件）
ISBN 978-7-112-18539-9
（27775）

本系列教材编委会 ◆◆

序言 ◆◆

　　住房和城乡建设部中等职业教育专业指导委员会是在全国住房和城乡建设职业教育教学指导委员会、住房和城乡建设部人事司的领导下，指导住房城乡建设类中等职业教育（包括普通中专、成人中专、职业高中、技工学校等）的专业建设和人才培养的专家机构。其主要任务是：研究建设类中等职业教育的专业发展方向、专业设置和教育教学改革；组织制定并及时修订专业培养目标、专业教育标准、专业培养方案、技能培养方案，组织编制有关课程和教学环节的教学大纲；研究制订教材建设规划，组织教材编写和评选工作，开展教材的评价和评优工作；研究制订专业教育评估标准、专业教育评估程序与办法，协调、配合专业教育评估工作的开展等。

　　本套教材是由住房和城乡建设部中等职业教育市政工程施工与给水排水专业指导委员会（以下简称专指委）组织编写的。该套教材是根据教育部 2014 年 7 月公布的《中等职业学校市政工程施工专业教育标准（试行）》、《中等职业学校给排水工程施工与运行专业教学标准（试行）》编写的。专指委的委员专家参与了专业教学标准和课程标准的制定，并将教学改革的理念融入教材的编写，使本套教材能体现最新的教学标准和课程标准的精神。目前中等职业教育教材建设中存在教材形式相对单一、教材结构相对滞后、教材内容以知识传授为主、教材主要由理论课教师编写等问题。为了更好地适应现代中等职业教育的需要，本套教材在编写中体现了以下特点：第一，体现终身教育的理念；第二，适应市场的变化；第三，专业教材要实现理实一体化；第四，要以项目教学和就业为导向。此外，教材中采用了最新的规范、标准、规程，体现了先进性、通用性、实用性。

　　本套系列教材凝聚了全国中等职业教育"市政工程施工专业"和"给水排水工程施工与运行专业"教师的智慧和心血。在此，向全体主编、参编、主审致以衷心的感谢。

　　教学改革是一个不断深化的过程，教材建设是一个不断推陈出新的过程，需要在教学实践中不断完善，希望本套教材能对进一步开展中等职业教育的教学改革发挥积极的推动作用。

住房和城乡建设部中等职业教育市政工程施工与给水排水专业指导委员会

2015 年 10 月

前言 ◆◆
Preface

市政工程近几年的快速发展使经济的增长和产业结构的升级加速，用法律来规范工程建设活动、保证建设产品的质量、维护公平公正的市场秩序已经成为当今社会的共识。随着工程建设法规体系的迅速发展与不断完善，建设行业的各类从业人员须及时更新自己的法律知识，提高自己的综合素质。

本书是市政工程施工专业学习法律法规和专业标准的教材。书中以《中和人民共和国建筑法》、《中华人民共和国民法通则》、《中华人民共和国合同法》、《中华人民共和国招标投标法》、《建设工程质量管理条例》、《建设工程安全生产管理条例》等为主要法规体系，并结合其他相关的法律、法规和司法解释，详细阐述了建设许可法规、建设工程发承包法规、建设工程合同法规、建设工程监理法规、建设工程安全生产法律制度、建设工程质量法律制度、建设工程其他相关法规等内容，并对违反相关法律应负的法律责任作了必要的介绍。通过学习建设法规与标准，使学生初步对本书涉及的相关的建设法规与标准有所了解和掌握，树立法律意识，熟悉行业标准，从而达到掌握建筑法规，遵守建筑法规、应用行业标准的目的；培养学生在将来的实际工作中根据自己掌握的法律知识、行业标准增强自己的竞争力。

本书按照中等职业院校市政工程类专业人才培养计划的要求而编写，具有以下特点：

（1）书中精选了大量的专业案例，并对之进行适度的解读分析，以帮助学生更好地理解和掌握各类法律条文。

（2）本书的编写还参考了建筑类执业资格考试大纲，力求专业课程的学习与执业资格考试的需求能够对接。

（3）本书内容安排上体现中职学生特点，知识以够用为度；突出工程应用，加强与工作岗位的联系；满足毕业后学生继续提高的要求，为理论的深入研究提供一定空间。

本书由河南建筑职业技术学院陈学文任主编，河南建筑职业技术学院杜镀和北京公科固桥技术有限公司张江威任副主编，全书由郑州市市政工程勘测设计研究院教授级高工杨永滕任主审。编写分工如下：单元1和单位2由陈学文编写；单元3、4由杜镀编写；单元5由河南建筑职业技术学院张照方编写；8.1由张江威编写，8.2、8.3分别由辽宁城市建设职业技术学院张铁成和郑州市市政工程勘测设计研究院詹俊华编写；单元6、7、9由河南建筑职业技术学院高柯编写。

本书在编写过程中参考了大量的法律条文、图书文献和网络资料，在此谨向各位作者表示感谢。

由于编者水平有限，书中不足之处在所难免，敬请读者在使用过程中给予指正并提出宝贵意见。

目录 ◆◆◆ Contents

【引言】

　　法是由一定物质生活条件所决定的统治阶级意志的反映；它是由国家制定或认可的，并由国家强制力保证实施的行为规范体系；它规定了人们在一定社会中的权利和义务，从而确认和保证有利于统治阶级的社会关系和社会秩序；法也是一种规范，它确定了人的行为的自由程度，即在法律界限之内，人可以有自由行为，超越了界限，就应该被矫正。建筑法规是通过各种法律规范规定建筑业的基本任务、基本原则、基本方针，以加强建筑业的管理，维护建筑市场秩序，促进建筑业的健康发展，为国民经济各部门提供必需的物质基础，为国家增加积累，为社会增加财富，推动社会主义各项事业的发展，促进社会主义现代化建设，也是从事建筑业管理人员必须掌握的专业知识。

【学习目标】

　　通过本单元学习，学生能够：

　　√　了解建设工程法律体系；

　　√　熟悉建筑法的立法宗旨、适用范围及其调整对象；

　　√　熟悉建设工程法律责任制度；

　　√　了解建筑法确立的基本制度；

　　√　熟悉工程项目建设程序。

1.1　建设工程法律体系

1.1.1　法律体系的基本框架

1. 宪法

宪法是国家的根本大法，是特定社会政治经济和思想文化条件综合作用的产物，集中反映政治力量的实际对比关系，确认革命胜利成果和现实的民主政治，规定国家根本任务和根本制度，即社会制度、国家制度的原则和国家政权的组织以及公民的基本权利和义务等内容。

宪法相关法有《全国人民代表大会组织法》、《地方各级人民代表大会和地方各级人民政府组织法》、《全国人民代表大会和地方各级人民代表大会选举法》、《中华人民共和国国籍法》、《中华人民共和国国务院组织法》、《中华人民共和国民族区域自治法》等。

2. 民法

民法是规定并调整平等主体的公民间、法人间及公民与法人间的财产关系和人身关系的法律规范的总称。民法主要由《中华人民共和国民法通则》和单行民事法律组成，单行民事法律主要包括《合同法》、《担保法》、《专利法》、《商标法》、《著作权法》、《婚姻法》等。

为了保障公民、法人的合法的民事权益，正确调整民事关系，使之适应社会主义现代化事业发展的需要，根据宪法和我国实际情况，总结民事活动的实践经验，制定了民法。民法的调整对象是平等主体的公民之间、法人之间、公民和法人之间的财产关系和人身关系。

当事人在民事活动中的地位平等，民事活动遵循自愿、公平、等价有偿、诚实守信的原则。公民、法人的合法的民事权益受到法律保护，任何组织和个人不得侵犯。民事活动必须遵守法律，法律没有规定的，应当遵守国家政策。

公民从出生时起到死亡时止，具有民事权利能力，依法享有民事权利，承担民事义务。公民的民事权利一律平等。公民的民事行为能力依照公民的年龄与精神状况划分为完全民事行为能力、限制民事行为能力与无民事行为能力。

3. 商法

商法是调整市场经济关系中商人与其商事活动的法律规范的总称。我国采用民商合一的立法模式，商法被认为是民法的特别法和组成部分。商法主要包括《公司法》、《证券法》、《保险法》、《票据法》、《企业破产法》、《海商法》等。

商法的制定是为了规范公司的组织和行为，保护公司、股东和债权人的合法权益，维护社会经济秩序，促进社会主义市场经济的发展。商法所调整的市场经济关系中的主体是公司，主要是指依照商法的规定在中国境内设立的有限责任公司和股份有限公司。公司是企业法人，有独立的法人财产，享有法人财产权。公司以其全部财产对公司的债务承担责任。公司股东依法享有资产收益、参与重大决策和选择管理者等权利。

公司从事经营活动，必须遵守法律、行政法规，遵守社会公德、商业道德、诚实守信，接受政府和社会公众的监督，承担社会责任。

4. 经济法

经济法是调整国家在经济管理中发生的经济关系的法律，包括《统计法》、《反不正当竞争法》、《税法》等。经济法的调整对象是在社会生产和再生产过程中发生的宏观经济调控关系和市场规制关系。宏观经济调控关系也称宏观调控关系，是指国家在对国民经济和社会发展运行进行规划、调节和控制过程中发生的经济关系。

市场规制是指国家通过制定行为规范，引导、监督、管理市场主体的经济行为，也同时规范、约束政府监管机关的市场监管行为，从而保护消费主体利益，保障市场秩序。具体表现为完善市场规则，有效地反对垄断，制止不正当竞争，保护消费者权益。

5. 行政法

行政法是调整国家行政管理活动中各种社会关系的法律规范的总和，主要包括《行政处罚法》、《行政复议法》、《行政监察法》、《治安管理处罚法》、《建筑法》等。

行政法规范的重点和核心是行政权；行政法调整的是因行政权的行使所引起的各种社会关系，包括行政管理关系和监督行政关系；行政法规范的内容包括行政权主体、行政权内容、行政权行使以及行政权运行的法律后果等方面；行政法形式上的重要特征是没有、也不可能有一部包含行政法全部内容的完整法典，这是由行政活动范围的广泛性、行政活动内容的变动性以及行政关系的复杂性、多层次性决定的，因此，行政法只能是各项法律规范的总和。

行政法的调整对象包括行政关系和监督行政关系。行政关系又称行政管理关系，是指行政主体在行使行政权的过程中与相对一方当事人所发生的各种社会关系，它分为两大类：一类为内部行政关系，包括行政机关相互之间的关系和行政机关与公务员之间的关系；另一类为外部行政关系，即行政机关与公民、法人及其他组织之间的关系。

监督行政关系是指行使监督行政权的国家机关和组织等监督主体，在运用监督权对行政管理权的行使进行监督和制约的过程中，与行政机关之间所形成的各种社会关系。我国对行政权的监督主要包括立法监督、行政监督和司法监督三个方面。

6. 劳动法与社会保障法

劳动法与社会保障法是调整劳动关系、社会保障和社会福利关系的法律规范的总称。它包括《矿山安全法》、《劳动法》、《职业病防治法》、《安全生产法》、《劳动合同法》。

劳动法与社会保障相关的法律法规，是为了保护劳动者的合法权益，调整劳动关系，建立和维护适应社会主义市场经济的劳动制度，促进经济发展和社会进步，根据宪法的规定，制定相关的法律法规。国家机关、企事业组织、社会团体和与之建立劳动合同关系的劳动者，适用于相关的法律。

劳动者享有平等就业和选择职业的权利、取得劳动报酬的权利、休息休假的权利、获得劳动安全卫生保护的权利、接受职业技能培训的权利、享受社会保险和福利的权利、提请劳动争议处理的权利以及法律规定的其他劳动权利。

劳动者应当完成劳动任务，提高职业技能，执行劳动安全卫生规程，遵守劳动纪律和职业道德。用人单位应当依法建立和完善规章制度，保障劳动者享有劳动权利和履行劳动义务。

劳动合同是劳动者与用人单位确立劳动关系，明确双方权利义务的协议。建立劳动关系应当订立劳动合同。订立和变更劳动合同，应当遵循平等自愿、协商一致的原则，不得违反法律、行政法规的规定。劳动合同依法订立即具有法律约束力，当事人必须履行劳动合同规定的义务。

7. 自然资源与环境保障法

自然资源与环境保障法是关于保护环境和自然资源，防止污染和其他公害的法律。自然资源法主要包括《土地管理法》、《节约能源法》等；环境保护方面的法律主要包括

《环境保护法》、《环境影响评价法》、《噪声污染环境防治法》等。

8. 刑法

刑法是关于犯罪和刑罚的法律规范的总称，主要是《中华人民共和国刑法》。刑法是规定犯罪、刑事责任和刑罚的法律。即掌握国家政权的统治阶级，为了维护本阶级政治上、经济上的统治，根据自己的意志，规定哪些行为是犯罪行为和应负的刑事责任，并给犯罪人何种刑罚处罚的法律规范的总称。

刑法有广义和狭义之分。广义的刑法，是指一切规定犯罪、刑事责任和刑罚的法律，包括刑法典、单行刑法和附属刑法；狭义的刑法，是指刑法典，即《中华人民共和国刑法》。

另外，刑法还可分为普通刑法与特别刑法。普通刑法，是指具有普遍效力的刑法，如刑法典。特别刑法，是指仅适用于特定人、时、地、事的刑法，包括单行刑法和附属刑法。

中华人民共和国刑法的任务，是用刑罚同一切犯罪行为做斗争，以保卫国家安全，保卫人民民主专政的政权和社会主义制度，保护国有财产和劳动群众集体所有的财产，保护公民私人所有的财产，保护公民的人身权利、民主权利和其他权利，维护社会秩序、经济秩序，保障社会主义建设事业的顺利进行。

9. 诉讼法

诉讼法是规范诉讼程序的法律的总称，包括《民事诉讼法》、《刑事诉讼法》、《行政诉讼法》等，非诉讼程序法主要是《仲裁法》。

民事诉讼法是机关、人民检察院和人民法院在当事人及其他诉讼参与人的参加下，依法处理刑事案件，即依法揭露犯罪、证实犯罪和惩罚犯罪的活动。

刑事诉讼法是公、检、法机关在当事人及其他诉讼参与人的参加下，审理和解决民事、经济纠纷案件的活动。

行政诉讼法是人民法院在当事人及其他诉讼参与人的参加下，审理国家行政机关所做的具体行政行为是否合法的活动。

1.1.2 法的形式和效力层级

1. 法的形式

法的形式分为七类，分别是宪法、法律、行政法规、部门规章、地方性法规与规章、最高人民法院司法解释规范性文件、国际公约。

（1）宪法

宪法是每个民主国家最根本的法的渊源，其法律地位和效力是最高的。我国的宪法是由我国的最高权力机关——全国人民代表大会制定和修改的，任何其他法律、法规都必须符合宪法的规定，而不得与之相抵触。宪法是建筑业的立法依据，同时又明确规定国家基本建设的方针和原则。

中华人民共和国宪法以法律的形式确认了中国各族人民奋斗的成果，规定了国家的根本制度和根本任务，是国家的根本法，具有最高的法律效力。全国各族人民、一切国家机关和武装力量、各政党和各社会团体、各企业事业组织，都必须以宪法为根本的活动准则，并且负有维护宪法尊严、保证宪法实施的职责。

（2）法律

作为建筑法规表现形式的法律，分为广义上的法律和狭义上的法律。

广义上的法律，泛指《立法法》调整的各类法的规范性文件；狭义上的法律，仅指全国人大及其常委会制定的规范性文件。在这里，我们仅指狭义上的法律。其法律地位和效力仅次于宪法，在全国范围内具有普遍的约束力。它是建设法律体系的核心。

全国人民代表大会和全国人民代表大会常务委员会行使国家立法权，全国人民代表大会制定和修改刑事、民事、国家机构的和其他的基本法律。

（3）行政法规

行政法规是指作为国家最高行政机关的国务院制定和颁布的有关行政管理的规范性文件。行政法规在我国立法体制中具有重要地位，其效力低于宪法和法律，在全国范围内有效，如《建设工程质量管理条例》、《建设工程勘察设计管理条例》等。

（4）部门规章

部门规章是指国务院各部门（包括具有行政管理职能的直属机构）根据法律和国务院的行政法规、决定、命令在本部门的权限范围内按照规定的程序所制定的规定、办法、暂行办法、标准等规范性文件的总称。部门规章的法律地位和效力仅次于宪法、法律和行政法规。

（5）地方性法规与规章

地方性法规是指省、自治区、直辖市以及省、自治区人民政府所在地的市和经国务院批准的较大的市的人民代表大会及其常委会，在其法定权限内制定的法律规范性文件。

地方性法规具有地方性，只在本辖区内有效，其效力低于法律和行政法规。

地方性规章是指由省、自治区、直辖市以及省级人民政府所在地的市和经国务院批准的较大的市人民地方政府制定颁布的规范性文件。

地方性规章的法律地位和效力低于上级和本级的地方性法规。

（6）最高人民法院司法解释规范性文件

最高人民法院对于法律的系统性解释文件和对法律适用的说明，对法院审判有约束力，具有法律规范的性质，在司法实践中具有重要的地位和作用。在民事领域，最高人民法院制定的司法解释文件有很多，例如《关于贯彻执行〈中华人民共和国民法通则〉若干问题的意见（试行）》、《关于审理建设工程施工合同纠纷案件适用法律问题的解释》等。

（7）国际公约

国际公约是指我国作为国际法主体同外国缔结的双边、多边协议和其他具有条约、协定性质的文件。

我国在加入WTO后，参加的或者与外国签订的调整经济关系的国际公约和双边条例，还有国际惯例、国际上通用的建筑技术规程都属于建筑法规的范畴，都应当遵守与实施。如FIDIC《土木工程施工合同条件》非常复杂，它涉及有形贸易、无形贸易、信贷、委托、技术规范、保险等诸多法律关系。这些法律关系的调整必须遵守我国承认的国际公约、国际惯例和国际通用的技术规程和标准。

2. 效力层级

（1）宪法至上。宪法具有最高的法律效力，一切法律、行政法规、地方性法规、自治条例和单行条例、规章都不得同宪法相抵触。

（2）上位法优于下位法。中央立法优于地方立法。当中央立法与地方立法发生冲突时，中央立法处于优位、上位，地方立法无效。在法律效力等级问题上，中央立法构成上位法，地方立法构成下位法。因此，全国人大及其常委会制定的基本法律以及国务院制定的行政法规高于地方立法机关制定的地方性法规（省、自治区、直辖市人民代表大会及其常委会以及较大的市人大及其常委会制定的地方性法规）和地方政府规章（省、自治区、直辖市人民政府以及较大的市人民政府制定的政府规章）。同级权力机关的立法高于同级行政机关的立法。同类型的立法根据其立法主体的地位确立法律位阶关系。权力机关（这里仅指人民代表大会）及其组成的常设机构（人大常委会）之间，人民代表大会制定的法规性文件效力等级高于其常设机构即人大常委会制定的法规性文件。

在我国的法律体系中，下位法对上位法做出具体的、可操作性的实施性规定不仅必要而且重要，地方性法规更是如此。有学者谈到地方性法规"实施性规定"的必要性时提到："法律、行政法规作为最高国家权力机关和最高国家行政机关进行的中央立法，其效力高于地方性法规，各地方都应当遵循。但也要看到，由于我国是一个大国，幅员辽阔，各地情况差异很大，东南沿海地区和中西部地区，城市和农村，情况很不相同，因此，法律、行政法规的有些规定往往只能比较概括，以适用各地方的不同情况，这就为地方性法规留下了很大的空间。"下位法"实施性规定"这种特殊地位决定了妥善处理其与上位法的适用关系的重要性。

（3）特别法优于一般法。

（4）新法优于旧法。

（5）需有关机关裁决适用的特殊情况。法律之间对同一事项新的一般规定与旧的特别规定不一致，不能确定如何适用时，由全国人民代表大会常务委员会裁决。

行政法规之间对同一事项新的一般规定与旧的特别规定不一致，不能确定如何适用时，由国务院裁决。

地方性法规、规章之间不一致时，由有关机关依照下列规定权限做出裁决：同一机关制定的新的一般规定与旧的特别规定不一致时，由制定机关裁决；地方性法规与部门规章之间对同一事项的规定不一致时，不能确定如何适用，由国务院提出意见，国务院认为适合地方法规的，就应当决定在该地方适用地方法规；国务院认为适合部门规章的，应当提请全国人民代表大会常务委员会裁决；部门规章之间、部门规章与地方规章之间对同一事项的规定不一致时，由国务院裁决。

1.1.3　建设法律、行政法规和相关法律的关系

1. 建设法律

建设法律是指全国人大及其常委会制定和颁布的属于国务院建设行政主管部门主管业务范围内的各项法律。

《中华人民共和国建筑法》就是目前我国建设行业的法律。1997年11月1日第八届全国人民代表大会常务委员会第二十八次会议通过，1997年11月1日中华人民共和国主席令第91号公布，自1998年3月1日起施行。根据2011年4月22日第十一届全国人大常委会第20次会议《关于修改〈中华人民共和国建筑法〉的决定》修正，自2011年7月1日起施行。

2. 建设行政法规

建设行政法规就是国家关于建设方面的行政法规。常见的建设行政法规有：《规划环境影响评价条例》、《对外承包工程管理条例》、《建设工程安全生产管理条例》、《城市房屋拆迁管理条例》、《建设工程质量管理条例》等。

3. 其他相关法律

由全国人民代表大会制定的其他相关法律，建设法规总体属于行政法和经济法。如《合同法》、招标投标法、经济法、行政法等。

建设活动中的行政管理关系也是建设法规的主要调整对象之一，主要用行政手段调整。例如，建设工程活动中的经济协作关系主要采用行政、经济、民事等各种手段相结合的方式加以调整。建设工程活动中的民事关系主要采用民事手段加以调整。用以调整建设工程活动中平等主体之间的关系，如环境保护、文物保护、自然风景保护的关系；土地、矿产、森林、水源等自然资源的利用关系；地震、洪涝、泥石流、台风等自然灾害的关系；招投标、建设标准的关系等。与这些关系相应的法规调整的范围更广泛，但不属于建设法规，而在建设工程中必须遵守，因此称为建设相关法规。

【案例1-1】

一、背景

2009年7月，上海市A房产经纪事务所（以下简称A所）与购房产人谢某签订了购房经纪协议，代房屋出售方顾某向谢某收取了2万元定金。在该协议中，甲方为房屋出售方顾某，乙方为购房人谢某，丙方为A所。其中，丙方签字处仅有打印好的A所名称和公章，没有A所职业经纪人员的签名。经查，刘某是A所唯一的执业经纪人，甲乙丙三方签订购房经纪协议时刘某并不在场且不知情。

《上海市经纪人条例》和《经纪人管理办法》均规定，对经纪组织在经纪合同中不附执业经纪人签名的行为应予处罚，但二者规定的罚款数额不同，前者为500元至1000元，后者为10000元以下。

二、问题

对A所的行为，应该适用何项法规？为什么？

三、解析

根据《立法法》第86条第1款第2项规定，地方性法规与部门规章之间对同一事项的规定不一致，不能确定如何适用时，由国务院提出意见，国务院认为应当适用地方性法规的，应当决定在该地方适用地方性法规的规定；认为应当适用部门规章的，应当提请全国人民代表大会常务委员会裁决。本案中，《上海市经纪人条例》属于地方性法规，《经纪人管理办法》属于部门规章，二者产生冲突时，按照上述规定，应当先由国务院提出意见，国务院认为应当适用《上海市经纪人条例》的，适用《上海市经纪人条例》；认为应当适用《经纪人管理办法》的，应当提请全国人民代表大会常务委员会裁决。

1.2 建设工程法律责任

建设工程法律责任，是指建设法律关系中的主体由于违反建设法律规范的行为而依法应当承担的法律后果。建设法律责任具有国家强制性，法律责任的设定能够保证法律规定的权利和义务的实现。

建设法律责任根据不同性质的违法行为划分为民事法律责任、行政法律责任和刑事法律责任。

1.2.1　建设工程民事责任

民事法律责任，简称民事责任，是指民事主体违反民事法律上的约定或规范规定的义务所应承担的对其不利的法律后果，即由《民法通则》规定的对民事违法行为人依法采取的以恢复被损害的权利为目的，并与一定的民事制裁措施相联系的国家强制形式。

1. 民事责任的种类

（1）侵权责任

侵权责任是建筑勘察设计、施工等单位，在勘察设计、施工过程中侵犯国家、集体的财产权利以及自然人的财产权利和人身权利时应承担的法律责任。侵权责任包括一般侵权责任和特殊侵权责任。

1）一般侵权责任，是指具备一般侵权行为成立要件，直接由行为人承担民事责任。一般侵权责任以行为人的过错为承担民事法律责任的归责原则。

2）特殊侵权责任，是指损害结果发生后，按照法律的直接规定所确定的侵权责任。特殊侵权责任，不以过错的存在判断行为人是否应承担民事法律责任，或采用推定过错原则。

① 高度危险作业致人损害；

② 环境污染致人损害；

③ 在建工程或其他设施致人损害。

（2）违约责任

违约责任，是指合同当事人不履行合同义务或者履行合同义务不符合约定时，依法应承担的法律责任。

2. 民事责任的承担方式

（1）承担民事责任的方式

我国民法将承担民事责任的方式规定为：

1）停止侵害，主要用于对知识产权和人身权的侵害。

2）排除妨害，主要用于对财产所有权、经营权、承包权、使用权、相邻权的保护。

3）消除危险，主要用于自己的财产和人身可能由于其他人的经营活动或财产管理不善而带来的危险。

4）返还财产，广泛适用于财产被他人非法占有的情况。

5）恢复原状，这主要是用于侵占他人财产时的一种责任形式。

6）修理、重做、更换，这主要是用于债务人履行合同时，当标的物的质量不合格时采取的民事责任形式。

7）赔偿损失，这种形式是在民法中最普遍使用的一种。侵权责任或违约责任都可以赔偿损失。

8）支付违约金，这种责任形式只适用于违约责任。

9）消除影响，恢复名誉，主要适用于对名誉权、其他人身权利的侵犯和对知识产权的侵犯。

10）赔礼道歉，适用于对人身权和知识产权的各种侵犯。

以上承担民事责任的方式，可以单独适用，也可以合并适用。

（2）承担建设民事法律责任的情形

1）建筑施工企业转让、出借资质证书或者以其他方式允许他人以本企业名义承揽工程，因该项承揽工程不符合规定的质量标准造成的损失，建筑施工企业与使用本企业名义的单位或者个人承担连带赔偿责任。

2）承包单位将承包的工程转包的，或者违反法律规定进行分包的，对因转包的工程或者违法分包的工程不符合规定的质量标准造成的损失，承包单位与接受转包或者分包的单位承担连带赔偿责任。

3）工程监理单位与建设单位或者建筑施工企业串通，弄虚作假，降低工程质量造成损失的，工程监理单位与建设单位或者建筑施工企业承担连带赔偿责任。

4）违反法律规定，对涉及建筑主体或者承重结构变动的装修工程擅自施工，给他人造成损失的，承担赔偿责任。

5）建筑设计单位不按照建筑工程质量、安全标准进行设计，造成损失的，设计单位承担赔偿责任。

6）建筑施工企业在施工中偷工减料，使用不合格的建筑材料、建筑构配件和设备，或者有其他不按照工程设计图纸或者施工技术标准施工的行为，造成建筑工程质量不符合规定的质量标准的，负责返工、修理，并赔偿因此造成的损失。

7）建筑施工企业对在工程保修期内因屋顶、墙面渗漏、开裂等质量缺陷造成的损失，承担赔偿责任。

8）负责颁发建筑工程施工许可证的部门及其工作人员对不符合施工条件的建筑工程颁发施工许可证的，负责工程质量监督检查或者竣工验收的部门及其工作人员对不合格的建筑工程出具质量合格文件或者按合格工程验收造成损失的，由该部门承担相应的赔偿责任。

9）在建筑物的合理使用寿命内，因建筑工程质量不合格受到损害的，受损害方有权向责任者要求赔偿。

10）工程监理单位不按照委托监理合同的约定履行监理义务，对应当监督检查的项目不检查或者不按规定检查，给建设单位造成损失的，应当承担相应的赔偿责任。工程监理单位与承包单位串通，为承包单位谋取非法利益，给建设单位造成损失的，应当与承包单位承担连带赔偿责任。

11）建设施工企业应当在施工现场采取维护安全、防范危险、预防火灾等措施，有条件的，应当对施工现场实行封闭管理。施工现场对毗邻的建筑物、构筑物和特殊作业环境可能造成损害的，建筑施工企业应当采取安全防护措施。未采取相应措施的，对方有权要求消除危险；造成损失的，对方有权要求赔偿。

12）建设单位应当向建筑施工企业提供与施工现场有关的地下管线资料，建筑施工企业应当采取措施加以保护。否则，受损害方有权要求停止侵害；造成损失的，建筑施工企业应当承担赔偿责任。

13）建筑施工企业应当遵守有关环境保护和安全生产的法律、法规的规定，采取控制和处理施工现场的各种粉尘、废气、废水、固体废物以及噪声、振动对环境的污染和危害的措施。未采取措施给他人造成损害的，受损害方有权要求停止侵害；造成损失的，建筑施工企业应当承担赔偿责任。

1.2.2　建设工程行政责任

行政法律责任，是指行政法律关系主体违反行政管理法规应当承担的消极的法律后果，包括行政处分和行政处罚。

1. 行政处分

行政处分，是指国家机关、企事业单位和社会团体依据行政管理法规、规章、章程、纪律等，对其所属人员或者职工的违法失职行为所做的处罚。

对国家公务员的行政处分形式包括：警告、记过、记大过、降级、撤职、开除等。

建筑行政法律责任中，行政处分主要包括以下六种情形：

（1）在工程发包与承包中索贿、受贿、行贿，不构成犯罪的，对直接负责的主管人员和其他直接责任人员给予行政处分。

（2）违反法律规定，对不具备相应资质等级条件的单位颁发该登记资质证书，不构成犯罪的，对直接负责的主管人员和其他直接责任人员给予行政处分。

（3）负责颁发建筑工程施工许可证的部门及其工作人员对不符合施工条件的建筑工程颁发施工许可证的，负责工程质量监督检查或者竣工验收的部门及其工作人员对不合格的建筑工程出具质量合格文件或者按合格工程验收的，由上级机关责令改正，不构成犯罪的，对责任人员给予行政处分。

（4）在招标投标活动中，任何单位违反法律规定干涉招标投标活动的，对单位直接负责的主管人员和其他直接责任人员依法给予行政处分。

（5）依法必须进行招标的项目，不招标或规避招标的，招标人向他人泄露可能影响公平竞争的有关情况，招标人与投标人违反法律规定就实质性内容进行谈判的，招标人在评标委员会否决所有投标后自行确定中标人的，对单位直接负责的主管人员和其他直接责任人员依法给予行政处分。

（6）对招标投标活动、工程勘察、设计活动、建设工程质量监督管理、建筑工程安全生产监督管理负有行政监督职责的国家机关工作人员徇私舞弊、滥用职权、玩忽职守，不构成犯罪的，依法给予行政处分。

2. 行政处罚

行政处罚，是指行政主体依据法定权限和程序，对违反行政法规的行政相对人给予的法律制裁。

行政处罚的种类有：警告；罚款；没收违法所得、没收非法财物；责令停产停业；暂扣或者吊销许可证、暂扣或者吊销执照；行政拘留；法律、行政法规规定的其他行政处罚。

建筑行政处罚的种类包括：警告；罚款；没收违法所得，没收违法建筑物、构筑物和其他设施；责令停业整顿，吊销资质证书，吊销执业资格证书和其他许可证、执照；

法律、行政法规规定的其他行政处罚。

1.2.3 建筑工程刑事责任

刑事法律责任，是指犯罪主体因违反刑法规定，实施犯罪行为应承担的法律责任。

刑事法律责任的承担方式是刑罚，刑罚是刑法规定的由国家审判机关依法对犯罪分子所适用的剥夺或限制其某种权益的最严厉的法律强制方法。

1. 刑事责任的特点

（1）产生刑事责任的原因在于行为人行为的严重社会危害性，只有行为人的行为具有严重的社会危害性即构成犯罪，才能追究行为人的刑事责任。

（2）与作为刑事责任前提的行为的严重的社会危害性相适应，刑事责任是犯罪人向国家所负的一种法律责任。

（3）刑事法律是追究刑事责任的唯一法律依据，罪刑法定。

（4）刑事责任是一种惩罚性责任，因而是所有法律责任中最严厉的一种。

（5）刑事责任基本上是一种个人责任。同时，刑事责任也包括集体责任，比如"单位犯罪"。

2. 犯罪构成

犯罪是指具有社会危害性、刑事违法性并应受到刑事处罚的违法行为。犯罪构成，则是指认定犯罪的具体法律标准，是我国刑法规定的某种行为构成犯罪所必须具备的主观要件和客观要件的总和。按照我国犯罪构成的理论，我国刑法规定的犯罪都必须具备犯罪客体、犯罪的客观方面、犯罪主体、犯罪的主观方面这四个共同要件。

（1）犯罪客体，是指刑法所保护的而被犯罪所侵害的社会关系。

（2）犯罪的客观方面，是指我国刑法所规定的构成犯罪在客观上必须具备的危害社会的行为和由这种行为引起的危害社会的结果。该要件说明了犯罪客体在什么样的条件下，通过什么样的危害行为而受到什么样的侵害。

（3）犯罪主体，是指实施了犯罪行为，依法应当承担责任的人。

（4）犯罪的主观方面，是指犯罪主体对自己实施的危害社会的行为及结果所持的心理态度。

3. 刑事责任的承担方式

刑罚是刑事责任的承担方式，是建筑法规关于法律责任中最严厉的一种处罚。根据《中华人民共和国刑法》规定，刑罚分为主刑和附加刑。

（1）主刑

主刑是基本的刑罚，只能独立使用不能附加使用，对一个罪只能使用一个主刑，不能同时适用两个以上主刑。主刑有管制、拘役、有期徒刑、无期徒刑和死刑五种。

（2）附加刑

附加刑是既可以独立适用又可以附加于主刑适用的刑罚方法。对一个罪可以适用一个附加刑，也可以适用多个附加刑。附加刑有罚金、剥夺政治权利和没收财产三种。

4. 承担建筑活动中的刑事责任的种类

（1）行贿、受贿的刑事责任

行贿罪，是指为谋取不正当利益，给予国家工作人员以财物，数额较大的行为。受贿罪，是指国家工作人员利用职务上的便利，索取他人财物的，或者非法收受他人财物，为他人谋取利益的行为。

（2）工程重大安全事故的刑事责任

工程重大安全事故罪，是指建设单位、设计单位、施工单位、工程监理单位违反国家规定，降低工程质量标准，造成重大安全事故的行为。

重大安全事故，是指建筑工程在建设中及交付使用后，由于达不到质量标准或者存在严重问题，导致工程倒塌或报废等后果，致人伤亡或者造成重大经济损失。

（3）重大劳动安全事故的刑事责任

重大劳动安全事故罪，是指工厂、矿山、林场、建筑企业或者其他企业、事业单位的劳动安全设施不符合国家规定，经有关部门或单位职工提出后，对事故隐患仍不采取措施，因而发生重大伤亡事故或者造成其他严重后果的行为。

（4）重大责任事故的刑事责任

重大责任事故罪，是指工厂、矿山、林场、建筑企业或者其他企业、事业单位的职工，由于不服从管理，违反规章制度，或者强令工人违章冒险作业，因而发生重大伤亡事故或者造成其他严重后果的行为。

（5）滥用职权、玩忽职守的刑事责任

滥用职权罪、玩忽职守罪，是指国家机关工作人员滥用职权或者玩忽职守，致使公共财产、国家和人民利益遭受重大损失的行为。

滥用职权的表现形式主要有两种：一是非法行使本人职务范围内的权力；二是行为人超越其职权范围而实施有关行为。

【案例1-2】

一、背景

某纸箱厂于2006年10月在某市黄河路建成一栋七层家属楼（一楼为商店），在该楼四单元南侧阳台下修建一乒乓球台。该楼窗户玻璃安装存在质量问题，使用中曾数次发生玻璃坠落之事，住户普遍提出意见，但该纸箱厂未及时给予修缮。2008年8月11日下午7时许，居住在该楼四单元六楼南侧的汤某酒后关阳台南边窗户时，玻璃破碎，玻璃碎片下落插入当时正在打乒乓球的戴某头顶部，致戴某当场昏迷。戴某的家长闻讯后与汤某的妻子将戴某送省医学院附属医院脑外科抢救，诊断为：开放性颅脑损伤、脑水肿、急性脑膨出、颅内异物，经手术治疗后脱险。

二、问题

此事件为何种侵权行为？应该由谁承担侵权责任？

三、解析

此事件为特殊侵权行为，责任人要承担侵权责任。《民法通则》第126条规定：建筑物或者其他设施以及建筑物上的搁置物、悬挂物发生倒塌、脱落、坠落造成他人损害的，它的所有人或者管理人应当承担民事责任，但能够证明自己没有过错的除外。本案例中，应当由坠落玻璃的所有人汤某承担侵权责任。若汤某能证明窗户安装有质量问题，或怀疑窗户安装有质量问题，可以通过司法途径向法院起诉，要求施工单位或纸箱厂承担相应责任。

1.3　《建筑法》的立法宗旨、适用范围及调整对象

1.3.1　《建筑法》的立法宗旨

为了加强对建筑活动的监督管理，维护建筑市场秩序，保证建筑工程的质量和安全，促进建筑业健康发展，制定本法。（《建筑法》总则第一条）

建筑业在国民经济和社会发展中有着十分重要的地位和作用，目前已经发展为我国的一项重要支柱产业。但是，我国建筑市场各方主体行为不规范，建筑市场秩序混乱，建筑工程质量堪忧，建筑安全生产问题突出，这些问题都需要《建筑法》的规范。通过制定《建筑法》，规定从事建筑活动和对建筑活动进行监督管理必须遵守的行为规范，以法律的强制力保证实施，为加强对建筑活动的有效监督管理提供法律依据和法律保障；通过制定《建筑法》，确立建筑市场运行必须遵守的基本规则，要求参与建筑市场活动的各个方面都必须遵循，对违反建筑市场法定规则的行为依法追究法律责任；《建筑法》将保证建筑工程的质量和安全作为本法的立法宗旨和立法重点，从总则到分则作了若干重要规定，并对保证建筑工程的质量和安全具有重要意义，进而促进建筑业持续、稳定、快速发展。

1.3.2　《建筑法》的适用范围

《建筑法》规定，建筑活动是指各类房屋建筑及其附属设施的建造和与其配套的线路、管道、设备的安装活动。但是，全国人大常委会也认为，不能将一般工业与民用建筑工程与专业建筑工程带有共性的、需要共同遵守的规则分别制定几个法律，又在《建筑法》的附则中规定：关于施工许可、建筑施工企业资质审查和建筑工程发包、承包、禁止转包，以及建筑工程监理、建筑工程安全和质量管理的规定，适用于其他专业建筑工程的建筑活动。因此，《建筑法》的主要内容适用于所有的工程建设，包括公路、桥梁、港口、铁路等。从这一角度说，《建筑法》的主要内容对建设工程具有普遍的规范意义。

1.3.3　《建筑法》的调整对象

《建筑法》的调整对象，主要有两种社会关系：一是从事建筑活动过程中所形成的一定的社会关系；二是在实施建筑活动管理过程中所形成的一定的社会关系。从性质上来看，前一种属于平等主体的民事关系，即平等主体的建设单位、勘察设计单位、建筑安装企业、监理单位、建筑材料供应单位之间，在建筑活动中所形成的民事关系。后一种属于行政管理关系，即建设行政主管部门对建筑活动进行的计划、组织、监督的关系。因此，《建筑法》的主体范围包括一切从事建筑活动的主体和依法负有对建筑活动实施监督管理职责的各级政府机关。

一切从事本法所称的建筑活动的主体，包括从事建筑工程的勘察、设计、施工、监理等活动的国有企业事业单位、集体所有制的企业事业单位、中外合资经营企业、中外合作经营企业、外资企业、合伙企业、私营企业以及依法可以从事建筑活动的个人，不论其经济性质如何、规模大小，只要从事本法规定的建筑活动，都应遵守本法的各项规定，违反本法规定的行为将受到法律的追究。

行政机关依法行政，是社会主义法制建设的基本要求。各级依法负有对建筑活动实施监督管理职责的政府机关，包括建设行政主管部门和其他有关主管部门，都应当依照

本法的规定，对建筑活动实施监督管理。包括依照本法的规定，对从事建筑活动的施工企业、勘察单位、设计单位和工程监理单位进行资质审查，依法颁发资质等级证书；对建筑工程的招标投标活动是否符合公开、公正、公平的原则及是否遵守法定程序进行监督，但不应代替建设单位组织招标；对建筑工程的质量和建筑安全生产依法进行监督管理；以及对违反本法的行为实施行政处罚等。对建筑活动负有监督管理职责的机关及其工作人员不依法履行职责，玩忽职守或者滥用职权的，将受到法律的追究。

这里需要特别指出的是，关于建筑活动，《建筑法》和其他法律有特别规定的还应执行特别规定。比如，根据《建筑法》第八十三条的规定，省、自治区、直辖市人民政府确定的小型房屋建筑工程的建筑活动不直接适用《建筑法》，而是参照适用。依法核定作为文物保护的纪念建筑物和古建筑等的修缮，依照文物保护的有关法律规定执行。就是说关于纪念建筑物和古建筑等的修缮，有关文物保护方面的法律规定适用本法的，就应当适用本法；规定不适用而适用其他法律的就应当适用其他法律。抢险救灾及其他临时房屋建筑和农民自建低层住宅的建筑活动，不适用《建筑法》。根据《建筑法》第八十四条的规定，军用房屋建筑工程建筑活动的具体管理办法，由国务院、中央军事委员会依据《建筑法》制定，这里建筑法做出了授权性规定。另外，需要指出的是，在各类房屋的建造中包括了装饰装修。《建筑法》第四十九条还专门对涉及主体和承重结构变动的装修工程作了规定。《建筑法》第八十一条还规定，本法的法律制度，适用于其他专业工程。专业建筑工程是指冶金、有色金属、石油、化工、水利水电、航务航道、公路、邮电、通信等。具体办法由国务院规定。

【案例 1-3】

一、背景

受害人张某系一无资质但手艺较好的泥瓦工匠，其常常揽下他人新建房屋的内外墙抹灰、贴瓷砖工程后，再邀约赵甲、赵乙两人一同去施工，结算的工钱除去张某所出的切割机刀片消耗费用外，剩下的三人平分。王某家新建三层砖混结构房屋一所，与张某口头约定将其房屋内外墙抹灰及贴瓷砖工程包给张某施工，双方约定了结算单价，施工用脚手架由王某提供，张某自带抹灰工具。之后张某邀约赵甲、赵乙、赵丁三人一同去为王家施工。2009年1月的一天，四人在为王家新建房屋外墙搭建脚手架时，无安全网、安全绳、安全帽施工，张某突然从脚手架上跌落下来当场死亡。张某亲属与王某为张某死亡赔偿问题协商未果，以雇员受害赔偿纠纷为由将房主王某起诉至人民法院，请求建房方王某赔偿因张某死亡造成的各种损失共计9万余元。诉讼中原告请求变更案由为生命权、健康权、身体权纠纷，人民法院不同意变更。原告方意见认为，张某与王某签订的建筑承包合同无效，本案应为生命权、健康权、身体权纠纷，应根据建房方王某与施工方张某双方的过错程度承担张某死亡的责任。被告方意见认为，本案属于承揽合同纠纷，定做人王某对张某的死亡没有过错，王某不应当承担赔偿责任。

二、问题

对本案中以上两个问题存在的争议问题进行思考，分析具体原因。

三、解析

本案双方口头签订的建筑承包合同（特殊的承揽合同无效）。

根据《建筑法》第十二条、第十三条的规定，从事建筑施工工作的承包方应当具备相应的从业资质；《建设工程安全生产管理条例》第二十条规定：施工单位从事建设工程的新建、扩建、改建和拆除等活动，应当具备国家规定的注册资本、专业技术人员、技术装备和安全生产等条件，依法取得相应等级的资质证书，并在其资质等级许可的范围内承揽工程。《村庄和集镇规划建设管理条例》第二十三条第一款规定：承担村庄、集镇规划区内建筑工程施工任务的单位，必须具有相应的施工资质等级证书或者资质审查证明，并按照规定的经营范围承担施工任务。建设工程合同是特殊的承揽合同，虽然本案受害人张某所承包的不是整栋房屋的建盖，但抹灰工程是房屋建筑工程的主要分部工程，尤其外墙抹灰更是建房活动中危险性最大的部分，因此，即使建设方将一项建筑工程分解成几个部分来发包，抹灰工程作为主要分部工程仍应适用《建筑法》，而不应简单适用承揽合同的规定。虽然本案存在一个基础的民事关系——承揽关系，但因被告王某的房屋为三层住宅，应当适用《建筑法》，承揽人张某及赵甲、赵乙、赵丁均不具备建筑施工资质，不能成为订立建筑承包合同的合格主体，双方口头订立的建筑承包合同违反法律的强制性规定而无效。

综上所述，虽然现在农民自建三层以上房屋普遍由无资质的个人施工，但并不意味着这种现状是合法的，相反，人民法院应当通过个案的裁判来促进国家法律法规得到正确执行，对公民社会活动起到指导作用。村民建房将不属于"农民自建低层住宅"等级的房屋工程承包给不具有资质的个人施工，建房成本大幅降低，但却把建房过程中的风险成本极不合理地转嫁给施工人，安全设施缺乏、安全监督缺位，导致安全事故频发。以牺牲施工人员的身体健康甚至生命的丧失来换取建房成本的降低，显然不符合国家安全生产的立法目的，这也是《建筑法》规定建筑施工方须具备相应资质的原因。在目前农村市场现状没有显著改变的情况下，农民将自建住房承包给不具有工程资质的人施工，应加强安全监督管理，尽可能减少安全事故的发生，对人对己负责。如果因此发生安全事故致施工人员受伤或死亡，法院判决房主承担的赔偿比例也不宜太低，这样才能促进安全生产。

1.4　《建筑法》确立的基本制度

1.4.1　建筑许可

1. 建筑工程施工许可

建筑工程施工许可是指由国家授权的有关行政主管部门，在建设工程开工之前对其是否符合法定的开工条件进行审核，对符合条件的建设工程允许其开工建设的法定制度。

（1）建筑工程开工前，建设单位应当按照国家有关规定向工程所在地县级以上人民政府建设行政主管部门申请领取施工许可证；但是，国务院建设行政主管部门确定的限额以下的小型工程除外。

按照国务院规定的权限和程序批准开工报告的建筑工程，不再领取施工许可证。

（2）申请领取施工许可证，应当具备下列条件：

① 已经办理该建筑工程用地批准手续；

② 在城市规划区的建筑工程，已经取得规划许可证；

③ 需要拆迁的，其拆迁进度符合施工要求；

④ 已经确定建筑施工企业；

⑤ 有满足施工需要的施工图纸及技术资料；

⑥ 有保证工程质量和安全的具体措施；

⑦ 建设资金已经落实；

⑧ 法律、行政法规规定的其他条件。

建设行政主管部门应当自收到申请之日起十五日内，对符合条件的申请颁发施工许可证。

（3）建设单位应当自领取施工许可证之日起三个月内开工，因故不能按期开工的，应当向发证机关申请延期；延期以两次为限，每次不超过三个月。既不开工又不申请延期或者超过延期时限的，施工许可证自行废止。

（4）在建的建筑工程因故中止施工的，建设单位应当自中止施工之日起一个月内，向发证机关报告，并按照规定做好建筑工程的维护管理工作。

建筑工程恢复施工时，应当向发证机关报告；中止施工满一年的工程恢复施工前，建设单位应当报发证机关核验施工许可证。

（5）按照国务院有关规定批准开工报告的建筑工程，因故不能按期开工或者中止施工的，应当及时向批准机关报告情况。因故不能按期开工超过六个月的，应当重新办理开工报告的批准手续。

2. 从业资格

从业资格制度是指对具有一定专业学历和资历并从事特定专业技术活动的专业技术人员，通过考试和注册确定其执业的技术资格，获得相应文件签字权的一种制度。

（1）从事建筑活动的建筑施工企业、勘察单位、设计单位和工程监理单位，应当具备下列条件：

① 有符合国家规定的注册资本；

② 有与其从事的建筑活动相适应的具有法定执业资格的专业技术人员；

③ 有从事相关建筑活动所应有的技术装备；

④ 法律、行政法规规定的其他条件。

（2）从事建筑活动的建筑施工企业、勘察单位、设计单位和工程监理单位，按照其拥有的注册资本、专业技术人员、技术装备和已完成的建筑工程业绩等资质条件，划分为不同的资质等级，经资质审查合格，取得相应等级的资质证书后，方可在其资质等级许可的范围内从事建筑活动。

（3）从事建筑活动的专业技术人员，应当依法取得相应的执业资格证书，并在执业资格证书许可的范围内从事建筑活动。

1.4.2 建筑工程发包与承包

1. 一般规定

（1）建筑工程的发包单位与承包单位应当依法订立书面合同，明确双方的权利和义务。发包单位和承包单位应当全面履行合同约定的义务。不按照合同约定履行义务的，依法承担违约责任。

（2）建筑工程发包与承包的招标投标活动，应当遵循公开、公正、平等竞争的原则，择优选择承包单位。建筑工程的招标投标，本法没有规定的，适用有关招标投标法律的规定。

（3）发包单位及其工作人员在建筑工程发包中不得收受贿赂、回扣或者索取其他好处。承包单位及其工作人员不得利用向发包单位及其工作人员行贿、提供回扣或者给予其他好处等不正当手段承揽工程。

（4）建筑工程造价应当按照国家有关规定，由发包单位与承包单位在合同中约定。公开招标发包的，其造价的约定须遵守招标投标法律的规定。发包单位应当按照合同的约定，及时拨付工程款项。

2. 发包

（1）建筑工程依法实行招标发包，对不适于招标发包的可以直接发包。

（2）建筑工程实行公开招标的，发包单位应当依照法定程序和方式，发布招标公告，提供载有招标工程的主要技术要求、主要的合同条款、评标的标准和方法以及开标、评标、定标的程序等内容的招标文件。开标应当在招标文件规定的时间、地点公开进行。开标后应当按照招标文件规定的评标标准和程序对标书进行评价、比较，在具备相应资质条件的投标者中，择优选定中标者。

（3）建筑工程招标的开标、评标、定标由建设单位依法组织实施，并接受有关行政主管部门的监督。

（4）建筑工程实行招标发包的，发包单位应当将建筑工程发包给依法中标的承包单位。建筑工程实行直接发包的，发包单位应当将建筑工程发包给具有相应资质条件的承包单位。

（5）政府及其所属部门不得滥用行政权力，限定发包单位将招标发包的建筑工程发包给指定的承包单位。

（6）提倡对建筑工程实行总承包，禁止将建筑工程肢解发包。建筑工程的发包单位可以将建筑工程的勘察、设计、施工、设备采购并发包给一个工程总承包单位，也可以将建筑工程勘察、设计、施工、设备采购的一项或者多项发包给一个工程总承包单位；但是，不得将应当由一个承包单位完成的建筑工程肢解成若干部分发包给几个承包单位。

（7）按照合同约定，建筑材料、建筑构配件和设备由工程承包单位采购的，发包单位不得指定承包单位购入用于工程的建筑材料、建筑构配件和设备或者指定生产厂、供应商。

3. 承包

（1）承包建筑工程的单位应当持有依法取得的资质证书，并在其资质等级许可的业务范围内承揽工程。禁止建筑施工企业超越本企业资质等级许可的业务范围或者以任何形式用其他建筑施工企业的名义承揽工程。禁止建筑施工企业以任何形式允许其他单位或者个人使用本企业的资质证书、营业执照，以本企业的名义承揽工程。

（2）大型建筑工程或者结构复杂的建筑工程，可以由两个以上的承包单位联合共同承包。共同承包的各方对承包合同的履行承担连带责任。两个以上不同资质等级的单位实行联合共同承包的，应当按照资质等级低的单位的业务许可范围承揽工程。

（3）禁止承包单位将其承包的全部建筑工程转包给他人；禁止承包单位将其承包的全部建筑工程肢解以后以分包的名义分别转包给他人。

（4）建筑工程总承包单位可以将承包工程中的部分工程发包给具有相应资质条件的分包单位；但是，除总承包合同中约定的分包外，必须经建设单位认可。施工总承包的，建筑工程主体结构的施工必须由总承包单位自行完成。建筑工程总承包单位按照总承包合同的约定对建设单位负责；分包单位按照分包合同的约定对总承包单位负责。总承包单位和分包单位就分包工程对建设单位承担连带责任。禁止总承包单位将工程分包给不具备相应资质条件的单位；禁止分包单位将其承包的工程再分包。

1.4.3　建筑工程监理

国家推行建筑工程监理制度。国务院可以规定实行强制监理的建筑工程的范围。实行监理的建筑工程，由建设单位委托具有相应资质条件的工程监理单位监理。建设单位与其委托的工程监理单位应当订立书面委托监理合同。

建筑工程监理应当依照法律、行政法规及有关的技术标准、设计文件和建筑工程承包合同，对承包单位在施工质量、建设工期和建设资金使用等方面，代表建设单位实施监督。工程监理人员认为工程施工不符合工程设计要求、施工技术标准和合同约定的，有权要求建筑施工企业改正。工程监理人员发现工程设计不符合建筑工程质量标准或者合同约定的质量要求的，应当报告建设单位要求设计单位改正。

实施建筑工程监理前，建设单位应当将委托的工程监理单位、监理的内容及监理权限，书面通知被监理的建筑施工企业。工程监理单位应当在其资质等级许可的监理范围内承担工程监理业务。工程监理单位应当根据建设单位的委托，客观、公正地执行监理任务。工程监理单位与承包单位以及建筑材料、建筑构配件和设备供应单位不得有隶属关系或者其他利害关系。工程监理单位不得转让工程监理业务。

工程监理单位不按照委托监理合同的约定履行监理义务，对应当监督检查的项目不检查或者不按照规定检查，给建设单位造成损失的，应当承担相应的赔偿责任。工程监理单位与承包单位串通，为承包单位谋取非法利益，给建设单位造成损失的，应当与承包单位承担连带赔偿责任。

1.4.4　建筑安全生产管理

（1）建筑工程安全生产管理必须坚持安全第一、预防为主的方针，建立健全安全生产的责任制度和群防群治制度。

（2）建筑工程设计应当符合按照国家规定制定的建筑安全规程和技术规范，保证工程的安全性能。

（3）建筑施工企业在编制施工组织设计时，应当根据建筑工程的特点制定相应的安全技术措施；对专业性较强的工程项目，应当编制专项安全施工组织设计，并采取安全技术措施。

（4）建筑施工企业应当在施工现场采取维护安全、防范危险、预防火灾等措施；有条件的，应当对施工现场实行封闭管理。施工现场对毗邻的建筑物、构筑物和特殊作业环境可能造成损害的，建筑施工企业应当采取安全防护措施。

（5）建设单位应当向建筑施工企业提供与施工现场相关的地下管线资料，建筑施工企业应当采取措施加以保护。

（6）建筑施工企业应当遵守有关环境保护和安全生产的法律、法规的规定，采取控制和处理施工现场的各种粉尘、废气、废水、固体废物以及噪声、振动对环境的污染和危害的措施。

（7）有下列情形之一的，建设单位应当按照国家有关规定办理申请批准手续：

①需要临时占用规划批准范围以外场地的；

②可能损坏道路、管线、电力、邮电、通信等公共设施的；

③需要临时停水、停电、中断道路交通的；

④需要进行爆破作业的；

⑤法律、法规规定需要办理报批手续的其他情形。

（8）建设行政主管部门负责建筑安全生产的管理，并依法接受劳动行政主管部门对建筑安全生产的指导和监督。

（9）建筑施工企业必须依法加强对建筑安全生产的管理，执行安全生产责任制度，采取有效措施，防止伤亡和其他安全生产事故的发生。建筑施工企业的法定代表人对本企业的安全生产负责。

（10）施工现场安全由建筑施工企业负责。实行施工总承包的，由总承包单位负责。分包单位向总承包单位负责，服从总承包单位对施工现场的安全生产管理。

（11）建筑施工企业应当建立健全劳动安全生产教育培训制度，加强对职工安全生产的教育培训；未经安全生产教育培训的人员，不得上岗作业。

（12）建筑施工企业和作业人员在施工过程中，应当遵守有关安全生产的法律、法规和建筑行业安全规章、规程，不得违章指挥或者违章作业。作业人员有权对影响人身健康的作业程序和作业条件提出改进意见，有权获得安全生产所需的防护用品。作业人员对危及生命安全和人身健康的行为有权提出批评、检举和控告。

（13）建筑施工企业应当依法为职工参加工伤保险，缴纳工伤保险费。鼓励企业为从事危险作业的职工办理意外伤害保险，支付保险费。

（14）涉及建筑主体和承重结构变动的装修工程，建设单位应当在施工前委托原设计单位或者具有相应资质条件的设计单位提出设计方案；没有设计方案的，不得施工。

（15）房屋拆除应当由具备保证安全条件的建筑施工单位承担，由建筑施工单位负责人对安全负责。

（16）施工中发生事故时，建筑施工企业应当采取紧急措施减少人员伤亡和事故损失，并按照国家有关规定及时向有关部门报告。

1.4.5　建筑工程质量管理

（1）建筑工程勘察、设计、施工的质量必须符合国家有关建筑工程安全标准的要求，具体管理办法由国务院规定。有关建筑工程安全的国家标准不能适应确保建筑安全的要求时，应当及时修订。

（2）国家对从事建筑活动的单位推行质量体系认证制度。从事建筑活动的单位根据自愿原则可以向国务院产品质量监督管理部门或者国务院产品质量监督管理部门授权的部门认可的认证机构申请质量体系认证。经认证合格的，由认证机构颁发质量体系认证证书。

（3）建设单位不得以任何理由，要求建筑设计单位或者建筑施工企业在工程设计或者施工作业中，违反法律、行政法规和建筑工程质量、安全标准，降低工程质量。建筑设计单位和建筑施工企业对建设单位违反前款规定提出的降低工程质量的要求，应当予以拒绝。

（4）建筑工程实行总承包的，工程质量由工程总承包单位负责，总承包单位将建筑工程分包给其他单位的，应当对分包工程的质量与分包单位承担连带责任。分包单位应当接受总承包单位的质量管理。

（5）建筑工程的勘察设计单位必须对其勘察、设计的质量负责。勘察、设计文件应当符合有关法律、行政法规的规定和建筑工程质量、安全标准、建筑工程勘察、设计技术规范以及合同的约定。设计文件选用的建筑材料、建筑构配件和设备，应当注明其规格、型号、性能等技术指标，其质量要求必须符合国家标准的规定。

（6）建筑设计单位对设计文件选用的建筑材料、建筑构配件和设备不得指定生产厂家和供应商。

（7）建筑施工企业对工程的施工质量负责。建筑施工企业必须按照工程设计图纸和施工技术标准施工，不得偷工减料。工程设计的修改由原设计单位负责，建筑施工企业不得擅自修改工程设计。

（8）建筑施工企业必须按照工程设计要求、施工技术标准和合同的约定，对建筑材料、建筑构配件和设备进行检验，不合格的不得使用。

（9）建筑物在合理使用寿命内，必须确保地基基础工程和主体结构的质量。建筑工程竣工时，屋顶、墙面不得留有渗漏、开裂等质量缺陷；对已经发现的质量缺陷，建筑施工企业应当修复。

（10）交付竣工验收的建筑工程，必须符合规定的建筑工程质量标准，有完整的工程技术经济资料和经签署的工程保修书，并具备国家规定的其他竣工条件。建筑工程竣工经验收合格后，方可交付使用；未经验收或者验收不合格的，不得交付使用。

（11）建筑工程实行质量保修制度。建筑工程的保修范围当包括地基基础工程、主体结构工程、下水管线的安装工程，供热、供冷系统工程等项目；保修的期限应当按照保证建筑物合理寿命年限内正常使用，维护使用者合法权益的原则确定。

【案例 1-4】

一、背景

2007 年 6 月，某建筑公司与商贸公司签订建设工程施工合同，合同约定，某建筑公司承包某商贸公司营业楼的室内外装修工程，合同签订后，建筑公司给付商贸公司 50 万元定金。但某商贸公司在签订合同后却一直未取得施工许可证，建筑公司多次催促其办理，但某商贸公司始终未办理。于是建筑公司起诉至法院，要求法院判决某商贸公司双倍返还定金 100 万元。商贸公司抗辩称，由于该工程未取得施工许可证，因此双方签订的施工合同是无效合同，故不同意建筑公司的诉讼请求。

二、问题

施工合同是否有效？

三、解析

双方所签订的合同真实有效。本案是装饰装修合同纠纷案，不属于招标法规定的必须招标的项目。本案涉及的工程虽然没有办理施工许可手续，但不影响合同的效力。商贸公司在签订施工合同后，应当积极履行义务，办理相关的手续。办理施工许可证是商贸公司履行合同的法定义务，但该义务是行政管理范畴与建设工程合同本身的效力无关。

1.5 工程项目建设程序

1.5.1 工程项目建设程序

工程项目建设程序是指从项目的投资意向和投资机会选择，项目决策、设计、施工到项目竣工验收投入生产整个基本建设全过程中各项工作必须遵循的法定顺序。它是由工程项目建设自身所具有的固定性，生产过程的连续性和不可间断性，以及建设周期长、资源占用多、建设过程工作量大、牵涉面广、内外协作关系错综复杂等技术经济特点决定的，它不是人们主观臆造的，是在认识工程建设客观规律的基础上总结提出的，是工程项目建设过程的客观规律的反映。

我国现行的工程项目建设程序，主要包括立项决策阶段、建设准备阶段、工程实施阶段。每个阶段都有其具体的内容和规定，凡国家、地方政府、国有企事业单位投资兴建的工程项目，特别是大中型项目，必须遵循此建设程序。

1. 立项决策阶段

立项是工程建设程序的第一个步骤。它是建设程序的决策阶段，该阶段形成工程建设项目的设想，其表现形式是项目建议书。立项被批准后，则要编制设计任务书。

项目建议书一般由计划部门审批。项目建议书经批准后，即可开展前期工作，进行可行性研究。可行性研究的任务是对建设项目在技术、工程和经济上是否合理和可行进行全面分析、论证，做出方案比较，提出评价，为编制和审批设计任务书提供可靠的依据。

2. 建设准备阶段

建设准备阶段主要是根据批准的可行性研究报告，成立项目法人，进行工程地质勘察、初步设计和施工图设计，编制设计概算，安排年度建设计划及投资计划，进行工程发包，准备设备、材料，做好施工准备等工作，这个阶段的工作中心是勘察设计。

3. 工程实施阶段

工程实施阶段是项目决策的实施、建成投产发挥投资效益的关键环节。该阶段是在建设程序中时间最长、工作量最大、资源消耗最多的阶段。这个阶段的工作中心是根据设计图纸进行建筑安装施工，还包括做好生产或使用准备、试车运行、进行竣工验收、交付生产或使用等内容。

竣工验收是工程项目建设程序的最后环节，它是全面考核工程项目建设成果、检验设计和施工质量的重要环节。按批准的设计文件和合同规定的内容建成的工程项目，其中生产性项目经负荷试运转和试生产合格，并能够生产合格产品的，以及非生产性项目符合设计要求，能够正常使用的，都要及时组织验收，办理移交固定资产手续。竣工验收是全面考核建设成果、检验设计和工程质量的重要步骤，是投资成果转入生产或使用的标志。所有建设项目，按批准的设计文件所规定的内容建成后，都必须组织竣工验收。

1.5.2 建设项目立项法律制度

1. 工程建设项目立项程序

工程建设项目立项阶段的主要工作有编制项目建议书，进行可行性研究和编制可行研究报告，进行建设场地的地震安全性评价和工程项目的环境影响评价，作为国家主管部门对该项目作最后决策审批的依据。

2. 建设项目建议书

项目建议书阶段主要是对投资机会和投资意向的初步估计即初步可行性进行研究，形成项目建设设想，并向国家有关部门提出申请建设该项目的建议文件。

（1）项目建议书的作用

项目建议书是要求建设某一具体工程项目的建议文件，是基本建设程序中最初阶段的工作，是投资决策者对拟建项目轮廓的设想，主要是从宏观上来衡量分析项目建设的必要性，看其是否符合国家长远规划的方针和要求。同时初步分析建设的可能性，看其是否具备建设条件，是否值得投资。

（2）项目建议书的内容

项目建议书一般由建设单位（或项目法人、业主）委托具有相应资质条件的工程咨询单位或设计单位负责编制，其内容按项目的类别而有不同的侧重，以基本建设项目为例，其主要内容有：

① 建设项目提出的必要性和依据；

② 产品方案、拟建规模和建设地点的初步设想；

③ 资源情况、建设条件、协作关系和引进国别、厂商的初步分析；

④ 投资估算和资金筹措设想；

⑤ 项目进度安排；

⑥ 经济效益、社会效益和环境效益的初步估计。

（3）项目建议书的审批

项目建议书按编制要求完成后，按项目建设总规模和建设性质的不同，由不同机关进行审批。

① 大中型建设项目和限额以上更新改造项目的建议书的审批采用初审和终审两级审批制度。初审由行业归口或主管部门进行；通过初审后，上报国家发展和改革委员会（以下简称国家发改委）进行终审，其中投资额超过2亿元的项目，还需要报国务院审批。对行业归口部门初审未通过的项目，国家发改委不予立项。

② 以中央投资或融资为主的小型和限额以下项目，具有一定规模的，由行业归口部门按产业政策、行业发展规划和投资总规模控制额度进行审批。

③ 地方投资为主的小型和限额以下项目的建议书审批权，由地方自行规定审批的程序。

3. 建设项目的可行性研究

（1）可行性研究概述

可行性研究是立项决策阶段非常重要的环节，它是对建设项目在技术上、经济上是否可行所进行的科学分析与论证，为决策提供可靠的依据。

建设项目可行性研究一般分为以下三个阶段：①投资机会研究阶段；②初步可行性研究阶段；③详细可行性研究阶段。

（2）可行性研究报告的编制

可行性研究报告是确定建设项目，编制设计文件的重要依据。所有建设项目都要在可行性研究通过的基础上，选择经济效益、社会效益和环境效益最好的方案，编制可行性研究报告。由于可行性研究报告是项目最终决策和进行初步设计的重要文件，要求它必须有相当的深度和准确性。

（3）可行性研究报告的审批

可行性研究报告的审批权限划分如下：

1）所有大中型及限额以上项目的可行性研究报告，按照项目隶属关系由行业主管部门或省、自治区、直辖市和计划单列市审查同意后，报国家发改委审批。

2）地方投资安排的地方院校、医院及其他文教卫生事业、企业横向联合投资的大中型建设项目，可行性研究报告由省、自治区、直辖市和计划单列市发改委审批，抄报国家发改委和有关部门备案。

3）小型项目的可行性研究报告，按照项目隶属关系，分别由主管部门和省、区、直辖市、计划单列市发改委审批。

4. 建设项目的环境影响评价

环境影响评价是指对规划和建设项目实施后可能造成的环境影响进行分析、预测和评估，提出预防或者减轻不良环境影响的对策和措施，进行跟踪监测的方法与制度。

根据《环境影响评价法》，环境影响评价分为规划的环境影响评价和建设项目的环境影响评价，并根据建设项目对环境的影响程度实行分类管理。国家环保总局于 2002 年 7 月发布了《建设项目环境影响评价文件分级审批规定》，以适应国家建设项目投资体制改革的需要，加强建设项目环境保护管理，提高审批效率。

建设项目的环境影响评价可分为以下 3 类：①可能造成重大环境影响的，应当编制环境影响报告书，对产生的环境影响进行全面评价；②可能造成轻度环境影响的，应当编制环境影响报告表，对产生的环境影响进行分析或者专项评价；③对环境影响很小，不需要进行环境影响评价的，应当填报环境影响登记表。

5. 建设项目的地震安全性评价

地震安全性评价是指对具体建设工程地区或场址周围的地震地质、地球物理、地震活动性、地形变化等研究，采用地震危险性概率分析方法，按照工程应采用的风险概率水准，科学地给出相应的工程规划和设计所需的有关抗震设防要求的地震动参数和基础资料。本条明确规定地震安全性工作的主要内容，即地震烈度复核、设计地震动参数的确定（加速度、设计反应谱、地震时程曲线）、地震小区划、场区及周围地震地质稳定性评价、场区地震灾害预测等。经审定通过的地震安全性评价结果，即可确定为该具体建设工程的抗震设防要求。

近些年来，我国在一些建设工程中开展了地震安全性评价工作。随着经济的发展，这项工作越来越受到各有关方面的重视。但是，建设工程地震安全性工作还是一项比较新的工作，从总体上看，目前尚处在起步阶段，有些建设工程，应当进行地震安全性评价的没有进行，有些虽然进行了，但工作不到位或不规范，甚至存在随意提高或降低抗震设防要求的现象。国家对建设工程的抗震设防工作十分重视，1997年12月29日全国人大常委会29次会议通过的《中华人民共和国防震减灾法》，用了三个条款规定抗震设防要求和地震安全性评价工作问题。国务院为了加强对地震安全性评价的管理，防御与减轻地震灾害，保护人民生命和财产安全，根据《中华人民共和国防震减灾法》的有关规定，2001年11月15日颁布了《地震安全性评价管理条例》。

【案例1-5】

一、背景

某商务中心高层建筑，总建筑面积约15000m²，地下2层，地上22层。业主与施工单位签订了施工总承包合同，并委托监理单位进行工程监理。开工前，施工单位进行了三级安全教育。在地下桩基施工中，由于是深基坑工程，项目经理部按照设计文件和施工技术标准编制了基坑支护及降水工程专项施工组织方案，经项目经理签字后组织施工。同时，项目经理安排负责质量检查的人员兼任安全工作。当土方开挖至坑底设计标高时，监理工程师发现基坑四周地表出现大量裂纹，坑边部分土石有滑落现象，立即向现场作业人员发出口头通知，要求停止施工，撤离相关作业人员。但施工作业人员担心拖延施工进度，对监理通知不予理睬，继续施工。随后，基坑发生大面积塌陷，基坑下6名作业人员被埋，事故造成3人死亡、2人重伤、1人轻伤。事故发生后，经查施工单位没有为施工人员办理意外伤害保险。

二、问题

本案中，施工单位有哪些违法行为？

三、解析

(1) 专项施工方案审批程序错误。《建设工程安全生产管理条例》第26条规定，施工单位对达到一定规模的危险性较大的分部分项工程编制专项施工方案后，须经施工单位技术负责人、总监理工程师签字后实施。而本案中的基坑支护和降水工程专项施工方案仅由项目经理签字后即组织施工，是违法的。

(2) 安全生产管理环节严重缺失。《建设工程安全生产管理条例》第23条规定，施工单位应当设立安全生产管理机构，配备专职安全生产管理机构，配备专职安全生产管理人员。第26条还规定，对分部分项工程专项施工方案的实施，由专职安全生产管理人员进行现场监督。本案中，项目经理部安排质量检查人员兼任安全管理人员，明显违反了上述规定。

(3) 施工作业人员安全生产自我保护意识不强。《建设工程安全生产管理条例》第32条规定："作业人员有权对施工现场的作业条件、作业程序和作业方式中存在的安全问题提出批评、检举和控告，有权拒绝违章指挥和强令冒险作业；在施工中发生危及人身安全的紧急情况时，作业人员有权立即停止作业或者采取必要的应急措施后撤离危险区域。"本案中，施工作业人员迫于施工进度压力冒险作业，也是造成安全事故的重要原因。

本单元小结

本单元详细介绍了法律体系的基本框架，法的形式和效力层级，建设法律、行政法规和相关法律的关系；建筑法的立法宗旨，建筑法的适用范围，建筑法的调整对象；建筑许可制度，建筑工程发包与承包，建设工程监理，建设工程安全质量管理；工程项目建设程序，建设项目立项基本程序内容。

练习题

一、单项选择题

1. 《中华人民共和国环境影响评价法》属于（　　）法律部门。

A. 经济法　　　　B. 行政法　　　　C. 诉讼法　　　　D. 社会法

2. 我国法的形式主要为以宪法为核心的各种规范性文件，下列选项中不属于法的形式的是（　　）。

　　A. 某省人大制定的地方性法规　　　　B. 某经济特区人民政府制定的规范性文件

　　C. 某市高级人民法院发布的判例　　　　D. 我国参加的国际条约

3. 法律效力等级是正确适用法律的关键，下述法律效力排序正确的是（　　）。

　　A. 国际条约＞宪法＞行政法规＞司法解释

　　B. 法律＞行政法规＞地方政府规章＞地方性法规

　　C. 行政法规＞部门规章＞地方性法规＞地方政府规章

　　D. 宪法＞法律＞行政法规＞地方政府规章

4. 某政府投资项目，政府相关部门与施工总包企业签订施工总包合同，二者形成（　　）法律关系。

　　A. 建设　　　　B. 民事　　　　C. 行政　　　　D. 社会

5. 下列与工程建设相关的法律中，不属于社会法部门的是（　　）。

　　A. 《中华人民共和国残疾人保障法》　　　　B 《中华人民共和国职业病防治法》

　　C. 《中华人民共和国劳动合同法》　　　　D. 《环境影响评价法》

6. A 建筑公司承包 B 公司的办公楼扩建项目，根据《建筑法》有关建筑工程发承包的有关规定，该公司可以（　　）。

　　A. 把工程转让给 A 建筑公司

　　B. 把工程分为土建工程和安装工程，分别转让给两家有相应资质的建筑公司

　　C. 经 B 公司同意，把内墙抹灰工程发包给别的建筑公司

　　D. 经 B 公司同意，把主体结构的施工发包给别的建筑公司

7. 下列做法中（　　）符合《建筑法》关于建筑工程发承包的规定。

　　A. 某建筑施工企业超越本企业资质等级许可的业务范围承揽工程

　　B. 某建筑施工企业以另一个建筑施工企业的名义承揽工程

　　C. 某建筑施工企业持有依法取得的资质证书，并在其资质等级许可的业务范围内承揽工程

　　D. 某建筑施工企业答应个体户王某以本企业的名义承揽工程

8. 根据《建筑法》的规定，实行监理的建筑工程，由（　　）委托具有相应资质条

件的工程监理单位监理。

　　A. 施工单位　　　　　　　　　　　B. 县级以上人民政府

　　C. 建设行政主管部门　　　　　　　D. 建设单位

9. 根据《建筑法》，下列有关监理的说法正确的是（　　　）。

　　A. 建设工程监理企业可以将监理业务部分转让给别的监理企业

　　B. 由于监理工作的失误给建设单位造成的损失由承包商承担

　　C. 建设工程监理企业可以与承包商隶属于一家单位的不同部门

　　D. 监理的权限要视建设单位的委托而定

10. 根据《建筑法》的规定，工程监理单位（　　　）转让工程监理业务。

　　A. 可以　　　　　　　　　　　　　B. 经建设单位允许可以

　　C. 不得　　　　　　　　　　　　　D. 经建设行政主管部门允许可以

二、多项选择题

1. 申请领取施工许可证，应当具备（　　　）条件。

　　A. 在规划区的建筑工程，已经取得规划许可证

　　B. 有满足施工需要的施工图纸及技术资料

　　C. 建设资金已落实

　　D. 有保证工程质量和安全的具体措施

　　E. 有从事相关建筑活动所应有的技术装备

2. 下列说法正确的是（　　　）。

　　A. 工程设计的修改由原单位负责，建筑施工企业在保证质量的前提下可酌情对工程
　　　　进行修改

　　B. 建筑物在合理使用寿命内，必须确保地基基础工程和主体结构的质量

　　C. 有关建筑工程安全的国家标准不能适应确保建筑安全的要求时，应当及时修订

　　D. 建筑工程实行质量保修制度

　　E. 建筑工程依法实行招标发包，对不适于招标发包的可以直接发包

3. 下列属于《建筑法》规定的建筑活动范围的有（　　　）。

　　A. 各类房屋建筑　　　　　　　　　B. 国家投资的道路建设

　　C. 房屋建筑附属设施建造　　　　　D. 家居装饰装潢

　　E. 房屋建筑配套的线路、管道、设备的安装活动

4. 关于工程监理单位，说法正确的是（　　　）。

　　A. 工程监理单位不能在超出其资质等级许可的范围内，承担工程监理业务

　　B. 工程监理单位可以转让工程监理业务

　　C. 工程监理单位与被监理工程的承包单位不得有隶属关系

　　D. 工程监理单位未按照规定检查给建设单位造成损失的，应当承担赔偿责任

　　E. 工程监理单位与承包单位串通，给建设单位造成损失的，应与承包单位承担连带
　　　　赔偿责任

5. 令有关部门可以降低建筑企业资质等级的行为有（　　　）。

　　A. 超越本单位资质等级承揽工程的

B. 施工企业出借资质证书允许他人以本企业的名义承揽工程

C. 承包单位将承包的工程转包且情节严重的

D. 在工程承包中行贿发包单位的承包单位

E. 施工企业对建筑安全事故隐患不采取任何措施予以消除，且情节较严重的

6. 建筑施工企业违反《建筑法》规定，不履行保修义务，在保修期内对某建筑物屋顶渗漏等质量缺陷置之不理而造成损失，则（　　）。

A. 有关部门可以降低该企业的资质等级

B. 吊销该企业的资质证书

C. 赔偿损失，并对房屋渗漏立即抢修

D. 有关部门可对其处以罚款

E. 有关部门可令其停业整顿

三、简答题

1. 简述建设工程法律体系及其组成。

2. 简述建设工程法规的表现形式及其效力。

3. 如何理解实施《建筑法》的意义？

4. 简述《建筑法》的适用范围及其调整对象。

5. 《建筑法》的立法目的和基本原则分别包括哪些？

6. 何谓建筑工程施工许可？其申请、审批有何规定？

单元 2
工程建设执业资格制度

【引言】

建设工程施工活动是一种专业性、技术性极强的特殊活动，对建设工程是否具备施工条件以及从事施工活动的单位和专业技术人员进行严格的管理和事前控制，对规范建设市场秩序，保证建设工程质量和施工安全生产，提高投资效益，保障公民生命财产安全和国家财产安全，具有十分重要意义。《建筑法》规定，建筑工程开工前，建设单位应当按照国家有关规定向工程所在地县级以上人民政府申请领取施工许可证；从事建设活动的施工企业、勘察单位、设计单位和工程监理单位按照其拥有的资质等级承揽相应工程。《建造师执业资格制度暂行规定》和《注册建造师管理规定》，通过考核认定或考试合格取得注册建造师注册执业证书和执业印章，才能以注册建造师的名义执业。建造师有义务遵纪守法，执行技术标准、规范和规程，保证执业成果质量并承担相应法律责任，保守国家和他人秘密。主动回避与本人有利害关系的执业活动。

【学习目标】

通过本单元学习，学生能够：

√ 掌握《建筑法》中对施工许可证的规定；

√ 掌握施工许可证的申请主体和发定条件；

√ 熟悉施工企业从业资格制度；

√ 熟悉建造师注册执业资格制度。

2.1 建设工程施工许可制度

2.1.1 施工许可证和开工报告的适用范围

我国目前对建设工程开工条件的审批，存在着颁发"施工许可证"和批准"开工报告"两种形式。多数工程是办理施工许可证，部分工程则为批准开工报告。

1. 施工许可证的适用范围

（1）需要办理施工许可证的建设工程

《建筑法》规定，建筑工程开工前，建设单位应当按照国家有关规定向工程所在地县级以上人民政府建设行政主管部门申请领取施工许可证。

住房和城乡建设部《建筑工程施工许可管理办法》进一步规定，在中华人民共和国境内从事各类房屋建筑及其附属设施的建造、装修装饰和与其配套的线路、管道、设备的安装，以及城镇市政基础设施工程的施工，建设单位在开工前应当依照本办法的规定，向工程所在地的县级以上人民政府建设行政主管部门申请领取施工许可证。

（2）不需要办理施工许可证的建设工程

① 限额以下的小型工程。按照《建筑法》的规定，国务院建设行政主管部门确定的限额以下的小型工程，可以不申请办理施工许可证。《建筑工程施工许可管理办法》规定，工程投资额在 30 万元以下或者建筑面积在 300m² 以下的建筑工程，可以不申请办理施工许可证。

② 抢险救灾等工程。《建筑法》规定，抢险救灾及其他临时性房屋建筑和农民自建低层住宅的建筑活动，不适用本法。这几类工程有其特殊性，应当从实际出发，不需要办理施工许可证。

（3）不重复办理施工许可证的建设工程

为避免同一建设工程的开工由不同行政主管部门重复审批的现象，《建筑法》规定，按照国务院规定的权限和程序批准开工报告的建筑工程，不再领取施工许可证。这有两层含义：一是实行开工报告批准制度的建设工程必须符合国务院的规定，其他任何部门的规定无效；二是开工报告与施工许可证不要重复办理。

（4）另行规定的建设工程

《建筑法》规定：军用房屋建筑工程建筑活动的具体管理办法由国务院、中央军事委员会依据本法制定。据此，军用房屋建筑工程是否实行施工许可，由国务院、中央军事委员会另行规定。

2. 实行开工报告制度的建设工程

开工报告制度是我国沿用已久的一种建设项目开工管理制度。1979 年，原国家计划委员会、国家基本建设委员会在《关于做好基本建设前期工作的通知》中规定了这项制度。1984 年原国家计委发布的《关于简化基本建设项目审批手续的通知》中将其简化。1988 年以后，又恢复了开工报告制度。

开工报告审查的内容主要包括：

①资金到位情况；②投资项目市场预测；③设计图纸是否满足施工要求；④现场条件是否具备"三通一平"等要求。

2.1.2　申请主体和法定批准条件

1. 施工许可证的申请主体

《建筑法》规定：建设单位应当按照国家有关规定向工程所在地县级以上人民政府建设行政主管部门申请领取施工许可证。建设单位（又称业主或项目法人）是建设项目的投资者，如果建设项目是政府投资，则建设单位为该建设项目的管理单位或使用单位。为建设工程开工和施工单位进场做好各项前期准备工作，是建设单位应尽的义务。因此，施工许可证的申请领取，应该由建设单位负责，而不是施工单位或其他单位。

2. 施工许可证的法定批准条件

《建筑法》规定，申请领取施工许可证，应当具备下列条件：

（1）已经办理该建筑工程用地批准手续

《土地管理法》规定，任何单位和个人进行建设，需要使用土地的，必须依法申请使用国有土地。依法申请使用的国有土地包括国家所有的土地和国家征收的原属于农民集体所有的土地。经批准的建设项目需要使用国有建设用地的，建设单位应当持法律、行政法规规定的有关文件，向有批准权的县级以上人民政府土地行政主管部门提出建设用地申请，经土地行政主管部门审查，报本级人民政府批准。

办理用地批准手续是建设工程依法取得土地使用权的必经程序，也是建设工程取得施工许可的必要条件。如果没有依法取得土地使用权，就不能批准建设工程开工。

（2）在城市规划区的建筑工程，已经取得规划许可证

《城乡规划法》规定，在市、镇规划区内以划拨方式提供国有土地使用权的建设项目，经有关部门批准、核准、备案后，建设单位应当向市、县人民政府城乡规划主管部门提出建设用地规划许可申请，由城市、县人民政府城乡规划主管部门依据控制性详细规划核定建设用地的位置、面积、允许建设的范围，核发建设用地规划许可证。建设单位在取得建设用地规划许可证后，方可向县级以上地方人民政府土地主管部门申请用地，经县级以上人民政府审批后，由土地主管部门划拨土地。以出让方式取得国有土地使用权的建设项目，在签订国有土地使用权出让合同后，建设单位应当持建设项目的批准、核准、备案文件和国有土地使用权出让合同，向市、县人民政府城乡规划主管部门领取建设用地规划许可证。

在市、镇规划区内进行建筑物、构筑物、道路、管线和其他工程建设的，建设单位或者个人应当向市、县人民政府城乡规划主管部门或者省、自治区、直辖市人民政府确定的镇人民政府申请办理建设工程规划许可证。

（3）施工场地已经基本具备施工条件，需要拆迁的，其拆迁进度符合施工要求

施工场地应该具备的基本施工条件，通常要根据建设工程项目的具体情况决定。拆迁一般是指房屋拆迁。房屋拆迁要根据城乡规划和国家专项工程的迁建计划以及当地政府的用地文件，拆除和迁移建设用地范围内的房屋及其附属物，并由拆迁人对原房屋及其附属物的所有人或使用人进行补偿和安置。拆迁是一项复杂的综合性工作，必须按照计划和施工进度进行，过早或过迟都会造成损失和浪费。需要先期进行拆迁的，拆迁进度必须能满足建设工程开始施工和连续施工的要求。这也是申办施工许可证的基本条件之一。

（4）已经确定施工企业

建设工程的施工必须由具备相应资质的施工企业来承担。因此，在建设工程开工前，建设单位必须依法通过招标或直接发包的方式确定承包该建设工程的施工企业，并签订建设工程承包合同，明确双方的责任、权利和义务，否则，建设工程的施工将无法进行。

《建筑工程施工许可管理办法》规定，按照规定应该招标的工程没有招标，应该公开招标的工程没有公开招标，或者肢解发包工程，以及将工程发包给不具备相应资质条件的企业，所确定的施工企业无效。

（5）有满足施工需要的施工图纸及技术资料

施工图纸是实行建设工程的最根本的技术文件，也是在施工过程中保证建设工程质量的重要依据。这就要求设计单位要按工程的施工顺序和施工进度，安排好施工图纸的配套交付计划，保证满足施工的需要。特别是在开工前，必须有满足施工需要的施工图纸和技术资料。《建设工程勘察设计管理条例》规定，编制施工图设计文件，应当满足设备材料采购、非标准设备制作和施工的需要，并注明建设工程合理使用年限。

此外，我国已建立施工图设计文件的审查制度。施工图设计文件不仅要满足施工需要，还应当按照规定进行审查。《建设工程质量管理条例》规定，施工图设计文件未经审查批准的不得使用。

（6）有保证工程质量和安全的具体措施

工程质量和安全是工程建设的永恒主题。《建设工程质量管理条例》规定，建设单位在领取施工许可证或者开工报告前，应当按照国家有关规定办理工程质量监督手续。《建设工程安全生产管理条例》规定，建设单位在申请领取施工许可证时，应当提供建设工程有关安全施工措施的资料。建设行政主管部门在审核发放施工许可证时，应当对建设工程是否有安全施工措施进行审查，对没有安全施工措施的，不得颁发施工许可证。

（7）建设资金已经落实

建设资金的落实是建设工程开工后顺利实施的关键。《建筑工程施工许可管理办法》明确规定，建设工期不足1年的，到位资金原则上不得少于工程合同价的50%，建设工期超过1年的，到位资金原则上不得少于工程合同价的30%，建设单位应当提供银行出具的到位资金证明，有条件的可以实行银行付款保函或者其他第三方担保。

（8）法律、行政法规规定的其他条件

按照《建筑法》的规定，国务院可以规定实行强制监理的建筑工程的范围。为此，《建设工程质量管理条例》明确规定，下列建设工程必须实行监理：

① 国家重点建设工程。

② 大中型公用事业工程。

③ 成片开发建设的住宅小区工程。

④ 利用外国政府或者国际组织贷款、援助资金的工程。

⑤ 国家规定必须实行监理的其他工程。

据此，《建筑工程施工许可管理办法》在申请领取施工许可证应当具备的条件中增加了一项规定，"按照规定应该委托监理的工程已委托监理"。

《消防法》规定，依法应当经公安机关消防机构进行消防设计审核的建设工程，未经依法审核或者审核不合格的，负责审批该工程施工许可的部门不得给予施工许可，建设单位、施工单位不得施工；其他建设工程取得施工许可后经依法抽查不合格的，应当停止施工。

2.1.3 延期开工、核验和重新办理批准的规定

1. 申请延期的规定

《建筑法》规定，建设单位应当自领取施工许可证之日起3个月内开工。因故不能按期开工的。应当向发证机关申请延期并说明理由，发证机关认定有合理理由可以批准其延期开工，但延期以两次为限，每次不超过3个月，如果建设单位既不开工又不申请延期或者超过延期时限，施工许可证将自行废止。

2. 核验施工许可证的规定

《建筑法》规定，在建的建筑工程因故中止施工的，建设单位应当自中止施工之日起1个月内，向发证机关报告，并按照规定做好建筑工程的维护管理工作。建筑工程恢复施工时，应当向发证机关报告；中止施工满一年的工程恢复施工前，建设单位应当报发证机关核施工许可证。

所谓中止施工是指建设工程开工后，在施工过程中因特殊情况的发生而中途停止施工的一种行为。中止施工的原因很复杂，如地震、洪水等不可抗力，以及宏观调控压缩基建规模，停建、缓建的建设工程等。

在恢复施工时，建设单位应当向发证机关报告恢复施工的有关情况。中止施工满一年的，在建设工程恢复施工前，建设单位还应当报发证机关核验施工许可证，看是否仍具备组织施工的条件，经核验符合条件的，应允许恢复施工，施工许可证继续有效；经核验不符合条件的，应当收回其施工许可证，不允许恢复施工，待条件具备后，由建设单位重新申领施工许可证。

3. 重新办理批准手续的规定

对于实行开工报告制度的建设工程，《建筑法》规定，按照国务院有关规定批准开工报告的建筑工程，因故不能按期开工或者中止施工的，应当及时向批准机关报告情况。因故不能按期开工超过6个月的，应当重新办理开工报告的批准手续。按照国务院有关规定批准开工报告的建筑工程，一般都属于大中型建设项目。对于这类工程因故不能按期开工或者中止施工的，在审查和管理上更应该严格。

2.1.4 违法行为应承担的法律责任

1. 未经许可擅自开工应承担的法律责任

《建筑法》规定，违反本法规定，未取得施工许可证或者开工报告未经批准擅自施工的，责令改正，对不符合开工条件的责令停止施工，可以处以罚款。

《建设工程质量管理条例》规定，建设单位未取得施工许可证或者开工报告未经批准，擅自施工的，责令停止施工，限期改正，处工程合同价款1%以上2%以下的罚款。

2. 规避办理施工许可证应承担的法律责任

《建筑工程施工许可管理办法》规定，对于未取得施工许可证或者为规避办理施工许可证将工程项目分解后擅自施工的，由有管辖权的发证机关责令改正；对于不符合开工条件的，责令停止施工，并对建设单位和施工单位分别处以罚款。

3. 骗取和伪造施工许可证应承担的法律责任

《建筑工程施工许可管理办法》规定，对于采用虚假证明文件骗取施工许可证的，由原发证机关收回施工许可证，责令停止施工，并对责任单位处以罚款；构成犯罪的，依

法追究刑事责任。对于伪造施工许可证的，该施工许可证无效，由发证机关责令停止施工，并对责任单位处以罚款；构成犯罪的，依法追究刑事责任。对于涂改施工许可证的，由原发证机关责令改正，并对责任单位处以罚款；构成犯罪的，依法追究刑事责任。

4. 对违法行为的罚款额度

《建筑工程施工许可管理办法》规定，本办法中的罚款、法律、法规有幅度规定的遵从其规定。无幅度规定的，有违法所得的处 5000 元以上 30000 元以下的罚款；没有违法所得的处 5000 元以上 10000 元以下的罚款。

【案例 2-1】

一、背景

黄河某灌区节水改造工程为 2008 年度政府项目，并由省水利厅办理了开工报告，但是，开工报告被批准后，该项目因故未能按时开工，该水利管理局分别于 2008 年 3 月 10 日、5 月 10 日两次向省水利厅报告工程项目开工准备的进展情况，一直到 2008 年 7 月 1 日才进行开工建设。

二、问题

该项目是否需要重新办理开工报告的批准手续？为什么？

三、解析

该项目不需要重新办理开工报告的批准手续。在本案例中，该项目开工报告从被批准到开工建设，虽然一再拖延开工，但是该水利管理局 2008 年 3 月 10 日、5 月 10 日两次向省水利厅报告工程项目开工准备的进展情况，且延迟开工的期间并未超过 6 个月，因此，按照《建筑法》第 11 条规定，不需要重新办理开工报告的批准手续。

2.2 工程建设企业从业资格制度

2.2.1 企业资质的法定条件

我国《建筑法》第十三条对从事建筑活动的各类单位也做出了必须进行资质审查的明确规定："从事建筑活动的建筑施工企业、勘察单位、设计单位和工程监理单位，按照其拥有的注册资本、专业技术人员、技术装备和已完成的建筑工程业绩等资质条件，划分为不同的资质等级，经资质审查合格，取得相应等级资质证书后，方可在其资质等级许可的范围内从事建筑活动。"从而在法律上确定了从业资格许可制度。从事建筑活动的建筑施工企业、勘察单位、设计单位，应当具备下列条件：

1. 有符合国规定的注册资本

注册资本反映的是企业法人的财产权，也是判断企业经济实力的依据之一。所有从事工程建设施工活动的企业组织，都必须具备基本的责任承担能力，能够担负与其承包施工工程相适应的财产义务。这既是法律上权利与义务相一致、利益与风险相一致原则的体现，也是维护债权人利益的需要。

2. 有符合规定的专业技术人员

工程建设施工活动是一种专业性、技术性很强的活动。因此，从事工程建设施工活动的企业必须拥有足够的专业技术人员，其中一些专业技术人员还须有通过考试和注册取得的法定执业资格。

3. 有符合规定的技术装备

随着工程建设机械化程度的不断提高，大跨度、超高层、结构复杂的建设工程越来越多，如果没有相应的技术装备将无法从事建设工程的施工活动。因此，施工单位必须拥有与其从事施工活动相适应的技术装备。当然，随着我国机械租赁市场的发展，许多大中型机械设备都可以采用租赁的方式取得，这有利于提高机械设备的使用率，降低施工成本。目前的企业资质标准对技术装备的要求并不多，特别是特级企业，更多的是衡量其科技进步水平。

4. 有符合规定的已完成工程业绩

工程建设施工活动是一项重要的实践活动，有无承担相应工程的经验及其业绩好坏，是衡量其实际能力和水平的一项重要标准。

《建设工程质量管理条例》进一步规定，施工单位应当依法取得相应等级的资质证书，并在其资质等级许可的范围内承揽工程。条例中所称建设工程是指土木工程、建筑工程、线路管道和设备安装工程及装修工程。

2.2.2 施工企业资质等级和资质标准

建设工程种类很多，不同的建设工程，其建设规模和技术要求的复杂程度可能有很大的差别。而从事建设活动的施工企业、勘察单位、设计单位和工程监理单位的情况也各有不同，有的资本雄厚，专业技术人员较多，有关技术装备齐全，有较强的经济和技术实力，而有的经济和技术实力则比较薄弱。为此，不少国家在对建设活动的监督管理中，都将从事建设活动的单位按其具有的不同经济、技术条件，划分为不同的资质等级，并对不同的资质等级的单位所能从事的建设活动范围做出了明确的规定。实践证明，这是建立和维护建设市场的正常秩序、保证建设工程质量的一项有效措施。

根据《建筑法》、《行政许可法》、《建设工程质量管理条例》、《建设工程安全生产管理条例》等法律、行政法规，2014年住房和城乡建设部颁布《建筑业企业资质标准》中规定，建筑业企业应当按照其拥有的注册资本、专业技术人员、技术装备和已完成的建筑工程业绩等条件申请资质，经审查合格，取得建筑业企业资质证书后，方可在资质许可的范围内从事建筑施工活动。

1. 资质等级

建筑业企业资质分为施工总承包、专业承包和劳务分包三个序列。施工总承包资质、专业承包资质、劳务分包资质序列按照工程性质和技术特点分别划分为若干资质类别，各资质类别按照规定的条件划分为若干等级，其标准由国务院建设行政主管部门会同国务院有关部门制定。根据《建筑业企业资质标准》规定：

（1）施工总承包企业资质序列，划分为房屋建筑工程、公路工程、铁路工程、港口与航道工程、水利水电工程、电力工程、矿山工程、冶炼工程、化工石油工程、市政公用工程、通信工程、机电工程共12个资质类别；每个资质类别划分为3～4个资质等级，即特级、一级、二级或特级、一级至三级。

（2）专业承包企业资质序列，划分为地基基础工程专业承包、起重设备安装工程专业承包、预拌混凝土专业承包、电子与智能化工程专业承包、消防设施工程专业承包、防水防腐保温工程专业承包、桥梁工程专业承包资质、隧道工程专业承包、钢结构工程专业承包、模板脚手架专业承包、建筑装修装饰工程专业承包、建筑机电安装工程专业承包、建筑幕墙工程专业承包、古建筑工程专业承包、城市及道路照明工程专业承包、公路路面工程专业承包、公路路基工程专业承包、公路交通工程专业承包、铁路电务工程专业承包、铁路铺轨架梁工程专业承包、铁路电气化工程专业承包、机场场道工程专业承包、民航空管工程及机场弱电系统工程专业承包、机场目视助航工程专业承包、港口与海岸工程专业承包、航道工程专业承包、通航建筑物工程专业承包、港航设备安装及水上交管工程专业承包、水工金属结构制作与安装工程专业承包、水利水电机电安装工程专业承包、河湖整治工程专业承包、输变电工程专业承包、核工程专业承包、海洋石油工程专业承包、环保工程专业承包、特种工程专业承包。每个资质类别分为 1～3 个资质等级或者不分等级。

（3）施工劳务分包序列不分类别和等级

施工总承包工程应由取得相应施工总承包资质的企业承担。取得施工总承包资质的企业可以对所承接的施工总承包工程内各专业工程全部自行施工，也可以将专业工程依法进行分包。对设有资质的专业工程进行分包时，应分包给具有相应专业承包资质的企业。施工总承包企业将劳务作业分包时，应分包给具有施工劳务资质的企业。

设有专业承包资质的专业工程单独发包时，应由取得相应专业承包资质的企业承担。取得专业承包资质的企业可以承接具有施工总承包资质的企业依法分包的专业工程或建设单位依法发包的专业工程。取得专业承包资质的企业应对所承接的专业工程全部自行组织施工，劳务作业可以分包，但应分包给具有施工劳务资质的企业。

取得施工劳务资质的企业可以承接具有施工总承包资质或专业承包资质的企业分包的劳务作业。

2. 资质标准

住房和城乡建设部《建筑业企业资质标准》规定市政公用工程施工总承包企业的资质等级分为特级、一级、二级、三级。市政公用工程施工总承包企业的资质标准如下：

（1）一级资质标准

1）企业资产：净资产 1 亿元以上。

2）企业主要人员：①市政公用工程专业一级注册建造师不少于 12 人；②技术负责人具有 10 年以上从事工程施工技术管理工作经历，且具有市政工程相关专业高级职称；市政工程相关专业中级以上职称人员不少于 30 人，且专业齐全；③持有岗位证书的施工现场管理人员不少于 50 人，且施工员、质量员、安全员、机械员、造价员、劳务员等人员齐全；④经考核或培训合格的中级工以上技术工人不少于 150 人。

3）企业工程业绩：近 10 年承担过下列 7 类中的 4 类工程的施工，其中至少有第 1 类所列工程，工程质量合格。①累计修建城市主干道 25km 以上；或累计修建城市次干道以上道路面积 150 万 m^2 以上；或累计修建城市广场硬质铺装面积 10 万 m^2 以上；②累计修建城市桥梁面积 10 万 m^2 以上；或累计修建单跨 40m 以上的城市桥梁 30 座；③累计修建直径 1 米以上的排水管道（含净宽 1m 以上方沟）工程 20km 以上；或累计修建直径 0.6m 以上供水、中水管道工程 20km 以上；或累计修建直径 0.3m 以上的中压燃气管道工程 20km 以上；或累计修建直径 0.5m 以上的热力管道工程 20km 以上；④修建 8 万 t/日以上的污水处理厂或 10 万 t/日以上的供水厂工程 2 项；或修建 20 万 t/日以上的给水泵站、10 万 t/日以上的排水泵站 4 座；⑤修建 500t/日以上的城市生活垃圾处理工程；⑥累计修建断面 20m² 以上的城市隧道工程 3km 以上；⑦单项合同额 3000 万元以上的市政综合工程项目 2 项。

4）技术装备：具有下列 3 项中的 2 项机械设备：①摊铺宽度 8m 以上沥青混凝土摊铺设备 2 台；②100 千瓦以上平地机 2 台；③直径 1.2m 以上顶管设备 2 台。

（2）二级资质标准

1）企业资产：净资产 4000 万元以上。

2）企业主要人员：①市政公用工程专业注册建造师不少于 8 人；②技术负责人具有 8 年以上从事工程施工技术管理工作经历，且具有市政工程相关专业高级职称或市政公用工程一级注册建造师执业资格；市政工程相关专业中级以上职称人员不少于 15 人，且专业齐全；③持有岗位证书的施工现场管理人员不少于 30 人，且施工员、质量员、安全员、机械员、造价员、劳务员等人员齐全；④经考核或培训合格的中级工以上技术工人不少于 75 人。

3）企业工程业绩

近 10 年承担过下列 7 类中的 4 类工程的施工，其中至少有第 1 类所列工程，工程质量合格。

①累计修建城市道路 25km 以上；或累计修建城市道路面积 50 万 m² 以上；②累计修建城市桥梁面积 5 万 m² 以上；或累计修建单跨 20m 以上的城市桥梁 2 座；③累计修建排水管道工程 10km 以上；或累计修建供水、中水管道工程 10km 以上；或累计修建燃气管道工程 10km 以上；或累计修建热力管道工程 10km 以上；④修建 4 万 t/日以上的污水处理厂或 5 万 t/日以上的供水厂工程 2 项；或修建 5 万 t/日以上的给水泵站、排水泵站 4 座；⑤修建 200t/日以上的城市生活垃圾处理工程 2 项；⑥累计修建城市隧道工程 1.5km 以上；⑦单项合同额 2000 万元以上的市政综合工程项目 2 项。

（3）三级资质标准

1）企业资产：净资产 1000 万元以上。

2）企业主要人员：①市政公用工程专业注册建造师不少于 5 人。②技术负责人具有 5 年以上从事工程施工技术管理工作经历，且具有市政工程相关专业中级职称或市政公用工程注册建造师执业资格；市政工程相关专业中级以上职称人员不少于 8 人；③持有岗位证书的施工现场管理人员不少于 15 人，且施工员、质量员、安全员、机械员、造价员、劳务员等人员齐全；④经考核或培训合格的中级工以上技术工人不少于 30 人；⑤技术负责人（或注册建造师）主持完成过本类别资质二级以上标准要求的工程业绩不少于 2 项。

3. 承包工程范围

市政公用工程施工总承包承包工程范围如下：

（1）一级资质

可承担各类市政公用工程的施工。

（2）二级资质

可承担下列市政公用工程的施工：

① 各类城市道路；单跨 45m 以下的城市桥梁；

② 15 万 t/日以下的供水工程；10 万 t/日以下的污水处理工程；25 万 t/日以下的给水泵站、15 万 t/日以下的污水泵站、雨水泵站；各类给排水及中水管道工程；

③ 中压以下燃气管道、调压站；供热面积 150 万 m² 以下热力工程和各类热力管道工程；

④ 各类城市生活垃圾处理工程；

⑤ 断面 25m² 以下隧道工程和地下交通工程；

⑥ 各类城市广场、地面停车场硬质铺装；

⑦ 单项合同额 4000 万元以下的市政综合工程。

（3）三级资质

可承担下列市政公用工程的施工：

① 城市道路工程（不含快速路）；单跨 25m 以下的城市桥梁工程；

② 8 万 t/日以下的给水厂；6 万 t/日以下的污水处理工程；10 万 t/日以下的给水泵站、10 万 t/日以下的污水泵站、雨水泵站，直径 1m 以下供水管道；直径 1.5m 以下污水及中水管道；

③ 2kg/cm² 以下中压、低压燃气管道、调压站；供热面积 50 万 m² 以下热力工程，直径 0.2m 以下热力管道；

④ 单项合同额 2500 万元以下的城市生活垃圾处理工程；

⑤ 单项合同额 2000 万元以下地下交通工程（不包括轨道交通工程）；

⑥ 5000m² 以下城市广场、地面停车场硬质铺装；

⑦ 单项合同额 2500 万元以下的市政综合工程。

2.2.3　违规行为的规定及承担的责任

1. 企业申请办理资质违法行为应承担的法律责任

《建筑法》规定，以欺骗手段取得资质证书的，吊销资质证书，处以罚款；构成犯罪的，依法追究刑事责任。

《建筑业企业资质管理规定》中规定，申请人隐瞒有关情况或者提供虚假材料申请建筑业企业资质的，不予受理或者不予行政许可，并给予警告，申请人在 1 年内不得再次申请建筑业企业资质。

以欺骗、贿赂等不正当手段取得建筑业企业资质证书的，由县级以上地方人民政府建设主管部门或者有关部门给予警告，并依法处以罚款，申请人 3 年内不得再次申请建筑业企业资质。

建筑业企业未按照规定及时办理资质证书变更手续的，由县级以上地方人民政府建设主管部门责令限期办理；逾期不办理的，可处以 1000 元以上 1 万元以下的罚款。

2. 无资质承揽工程应承担的法律责任

《建筑法》规定，发包单位将工程发包给不具有相应资质条件的承包单位的，或者违反本法规定将建筑工程肢解发包的，责令改正，处以罚款。未取得资质证书承揽工程的，予以取缔，并处罚款；有违法所得的，予以没收。

《建设工程质量管理条例》进一步规定，建设单位将建设工程发包给不具有相应资质等级的勘察、设计、施工单位或者委托给不具有相应资质等级的工程监理单位的，责令改正，处 50 万元以上 100 万元以下的罚款。

未取得资质证书承揽工程的，予以取缔，对施工单位处工程合同价款 2%以上 4%以下的罚款；有违法所得的，予以没收。

建设部《住宅室内装饰装修管理办法》规定，装修人违反本办法规定，将住宅室内装饰装修工程委托给不具有相应资质等级企业的，由城市房地产行政主管部门责令改正，处 500 元以上 1000 元以下的罚款。

3. 超越资质等级承揽工程应承担的法律责任

《建筑法》规定，超越本单位资质等级承揽工程的，责令停止违法行为，处以罚款，可以责令停业整顿，降低资质等级；情节严重的，吊销资质证书；有违法所得的，予以没收。

《建设工程质量管理条例》进一步规定，勘察、设计、施工、工程监理单位超越本单位资质等级承揽工程的，责令停止违法行为；对施工单位处工程合同价款 2%以上 4%以下的罚款，可以责令停业整顿，降低资质等级；情节严重的，吊销资质证书；有违法所得的，予以没收。

4. 允许其他单位或者个人以本单位名义承揽工程应承担的法律责任

《建筑法》规定，建筑施工企业转让、出借资质证书或者以其他方式允许他人以本企业的名义承揽工程的，责令改正，没收违法所得，并处罚款，可以责令停业整顿，降低资质等级；情节严重的，吊销资质证书。对因该项承揽工程不符合规定的质量标准造成的损失，建筑施工企业与使用本企业名义的单位或者个人承担连带赔偿责任。

《建设工程质量管理条例》规定，勘察、设计、施工、工程监理单位允许其他单位或者个人以本单位名义承揽工程的，责令改正，没收违法所得；对施工单位处工程合同价款 2%以上 4%以下的罚款；可以责令停业整顿，降低资质等级；情节严重的，吊销资质证书。

5. 分包给不具备相应资质条件的单位应承担的法律责任

《建筑法》规定，承包单位将承包的工程转包的，或者违反本法规定进行分包的，责令改正，没收违法所得，并处罚款，可以责令停业整顿，降低资质等级；情节严重的，吊销资质证书。承包单位有以上规定的违法行为的，对因转包工程或者违法分包的工程不符合规定的质量标准造成的损失，与接受转包或者分包的单位承担连带赔偿责任。

《建设工程质量管理条例》规定，承包单位将承包的工程转包或者违法分包的，责令改正，没收违法所得；对施工单位处工程合同价款 0.5%以上 1%以下的罚款；可以责令停业整顿，降低资质等级；情节严重的，吊销资质证书。

《房屋建筑和市政基础设施工程施工分包管理办法》规定，转包、违法分包或者允许他人以本企业名义承揽工程的，按照《中华人民共和国建筑法》、《中华人民共和国招标投标法》和《建设工程质量管理条例》的规定予以处罚；对于接受转包、违法分包和用他人名义承揽工程的，处 1 万元以上 3 万元以下的罚款。

6. 以欺骗手段取得资质证书承揽工程应承担的法律责任

《建设工程质量管理条例》规定，以欺骗手段取得资质证书承揽工程的，吊销资质证书，处工程合同价款2%以上4%以下的罚款；有违法所得的，予以没收。

【案例2-2】

一、背景

某工程项目由甲施工企业总承包，该企业将工程的土石方工程分包给乙分包公司，乙分包公司又与社会上的刘某签订任务书，约定由刘某组织人员负责土方开挖、装卸和运输，负责施工项目的管理、技术指导和现场安全，单独核算，自负盈亏。

二、问题

该分包公司与刘某签订土石方工程任务书的行为应当如何定性，该作何处理？

三、解析

本案例中，分包企业允许刘某以工程任务书形式承揽土石方工程，并将现场全权交由刘某负责，该项目施工中的技术、质量、安全管理及核算人员均由刘某自行组织，而非该分包公司的人员。按照《房屋建筑和市政基础设施工程施工分包管理办法》第15条的规定，这种情况应视同允许他人以本企业名义承揽工程。

《建设工程质量管理条例》第16条规定：违反本条例规定，勘察、设计、施工、工程监理单位允许其他单位或者个人以本单位名义承揽工程的，责令改正，没收违法所得。对勘察、设计单位和工程监理单位处合同约定的勘察费、设计费和监理酬金1倍以上2倍以下的罚款；对施工单位处工程合同价款2%以上4%以下的罚款。可以责令停业整顿，降低资质等级；情节严重的，吊销资质证书。据此，应当对该分包公司作出相应的处罚。

2.3　建造师注册执业制度

2.3.1　建设工程专业人员执业资格的准入管理

执业资格制度是指对具有一定专业学历和资历并从事特定专业技术活动的专业技术人员，通过考试和注册确定其执业的技术资格，获得相应文件签字权的一种制度。

《建筑法》规定，从事建筑活动的专业技术人员，应当依法取得相应的执业资格证书，并在执业资格证书许可的范围内从事建筑活动。这是因为，建设工程的技术要求比较复杂，建设工程的质量和安全生产直接关系到人身安全及公共财产安全，责任极为重大。因此，对从事建设工程活动的专业技术人员，应当建立起必要的个人执业资格制度；只有依法取得相应执业资格证书的专业技术人员，方可在其执业资格证书许可的范围内从事建设工程活动。没有取得个人执业资格的人员，不能执行相应的建设工程业务。

我国对从事建设工程活动的单位实行资质管理制度比较早，较好地从整体上把住了单位的建设市场准入关，但对建设工程专业技术人员（即在勘察、设计、施工、监理等专业技术岗位上工作的人员）的个人执业资格的准入制度起步较晚，导致出现了一些高资质的单位承接建设工程，却由低水平人员甚至非专业技术人员来完成的现象，不仅影响了建设工程质量和安全，还影响到投资效益的发挥。因此，实行专业技术人员的执业资格制度，严格执行建设工程相关活动的准入与清出，有利于避免上述种种问题，并明确专业技术人员的责、权、利，保证建设工程确实由具有相应资格的专业技术人员主持完成设计、施工、监理等任务。

发达国家大多对从事涉及公众生命和财产安全的建设工程活动的专业技术人员，实行严格的执业资格制度，如美国、英国、日本、加拿大等。建造师执业资格制度起源于英国，迄今已有近160年的历史。许多发达国家不仅早已建立这项制度，1997年还成立了建造师的国际组织—国际建造师协会。我国在工程建设领域实行专业技术人员的执业资格制度，有利于促进与国际接轨，适应对外开放的需要，并可以同有关国家谈判执业资格对等互认，使我国的专业技术人员更好地进入国际建设市场。

我国工程建设领域最早建立的执业资格制度是注册建筑师制度，1995年9月国务院颁布了《中华人民共和国注册建筑师条例》；之后又相继建立了注册监理工程师、结构工程师、造价工程师等制度。2002年12月9日人事部、建设部（即现在的人力资源和社会保障部、住房和城乡建设部）联合颁发了《建造师执业资格制度暂行规定》，标志着我国建造师制度的建立和建造师工作的正式启动。到2013年，我国通过考试或考核取得一级、二级建造师资格的已经超过百万人。

2.3.2　建造师考试和注册的规定

注册建造师是指通过考核认定或考试合格取得中华人民共和国建造师资格证书，并按照规定注册，取得中华人民共和国建造师注册证书和执业印章，担任施工单位项目负责人及从事相关活动的专业技术人员。未取得注册证书和执业印章的，不得担任大中型建设工程项目的施工单位项目负责人，不得以注册建造师的名义从事相关活动。《建造师执业资格制度暂行规定》中规定，经国务院有关部门同意，获准在中华人民共和国境内从事建设工程项目施工管理的外籍及港、澳、台地区的专业人员，符合本规定要求的，也可报名参加建造师执业资格考试以及申请注册。

1. 建造师的考试

《建造师执业资格制度暂行规定》中规定，一级建造师执业资格实行统一大纲、统一命题、统一组织的考试制度，由人事部、建设部共同组织实施，原则上每年举行一次考试。

建设部负责编制一级建造师执业资格考试大纲和组织命题工作，统一规划建造师执业资格的培训等有关工作。人事部负责审定一级建造师执业资格考试科目、考试大纲和考试试题，组织实施考务工作；会同建设部对考试考务工作进行检查、监督、指导和确定合格标准。

建设部负责拟定二级建造师执业资格考试大纲，人事部负责审定考试大纲。二级建造师执业资格实行全国统一大纲，各省、自治区、直辖市命题并组织考试的制度。各省、自治区、直辖市人事厅（局），建设厅（委）按照国家确定的考试大纲和有关规定，在本地区组织实施二级建造师执业资格考试。

（1）考试内容和时间

《建造师执业资格制度暂行规定》中规定，一级建造师执业资格考试，分综合知识与能力和专业知识与能力两个部分。

建设部《建造师执业资格考试实施办法》进一步规定，一级建造师执业资格考试设建设工程经济、建设工程法规及相关知识、建设工程项目管理和专业工程管理与实务 4 个科目。目前，专业工程管理与实务科目分为：建筑工程、公路工程、铁路工程、民航机场工程、港口与航道工程、水利水电工程、市政公用工程、通信与广电工程、矿业工程、机电工程 10 个专业类别。

一级建造师执业资格考试时间定于每年的第三季度。一级建造师执业资格考试分 4 个半天，以纸笔作答方式进行。建设工程经济科目的考试时间为 2 小时，建设工程法规及相关知识和建设工程项目管理科目的考试时间均为 3 小时，专业工程管理与实务科目的考试时间为 4 小时。

二级建造师执业资格考试设建设工程施工管理、建设工程法规及相关知识、专业工程管理与实务 3 个科目。

符合规定的报名条件，于 2003 年 12 月 31 日前取得建设部颁发的"建筑业企业一级项目经理资质证书"，并符合下列条件之一的人员，可免试建设工程经济和建设工程项目管理 2 个科目，只参加建设工程法规及相关知识和专业工程管理与实务 2 个科目的考试。

① 担任工程或工程经济类高级专业技术职务。

② 具有工程类或工程经济类大学专科以上学历并从事建设项目施工管理工作满 20 年。

（2）报考条件和考试申请

《建造师执业资格制度暂行规定》中规定，凡遵守国家法律、法规，具备下列条件之一者，可以申请参加一级建造师执业资格考试。

① 取得工程类或工程经济类大学专科学历，工作满 6 年，其中从事建设工程项目施工管理工作满 4 年。

② 取得工程类或工程经济类大学本科学历，工作满 4 年，其中从事建设工程项目施工管理工作满 3 年。

③ 取得工程类或工程经济类双学士学位或研究生班毕业，工作满 3 年，其中从事建设工程项目施工管理工作满 2 年。

④ 取得工程类或工程经济类硕士学位，工作满 2 年，其中从事建设工程项目施工管理工作满 1 年。

⑤ 取得工程类或工程经济类博士学位，从事建设工程项目施工管理工作满 1 年。

凡遵纪守法并具备工程类或工程经济类中等专科以上学历并从事建设工程项目施工管理工作满 2 年，可报名参加二级建造师执业资格考试。

已取得一级建造师执业资格证书的人员，还可根据实际工作需要，选择"专业工程管理与实务"科目的相应专业，报名参加考试。考试合格后核发国家统一印制的相应专业合格证明。该证明作为注册时增加执业专业类别的依据。

考试管理机构按规定程序和报名条件审查合格后，发给准考证。考生凭准考证在指定的时间、地点参加考试。中央管理的企业和国务院各部门及其所属单位的人员按属地原则报名参加考试。

考试成绩实行 2 年为一个周期的滚动管理办法，参加全部 4 个科目考试的人员须在连续的两个考试年度内通过全部科目；免试部分科目的人员须在一个考试年度内通过应试科目。

（3）建造师执业资格证书的使用范围

参加一级建造师执业资格考试合格，由各省、自治区、直辖市人事部门颁发人事部统一印制，人事部、建设部用印的中华人民共和国一级建造师执业资格证书。该证书在全国范围内有效。

二级建造师执业资格考试合格者，由省、自治区、直辖市人事部门颁发由人事部、建设部统一格式的中华人民共和国二级建造师执业资格证书。该证书在所在行政区域内有效。

2. 建造师的注册

建设部《注册建造师管理规定》中规定，注册建造师实行注册执业管理制度，注册建造师分为一级注册建造师和二级注册建造师。取得资格证书的人员，经过注册方能以注册建造师的名义执业。

（1）管理机构

建设部或其授权的机构为一级建造师执业资格的注册管理机构。省、自治区、直辖市建设行政主管部门或其授权的机构为二级建造师执业资格的注册管理机构。人事部和各级地方人事部门对建造师执业资格注册和使用情况有检查、监督的责任。

（2）申请

《注册建造师管理规定》规定，取得一级建造师资格证书并受聘于一个建设工程勘察、设计、施工、监理、招标代理、造价咨询等单位的人员，应当通过聘用单位向单位工商注册所在地的省、自治区、直辖市人民政府建设主管部门提出注册申请。

申请初始注册时应当具备以下条件：

1）经考核认定或考试合格取得资格证书。

2）一个相关单位。

3）达到继续教育要求。

4）没有《注册建造师管理规定》中规定不予注册的情形。

初始注册者，可自资格证书签发3年内提出申请，逾期未申请者，须符合本专业继续教育的要求后方可申请初始注册。

申请初始注册需要提交下列材料：

① 注册建造师初始注册申请表。

② 资格证书、学历证书和身份证明复印件。

③ 申请人与聘用单位签订的聘用劳动合同复印件或其他有效证明文件。

④ 逾期申请初始注册的，应当提供达到继续教育要求的证明材料。

（3）延续注册与增项注册

建造师执业资格注册有效期一般为3年。《注册建造师管理规定》中规定，注册有效期满需继续执业的，应当在注册有效期届满30日前，按照规定申请延续注册。延续注册的，有效期为3年。

申请延续注册的，应当提交下列材料：

① 注册建造师延续注册申请表。

② 原注册证书。

③ 申请人与聘用单位签的聘用劳动合同复印件或其他有效证明文件。

④ 申请人注册有效期内达到继续教育要求的证明材料。

（4）注册的受理与审批

省、自治区、直辖市人民政府建设主管部门受理一级建造师注册申请后提出初审意见，并将初审意见和全部申报材料报国务院建设主管部门审批；涉及铁路、公路、港口与航道、水利水电、通信与广电、民航专业的，国务院建设主管部门应当将全部申报材料送同级有关部门审核。符合条件的，由国务院建设主管部门核发《中华人民共和国一级建造师注册证书》，并核定执业印章编号。

对申请初始注册的，省、自治区、直辖市人民政府建设主管部门应当自受理申请之日起，20 日内审查完毕，并将申请材料和初审意见报国务院建设主管部门。国务院建设主管部门应当自收到省、自治区、直辖市人民政府建设主管部门上报材料之日起，20 日内审批完毕并做出书面决定。有关部门应当在收到国务院建设主管部门移送的申请材料之日起，10 日内审核完毕，并将审核意见送国务院建设主管部门。

对申请变更注册、延续注册的，省、自治区、直辖市人民政府建设主管部门应当自受理申请之日起 5 日内审查完毕。国务院建设主管部门应当自收到省、自治区、直辖市人民政府建设主管部门上报材料之日起 10 日内审批完毕并做出书面决定。有关部门在收到国务院建设主管部门移送的申请材料后，应当在 5 日内审核完毕，并将审核意见送国务院建设主管部门。

取得二级建造师资格证书的人员申请注册，由省、自治区、直辖市人民政府建设主管部门负责受理和审批，具体审批程序由省、自治区、直辖市人民政府建设主管部门依法确定。对批准注册的，核发由国务院建设主管部门统一样式的《中华人民共和国二级建造师注册证书》和执业印章，并在核发证书后 30 日内送国务院建设主管部门备案。

建设部《注册建造师执业管理办法（试行）》规定，注册建造师注册证书和执业印章由本人保管，任何单位（发证机关除外）和个人不得扣押注册建造师注册证书或执业印章。

（5）不予注册和注册证书的失效、注销

《注册建造师管理规定》中规定，申请人有下列情形之一的，不予注册：

1）不具有完全民事行为能力的。

2）申请在两个或者两个以上单位注册的。

3）未达到注册建造师继续教育要求的。

4）受到刑事处罚，刑事处罚尚未执行完毕的。

5）因执业活动受到刑事处罚，自刑事处罚执行完毕之日起至申请注册之日止不满 5 年的。

6）因前项规定以外的原因受到刑事处罚，自处罚决定之日起至申请注册之日止不满 3 年的。

7）被吊销注册证书，自处罚决定之日起至申请注册之日止不满 2 年的。

8）在申请注册之日前 3 年内担任项目经理期间，所负责项目发生过重大质量和安全事故的。

9) 申请人的聘用单位不符合注册单位要求的。

10) 年龄超过 65 周岁的。

注册建造师有下列情形之一的, 其注册证书和执业印章失效:

① 聘用单位破产的。

② 聘用单位被吊销营业执照的。

③ 聘用单位被吊销或者撤回资质证书的。

④ 已与聘用单位解除聘用合同关系的。

⑤ 注册有效期满且未延续注册的。

⑥ 年龄超过 65 周岁的。

⑦ 死亡或不具有完全民事行为能力的。

⑧ 其他导致注册失效的情形。

注册建造师有下列情形之一的, 由注册机关办理注销手续, 收回注册证书和执业印章或者公告, 其注册证书和执业印章作废:

① 有以上规定的注册证书和执业印章失效情形发生的。

② 依法被撤销注册的。

③ 依法被吊销注册证书的。

④ 受到刑事处罚的。

⑤ 法律、法规规定应当注销注册的其他情形。

(6) 变更、续期、注销注册的申请办理

在注册有效期内, 注册建造师变更执业单位, 应当与原聘用单位解除劳动关系, 并按照规定办理变更注册手续, 变更注册后仍延续原注册有效期。

申请变更注册的, 应当提交下列材料。

1) 注册建造师变更注册申请表。

2) 注册证书和执业印章。

3) 申请人与新聘用单位签订的聘用合同复印件或有效证明文件。

4) 工作调动证明 (与原聘用单位解除聘用合同或聘用合同到期的证明文件、退休人员的退休证明)。

《注册建造师执业管理办法 (试行)》规定, 注册建造师应当通过企业按规定及时申请办理变更注册、续期注册等相关手续。多专业注册的注册建造师, 其中一个专业注册期满仍需以该专业继续执业和以其他专业执业的, 应当及时办理续期注册。

注册建造师变更聘用企业的, 应当在与新聘用企业签订聘用合同后的 1 个月内, 通过新聘用企业申请办理变更手续。因变更注册申报不及时影响注册建造师执业, 导致工程项目出现损失的, 由注册建造师所在聘用企业承担责任, 并作为不良行为记入企业信用档案。

聘用企业与注册建造师解除劳动关系的, 应当及时申请办理注销注册或变更注册。聘用企业与注册建造师解除劳动合同关系后无故不办理注销注册或变更注册的, 注册建造师可向省级建设主管部门申请注销注册证书和执业印章。注册建造师要求注销注册或变更注册的，应当提供与原聘用企业解除劳动关系的有效证明材料。建设主管部门经向原聘用企业核实，聘用企业在 7 日内没有提供书面反对意见和相关证明材料的，应予办理注销注册或变更注册。

2.3.3　建造师的受聘单位和执业岗位范围

1. 建造师的受聘单位

《建造师执业资格制度暂行规定》中规定，建造师的执业范围包括：

（1）担任建设工程项目施工的项目经理。

（2）从事其他施工活动的管理工作。

（3）法律、行政法规或国务院建设行政主管部门规定的其他业务。

一级建造师可以担任特级、一级建筑业企业资质的建设工程项目施工的项目经理；二级建造师可以担任二级及以下建筑业企业资质的建设工程项目施工的项目经理。

建设部《注册建造师管理规定》进一步规定，取得资格证书的人员应当受聘于一个具有建设工程勘察、设计、施工、监理、招标代理、造价咨询等一项或者多项资质的单位，经注册后方可从事相应的执业活动。担任施工单位项目负责人的，应当受聘并注册于一个具有施工资质的企业。

据此，建造师不仅可以在施工单位担任建设工程施工项目的项目经理，也可以在勘察、设计监理、招标代理、造价咨询等单位或具有多项上述资质的单位执业。但是，如果要担任施工单位的项目负责人即项目经理，其所受聘的单位必须具有相应的施工企业资质，而不能是仅具有勘察、设计、监理等资质的其他企业。

2. 建造师执业范围

（1）执业区域范围

《注册建造师执业管理办法（试行）》规定，一级注册建造师可在全国范围以一级注册建造师名义执业。通过二级建造师资格考核认定，或参加全国统考取得二级建造师资格证书并经注册人员，可在全国范围内以二级注册建造师名义执业。

（2）执业岗位范围

建造师经注册后，有权以建造师名义担任建设工程项目施工的项目经理及从事其他施工活动的管理，但不得同时担任两个及两个以上建设工程施工项目负责人。发生下列情形之一的除外：

① 同一工程相邻分段发包或分期施工的。

② 合同约定的工程验收合格的。

③ 因非承包方原因致使工程项目停工超过 120 天（含），经建设单位同意的。

注册建造师担任施工项目负责人期间原则上不得更换。如发生下列情形之一的，应当办理书面交接手续后更换施工项目负责人：

① 发包方与注册建造师受聘企业已解除承包合同的。

② 发包方同意更换项目负责人的。

③ 因不可抗力等特殊情况必须更换项目负责人的。

注册建造师担任施工项目负责人，在其承建的建设工程项目竣工验收或移交项目手续办结前，除以上规定的情形外，不得变更注册至另一企业。

建设工程合同履行期间变更项目负责人的，企业应当于项目负责人变更5个工作日内报建设行政主管部门和有关部门及时进行网上变更。

此外，注册建造师还可以从事建设工程项目总承包管理或施工管理，建设工程项目管理服务，建设工程技术经济咨询，以及法律、行政法规和国务院建设主管部门规定的其他业务。

（3）执业工程范围

注册建造师应当在其注册证书所注明的专业范围内从事建设工程施工管理活动。注册建造师分10个专业，下面列举建筑工程、市政公用工程专业的执业工程范围。

① 建筑工程专业执业工程范围为：房屋建筑、装饰装修、地基与基础、土石方、建筑装修装饰、建筑幕墙、预拌商品混凝土、混凝土预制构件、园林古建筑、钢结构、高耸建筑物、电梯安装、消设施、建筑防水、防腐保温、附着升降脚手架、金属门窗、预应力、爆破与拆除、建筑智能化、特种专业。

② 市政公用工程专业执业工程范围为：土石方、地基与基础、预拌商品混凝土、混凝土预制构件、预应力、爆破与拆除、环保、桥梁、隧道、道路路面、道路路基、道路交通、城市轨道交通、城市及道路照明、体育场地设施、给排水、燃气、供热、垃圾处理、园林绿化、管道、特种专业。

2.3.4 建造师的基本权利和义务

1. 建造师的基本权利

《建造师执业资格制度暂行规定》中规定，建造师经注册后，有权以建造师名义担任建设工程项目施工的项目经理及从事其他施工活动的管理。

《注册建造师管理规定》进一步规定，注册建造师享有下列权利：

（1）使用注册建造师名称。

（2）在规定范围内从事执业活动。

（3）在本人执业活动中形成的文件上签字并加盖执业印章。

（4）保管和使用本人注册证书、执业印章。

（5）对本人执业活动进行解释和辩护。

（6）接受继续教育。

（7）获得相应的劳动报酬。

（8）对侵犯本人权利的行为进行申诉。

建设工程施工活动中形成的有关工程施工管理文件，应当由注册建造师签字并加盖执业印章。施工单位签署质量合格的文件上，必须有注册建造师的签字盖章。

担任建设工程施工项目负责人的注册建造师，应当按住房和城乡建设部《关于印发〈注册建造师施工管理签章文件目录〉（试行）的通知》要求，在建设工程施工管理相关文件上签字并加盖执业印章，签章文件作为工程竣工备案的依据。只有注册建造师签章完整的工程施工管理文件方为有效。注册建造师有权拒绝在不合格或者有弄虚作假内容的建设工程施工管理文件上签字并加盖执业印章。

建设工程合同包含多个专业工程的，担任施工项目负责人的注册建造师，负责该工程施工管理文件签章。专业工程独立发包时，注册建造师执业范围涵盖该专业工程的，可担任该专业工程施工项目负责人。分包工程施工管理文件应当由分包企业注册建造师签章。分包企业签署质量合格的文件上，必须由担任总包项目负责人的注册建造师签章。

修改注册建造师签字并加盖执业印章的工程施工管理文件，应当征得所在企业同意后，由注册建造师本人进行修改；注册建造师本人不能进行修改的，应当由企业指定同等资格条件的注册建造师修改，并由其签字并加盖执业印章。

2. 建造师的基本义务

《建造师执业资格制度暂行规定》中规定，建造师在工作中，必须严格遵守法律、法规和行业管理的各项规定，恪守职业道德。建造师必须接受继续教育，更新知识，不断提高业务水平。

《注册建造师管理规定》进一步规定，注册建造师应当履行下列义务：

(1) 遵守法律、法规和有关管理规定，恪守职业道德。

(2) 执行技术标准、规范和规程。

(3) 保证执业成果的质量，并承担相应责任。

(4) 接受继续教育，努力提高执业水准。

(5) 保守在执业中知悉的国家秘密和他人的商业、技术等秘密。

(6) 与当事人有利害关系的，应当主动回避。

(7) 协助注册管理机关完成相关工作。

注册建造师不得有下列行为：

(1) 不履行注册建造师义务。

(2) 在执业过程中，索贿、受贿或者谋取合同约定费用外的其他利益。

(3) 在执业过程中实施商业贿赂。

(4) 签署有虚假记载等不合格的文件。

(5) 允许他人以自己的名义从事执业活动。

(6) 同时在两个或者两个以上单位受聘或者执业。

(7) 涂改、倒卖、出租、出借、复制或以其他形式非法转让资格证书、注册证书和执业印章。

(8) 超出执业范围和聘用单位业务范围内从事执业活动。

(9) 法律、法规、规章禁止的其他行为。

《注册建造师执业管理办法（试行）》还规定，注册建造师不得有下列行为：

(1) 不按设计图纸施工。

(2) 使用不合格建筑材料。

(3) 使用不合格设备、建筑构配件。

(4) 违反工程质量、安全、环保和用工方面的规定。

(5) 在执业过程中，索贿、行贿、受贿或者谋取合同约定费用外的其他利益。

(6) 签署弄虚作假或在不合格文件上签章。

(7) 以他人名义或允许他人以自己的名义从事执业活动。

(8) 同时在两个或者两个以上企业受聘并执业。

(9) 超出执业范围和聘用企业业务范围从事执业活动。

（10）未变更注册单位，而在另一家企业从事执业活动。

（11）所负责工程未办理竣工验收或移交手续前，变更注册到另一企业。

（12）伪造、涂改、倒卖、出租、出借或以其他形式非法转让资格证书、注册证书和执业印章。

（13）不履行注册建造师义务和法律、法规、规章禁止的其他行为。

担任建设工程施工项目负责人的注册建造师在执业过程中，应当及时、独立完成建设工程施工管理文件签章，无正当理由不得拒绝在文件上签字并加盖执业印章。担任施工项目负责人的注册建造师应当按照国家法律法规、工程建设强制性标准组织施工，保证工程施工符合国家有关质量、安全、环保、节能等有关规定。担任施工项目负责人的注册建造师，应当按照国家劳动用工有关规定，规范项目劳动用工管理，切实保障劳务人员合法权益。担任建设工程施工项目负责人的注册建造师对其签署的工程管理文件承担相应责任。

建设工程发生质量、安全、环境事故时，担任该施工项目负责人的注册建造师应当按照有关法律法规规定的事故处理程序及时向企业报告，并保护事故现场，不得隐瞒。

【案例 2-3】

一、背景

某市政工程有限公司为贯彻执行好注册建造师规章制度，在公司内开展了一次注册建造师相关制度办法执行情况的专项检查，在检查中发现下述情况：

公司第一项目经理部承接一庭院工程，合同金额为 853 万元，其中有古建筑修缮分部工程。施工项目负责人持有二级市政公用工程注册建造师证书。

公司第二项目经理部负责人是二级市政公用工程注册建造师，承接的是轻轨交通工程，合同金额为 2850 万元，其中轨道铺设工程分包给专业队伍。该项目已处于竣工验收阶段，在查阅分包企业签署的质量合格文件中，只查到了分包企业注册建造师的签章。

二、问题

1. 指出第一项目经理部负责人职业范围的错误之处，并说明理由。

2. 第二项目经理部负责人能承担该轻轨交通工程吗？为什么要将轨道铺设工程分包出去？

3. 指出并改正分包企业质量合格文件签署上的错误。

三、解析

1. 第一项目经理部负责人执业范围的错误之处：庭院工程包括古建筑修缮分部工程。理由：二级市政公用工程注册建造师不可以承接古建筑修缮分部工程。

2. 第二项目经理负责人能承担该轻轨交通工程。因为二级市政公用工程注册建造师可以承接单项工程合同额小于 3000 万元的轻轨交通工程，但不包括轨道铺设工程，所以要把轨道铺设工程分包出去。

3. 分包企业质量合格文件签署上的错误：分包企业注册建造师的签章。正确做法：分包企业签署质量合格的文件，必须有总包项目注册建造师签章。

本单元小结

本单元详细介绍了施工许可证和开工报告的适用范围、申请主体和法定批准条件、延期开工、核验和重新办理批准的规定、违法行为应承担的法律责任；企业资质的法定条件、企业资质的等级和标准、违规行为的规定及承担的责任；建设工程专业人员执业资格的准入管理、建造师考试和注册的规定、建造师的受聘单位和执业岗位范围、建造师的权利和义务等内容。

练习题

一、单项选择题

1. 建设单位申请施工许可证时，向办证机关提供的施工图纸及技术资料应当满足（　　）。

A. 施工需要并按规定通过审查　　　　B. 主要设备材料订货的要求

C. 编制招标文件的要求　　　　　　　D. 施工安全措施的要求

2. 在城市规划区内进行建设需要申请用地的，建设单位在依法办理用地批准手续前，必须先取得该工程（　　）。

A. 施工许可证　　　　　　　　　　　B. 建设工程规划许可证

C. 拆迁许可证　　　　　　　　　　　D. 建设用地规划许可证

3. 下列关于建设单位申请领取施工许可证应具备的法定条件的表述中，错误的是（　　）。

A. 需要拆迁的，已取得房屋拆迁许可证

B. 有保证工程质量和安全的具体措施

C. 工程所需的消防设计按规定审核合格

D. 建设资金已经落实

4. 某工程符合法定开工条件，但因工期紧未办理施工许可证或开工报告审批手续即开始施工，对此，主管部门适当的处理为（　　）。

A. 责令停止施工　　　　　　　　　　B. 责令其改正

C. 只对建设单位罚款　　　　　　　　D. 只对施工单位罚款

5. 建设工程领取施工许可证后因故不能正常开工可申请延期，但延期以两次为限，每次不超过（　　）个月。

A. 3　　　　　　　B. 4　　　　　　　C. 5　　　　　　　D. 6

6. 某工程按国务院规定于 2008 年 6 月 1 日办理了开工报告审批手续，由于周边关系协调问题一直没有开工，同年 12 月 7 日准备开工时，建设单位应当（　　）。

A. 向批准机关申请延续　　　　　　　B. 报批准机关核验施工许可证

C. 重新办理开工报告审批手续　　　　D. 向批准机关备案

7. 按照《建筑业企业资质管理规定》，建筑业企业资质分为（　　）三个序列。

A. 特级、一级、三级　　　　　　　　B. 一级、二级、三级

C. 甲级、乙级、丙级　　　　　　　　D. 施工总承包、专业承包、劳务分包

8. 按照《建筑业企业资质管理规定》，企业取得建筑业企业资质后不再符合相应资质

条件的，其资质证书将被（　　）。

A. 撤回　　　　　　B. 撤销　　　　　　C. 注销　　　　　　D. 吊销

9. 取得建造师执业资格证书，申请初始注册的人员必须具备一定的条件，不包括（　　）。

A. 从事施工管理工作满 6 年　　　　B. 受聘于一个相关单位

C. 达到继续教育要求　　　　　　　D. 没有明确规定的不予注册的情形

10. 项目经理王某经考试合格取得了一级建造师资格证书，受聘并注册于一个拥有甲级资质专门从事招标代理的单位，按照《注册建造师管理规定》，王某可以建造师名义从事（　　）。

A. 建设工程项目总承包管理　　　　B. 建设监理

C. 建设工程项目管理服务有关工作　D. 建设工程施工的项目管理

二、多项选择题

1. 下列选项中不符合法规规定颁发施工许可证条件的有（　　）。

A. 已经领取了拆迁许可证，准备开始拆迁

B. 没有建设工程规划许可证，但已经有了建设用地规划许可证

C. 有满足开工需要的施工图纸及技术资料

D. 已经依法确定了施工企业，但尚未按规定委托监理企业

E. 办理了建设工程质量、安全监督手续

2. 下列关于施工许可证制度和开工报告制度的有关表述中，正确的有（　　）。

A. 实行开工报告批准制度的工程，必须符合建设行政部门的规定

B. 建设单位领取施工许可证后既不开工又不申请延期或延期超过时限的，施工许可证自行废止

C. 建设工程因故中止施工满一年的，恢复施工前应报发证机关核验施工许可证

D. 按有关规定批准开工报告的工程，因故不能按期开工满 6 个月的工程，应重新办理开工报告审批手续

E. 实行开工报告批准制度的工程，开工报告主要反映施工单位应具备的条件

3. 建筑业企业资质的法定条件主要包括有符合规定的（　　）。

A. 注册资本　　B. 从业人员　　C. 专业技术人员　　D. 技术装备

E. 已完成的建筑工程业绩

4. 依据《建筑法》的规定，超越本单位资质等级承揽工程应承担的法律责任包括（　　）。

A. 责令停止违法行为，处以罚款　　B. 可以责令停业整顿、降低资质等级

C. 给以警告，限期整改　　　　　　D. 情节严重的，吊销资质证书

E. 有违法所得的，予以没收

5. 申请建造师初始注册的人员应当具备的条件是（　　）。

A. 经考核认定或考试合格取得执业资格证

B. 受聘于一个相关单位

C. 填写注册建造师初始注册申请表

D. 达到继续教育的要求

E. 没有明确规定的不予注册的情形

6. 下列情形中，能导致注册建造师注册证书和执业印章失效的情形有（　　）。

A. 未达到注册建造师继续教育要求　　　B. 聘用单位破产

C. 聘用单位被吊销营业执照　　　D. 与聘用单位解除了合同关系

E. 注册有效期满但未延续注册

7. 根据《建造师执业资格制度暂行规定》，建造师注册后，有权以建造师名义从事的工作包括（　　）。

A. 担任工商管理工作

B. 担任建设工程施工的项目经理

C. 从事其他施工活动的管理工作

D. 法律、建设法规或国务院建设行政主管部门规定的其他业务

E. 地方政府根据当地实际需要规定的其他业务

8. 下列选项中，注册建造师享有的权利包括（　　）。

A. 使用注册建造师名称

B. 保管和使用本人注册证书、执业印章

C. 在执业范围外从事相关专业的执业活动

D. 对侵犯本人权利的行为进行申述

E. 介入与自己有利害关系的商务活动

三、简答题

1. 施工许可证的适用范围是什么？

2. 国务院规定的开工报告与工程建设监理工作中的开工报告是否一致，区别是什么？

3. 简述施工许可证的法定批准条件。

4. 施工许可证的有效期与延期的含义是什么？

5. 中止施工后，建设单位应做好哪些工作？恢复施工时，建设单位要办理哪些手续？

6. 建筑活动从业单位应具备哪些条件？

7. 简述建设工程勘察、设计、施工单位的资质等级、资质标准及其业务范围。

8. 施工企业无资质、超越资质等级承揽工程应承担哪些法律责任？允许其他单位或者个人以本单位名义承揽工程应承担哪些法律责任？

9. 简述一级、二级建造师考试和注册的规定。

10. 简述建造师的基本权利和义务、建造师违法行为的几种情况及应承担的主要法律责任。

单元 3
建设工程发包承包制度

【引言】

　　所谓发包、承包是指一方当事人为另一方当事人完成某项工作，另一方当事人接受工作成果并支付工作报酬的行为。其中，把某项工作交给他人完成并有义务接受工作成果，支付工作报酬，是发包；承揽他人交付某项工作，并完成某项工作，是承包。发包与承包构成发包、承包经济活动的不可分割的两个方面，两种行为。

　　建设工程发包与承包是指发包方通过合同委托承包方为其完成某一建设工程的全部或其中一部分工作的交易行为。建设工程发包与承包是工程建设中的重要环节，是建筑业适应市场经济的产物。建设工程发承包内容涉及建设工程的全过程，包括可行性研究的发承包、工程勘察设计的发承包、材料及设备采购的发承包、工程施工的发承包、工程劳务的发承包、工程监理的发承包、工程项目管理的发承包等。其中，建设单位是以建筑工程所有者的身份委托他人完成勘察、设计、施工、安装等工作并支付报酬的公民、法人或其他组织，是发包人，又称甲方；以建筑工程勘察、设计、施工、安装者的身份向建设单位承包，有义务完成发包人交给的建筑工程勘察、设计、施工、安装等工作，并有权获得报酬的企业是承包人，又称乙方。

【学习目标】

　　通过本单元学习，你将能够：

　　√　了解建设工程发包与承包的方式；

　　√　了解工程承包制度和分包管理的规定。

3.1　建设工程总承包制度

3.1.1　建设工程总承包制度的规定

工程总承包是国际通行的建设工程项目组织实施的方式。国家提倡对建设工程实行总承包，禁止将建设工程肢解发包。建设工程的发包单位可以将建设工程的勘察、设计、施工、设备采购一并发包给一个工程总承包单位，也可以将建设工程勘察、设计、施工、设备采购的一项或者多项发包给一个工程总承包单位。该总承包单位可以将在自己承包范围内的若干专业性工作，再分包给不同的专业承包人去完成，并对其统一协调和监督管理。各专业承包人只同总承包人发生直接关系，不与发包人发生直接关系。

《建筑法》第二十九条规定：建筑工程总承包单位可以将承包工程中的部分工程发包给具有相应资质条件的分包单位；但是，除总承包合同中约定的分包外，必须经建设单位认可。施工总承包的，建筑工程主体结构的施工必须由总承包单位自行完成。

《建筑法》第二十九条还规定：建筑工程总承包单位按照总承包合同的约定对建设单位负责；分包单位按照分包合同的约定对总承包单位负责。总承包单位和分包单位就分包工程对建设单位承担连带责任。

总承包主要有两种情况：

1. 建设全过程总承包，即承担从项目可行性研究开始，到勘察、设计、施工、验收交付使用为止的建设项目全过程承包。

2. 建设阶段总承包。建设阶段总承包主要分为：

（1）勘察、设计、施工、设备采购总承包。

（2）勘察、设计、施工总承包。

（3）勘察、设计总承包。

（4）施工总承包。

（5）施工、设备采购总承包。

（6）投资、设计、施工总承包，即建设项目由承包商贷款垫资，并负责规划设计、施工，建成后再转让给发包人。

（7）投资、设计、施工、经营一体化总承包，通称 BOT 方式，即发包人和承包人共同投资，承包人不仅负责项目的可行性研究、规划设计、施工，而且建成后还负责经营几年或几十年，然后再转让给发包人。

3.1.2　承包单位的资质管理

根据《建筑法》第二十六条规定，承包建筑工程的单位应当持有依法取得的资质证书，并在其资质等级许可的业务范围内承包工程。

资质证书，是承包建筑工程的单位承包建筑工程所必需的凭证。承包建筑工程的单位，因其单位性质和技术、设备不同，其资质等级也不完全一样。级别不同，所从事的业务范围也不完全相同。承包建筑工程的单位应当"在其资质等级许可的业务范围内承揽工程"。若违反此项规定，则应当承担法律责任。

《建筑法》第二十六条还规定："禁止建筑施工企业超越本企业资质等级许可的业务

范围或者以任何形式用其他建筑施工企业的名义承揽工程。""禁止建筑施工企业以任何形式允许其他单位或者个人使用本企业的资质证书、营业执照，以本企业的名义承揽工程。"这就要求建筑施工企业必须根据自己所具备的资质等级从事建筑承揽活动，不能以借用其他建筑施工企业的资质或者以挂靠等形式以其他建筑施工企业的名义来承揽工程。另外，建筑施工企业也不得出借自己的资质证书、营业执照，不得出租自己的资质证书、营业执照，不得允许其他建筑施工企业挂靠在自己企业之下。这些规定都是强制性规定，建筑施工企业必须遵守，否则应承担法律责任。

3.1.3 建设工程共同承包的规定

共同承包也称为联合承包，是相对于独立承包而言的，指发包人将一项工程任务发包给两个以上承包人，由这些承包人联合共同承包。

联合承包只适合于大中型或结构复杂的工程。《招标投标法》第二十七条规定：大型建筑工程或者结构复杂的建筑工程，可以由两个以上的承包单位联合共同承包。共同承包的各方对承包合同的履行承担连带责任。

参加联合的各方，通常是采用成立工程项目合营公司、合资公司、联合集团等联营体形式，推选承包代表人，协调承包人之间的关系，统一与发包人签订合同，共同对发包人承担连带责任。联合的各方资质范围和等级范围都必须满足工程项目的要求。《招标投标法》第二十七条规定：两个以上不同资质等级的单位实行联合共同承包的，应当按照资质等级低的单位的业务许可范围承揽工程。

参加联合体的各方仍都是各自独立经营的企业，只是就共同承包的工程项目必须事先达成联合协议，以明确各联合承包人的义务和权利，包括投入的资金数额、工人和管理人员的派遣、机械设备种类、临时设备的费用分摊、利润的分享以及风险的分担等等。并在投标时随投标文件一起提交，中标后共同与招标人签订合同。

是否共同承包由参加联合的各方自己决定。但是在市场竞争日趋激烈的形势下，采取联合承包的方式，优势十分明显，表现为：

1. 可以有效地减弱多家承包商之间的竞争，化解和防范承包风险。

2. 促进承包商在信息、资金、人员、技术和管理上互相取长补短，有助于充分发挥各自的优势。

3. 增强共同承包大型或结构复杂工程的能力，增加了中标的机会，能够更好地获取更丰厚的利润。

【案例 3-1】

一、背景

2013 年 10 月，建筑商刘某通过招标承建了某单位家属楼，后经这家发包单位同意，刘某又将该家属楼的一些附属工程分包给杨某。并就工程质量要求、交付时间等内容分别签订了承包、分包书面合同。

一年后，工程按期完成，可经工程质量监督单位检验，发现该家属楼附属工程存在严重的质量问题。发包单位便要求刘某承担责任，刘某却称该附属工程系经发包单位同意后分包给他人与自己无关为由推脱。发包单位于是又找到分包人杨某，杨某亦以种种理由拒绝承担责任。无奈，发包单位于当年 3 月将总承包人刘某、分包人杨某共同告至法庭，要求二被告对质量不合格的附属工程返工，并赔偿损失 1 万元。

法院经审理认为，建筑商刘某与发包单位签订的建筑承包合同及刘某与杨某签订的分包合同均为有效合同，承包人刘某、分包人杨某均应按合同约定全面履行义务。现分包人杨某承建的该家属楼附属工程完工后，经检验发现存在严重的质量问题，实际上就是分包人杨某不按合同约定的质量要求施工的违约行为，故杨某应承担返工及赔偿损失的责任。同时总承包人刘某应就整个中标项目向发包单位负责，这其中也包括要承担分包公司违约造成的连带责任。据此，法院依法判决该建筑工程总承包人刘某对分包人杨某承建有严重质量问题的附属工程返工重作，并赔偿因此所受损失 1 万元，分包人杨某承担连带责任。

二、问题

法院的审理正确吗？为什么？

三、解析

我国《合同法》对建筑上的总包与分包双方要承担的责任其实有很详细的规定："总承包人或者勘察、设计、施工承包人经发包人同意，可以将自己承包的部分工作交由第三人完成。第三人就其完成的工作成果与总承包人或者勘察、设计、施工承包人向发包人承担连带责任……"作为总承包商来说，并不能认为分包出去的工程是泼出去的水，就可以不管不问了。法律规定总承包方是要对分包工程的质量和完成情况负连带责任的。因此，总承包商在管理好自己的工程进度和质量的同时也要对分包工程严加监督，以免承担不必要的责任。

3.2　建设工程分包制度

3.2.1　建设工程分包的定义

建设工程分承包，简称分包，有专业工程分包和劳务作业分包两种。

专业工程分包和劳务作业分包是相对于总承包而言，指从总承包人承包范围内分包某一分项工程，如土方、模板、钢筋等分项工程或某种专业工程，如钢结构制作和安装、电梯安装、卫生设备安装等。分承包人不与发包人发生直接关系，而只对总承包人负责，在现场上由总承包人统筹安排其活动。

分承包人承包的工程，不得是总承包范围内的主体结构工程或主要部分（关键性部分），主体结构工程或主要工程必须由总承包人自行完成。

劳务作业分包，是指施工总承包企业或者专业承包企业将其承包工程中的劳务作业发包给劳务分包企业完成的活动。

3.2.2　关于分包的规定

工程项目分包，是指对工程项目实行总承包的单位，将其中承包的工程项目的某一部分或某几部分，再发包给其他的承包单位，并与其签订分包合同。在分包中，必须遵守以下规则：

1. 总承包单位只能将部分工程分包给具有相应资质条件的单位。

2. 分包必须取得建设单位的同意。下列情形视为已取得建设单位的同意：

（1）已在总承包合同中约定许可分包的；

（2）履行承包合同中，建设单位认可分包的；

（3）总承包单位在投标文件中已声明中标后准备分包的项目，且该声明未被拒绝而经合法程序中标的。

3. 分包的范围必须合法。《建筑法》规定，实行施工总承包的，建筑工程的主体结构必须由总承包单位自行完成，不得分包。

4. 禁止分包单位再行分包。为避免因层层分包带来的偷工减料、责任不清的现象，减少中间层次，《建筑法》规定：禁止分包单位将其承包的工程再分包。

3.2.3 建设工程发包与承包的方式

1. 按获取任务的途径分类

《建筑法》第十九条规定："建筑工程依法实行招标发包，对不适于招标发包的可以直接发包"。也就是说，建筑工程的发包方式有两种，一种是招标发包，另一种是直接发包。而招标发包是最基本的发包方式。

（1）建设工程招标投标。建设工程招标投标是指招标人（发包人）用招标文件将委托的工作内容和要求告知有兴趣参与竞争的投标人，让他们按规定条件提出实施计划和价格，然后通过评审比较选出信誉可靠、技术能力强、管理水平高、报价合理的可信赖单位（设计单位、监理单位、施工单位、供货单位），以合同形式委托其完成。各投标人依据自身能力和管理水平，按照招标文件规定的统一要求投标，争取获得承包资格的交易方式。

（2）建设工程直接发包。对不适用于招标发包的建设工程，或者法律法规未要求招标发包的建设工程，建设单位可以直接与承包单位签订承包合同，而将工程项目委托给承包方的交易方式。建设工程实行直接发包的，发包单位应当将建设工程发包给具有相应资质条件的承包单位。

2. 按承发包范围（内容）分类

按承发包范围（内容）分为建设全过程承发包、阶段承发包和专项承发包。

（1）建设全过程承发包。建设全过程承发包又叫一揽子承包。它是指发包人一般只要提出使用要求、竣工期限或对其他重大决策性问题做出决定，承包人就可对项目建议、可行性研究、勘察设计、材料设备采购、建筑安装工程施工、职工培训、竣工验收，直到投产使用和建设后评估等全过程，实行全面总承包，并负责对各项分包任务和必要时被吸收参与工程建设有关工作的发包人的部分力量，进行统一组织、协调和管理。

主要适用于大中型建设项目。大中型建设项目由于工程规模大、技术复杂，要求工程承包公司必须具有雄厚的技术经济实力和丰富的组织管理经验，通常由实力雄厚的工程总承包公司承担。这种承包方式的优点是：由专职工程承包公司承包，可以充分利用其丰富的经验，还可进一步积累建设经验、节约投资、缩短建设工期并保障建设项目的质量，提高投资效益。

（2）阶段承发包。它是指发包人、承包人就建设过程中某一阶段或某些阶段的工作，如勘察、设计或施工、材料设备供应等，进行发包承包。例如由设计机构承担勘察设计；由施工企业承担工业与民用建筑施工；由设备安装公司承担设备安装任务。其中，施工阶段承发包，还可依承发包的具体内容，再细分为以下三种方式：

① 包工包料，即工程施工全部的人工和材料由承包人负责。

② 包工部分包料，即承包人只负责提供施工的全部人工和一部分材料，其余部分材料由发包人或总承包人负责供应。

③ 包工不包料，又称包清工，实质上是劳务承包，即承包人（大多是分包人）仅提供劳务而不承担任何材料供应的义务。

（3）专项承发包。是指发包人、承包人就某建设阶段中的一个或几个专门项目进行发包承包。专项承发包主要适用于可行性研究阶段的辅助研究项目；勘察设计阶段的工程地质勘查、供水水源勘探、基础或结构工程设计、工艺设计，供电系统、空调系统及防灾系统的设计；施工阶段的深基础施工、金属结构制作和安装、通风阶段和电梯安装；建设准备阶段的设备选购和生产技术人员培训等专门项目。由于专门项目专业性强，常常是由有关专业分包人承包，所以，专项发包承包也称作专业发包承包。

3.2.4　建设工程发包与承包原则

1. 工程发包规则

（1）发包方式必须合法。

（2）发包行为规范的规定。

（3）禁止肢解发包。

2. 工程承包规则

（1）承包单位承包工程应当依法取得资质，并在其资质等级许可的范围内从业。

（2）不得超过本企业资质等级许可的业务范围承揽工程。

（3）不得以其他企业名义承揽工程，也不得允许其他单位或个人以本企业名义承揽工程。

（4）关于转包的规定。

工程项目转包是指承包方不履行承包合同约定的义务，将其承包的工程项目倒手转让给他人，不对工程承担技术、质量、经济等责任的行为。

禁止工程项目转包。工程合同的签订，往往建立在发包人对承包人工作能力的全面考察的基础上，特别是采用招标投标方式签订的合同，发包方是按照公开、公平、公正的原则，经过一系列严格程序后，择优选定中标人作为承包人，与其订立合同的。转包合同的行为，损害了发包人的合法权益。从《建筑法》的规定来看，承包单位转包有两种基本表现形式，一是将全部工程转包；二是将全部工程肢解后以分包名义进行转包。禁止承包单位肢解分包和违法转包。

【案例 3-2】

一、背景

在一次招标活动中，招标指南写明投标不能口头附加材料，也不能附条件投标。但业主将合同授予了这样一个投标人甲。业主解释说，如果考虑到该投标人的口头附加材料，则该投标人的报价最低。另一个报价低的投标人乙起诉业主，请求法院判定业主将该合同授予自己。法院经过调查发现，该投标人是业主早已内定的承包商。法院最后判决将合同授予合格的最低价的投标人乙。

二、问题

法院的判定正确吗？为什么？

三、解析

招标投标是国际和国内建筑行业广泛采用的一种方式。其目的旨在保护公共利益和实现自由竞争。招标法规有助于在公共事业上防止欺诈、串通、倾向性和资金浪费，确保政府部门和其他业主以合理的价格获得高质量的服务。从本质上讲，招标法规是保护公共利益的，保护投标人并不是它的出发点。为了更好地保护公共利益，确保自由、公正的竞争是招标法规的核心内容。对于招标法规的实质性违反是不能允许的，即使这种违反是出于善意也不许违反有关招标法规的强制性规定。

保证招标活动的竞争性是有关招标法规最重要的原则。《建筑法》第十六条规定，建筑工程发包与承包的招标投标活动，应当遵循公开、公正、平等竞争的原则，择优选择承包单位。这就从法律上确立了保障招标投标活动竞争性这一最高原则。

在本案中，业主私下内定了承包商，这就违反了招标法规的有关竞争性原则。况且本案中的招标文件明确规定投标不能口头附加材料，也不能附条件投标。法院判决将合同授予合格的最低价的投标人乙是正确的。对于投标人甲，由于他违反了招标法规的竞争原则，当然不能取得合同，也不能要求返还他的合理费用。

3.3 违法行为应承担的责任

在工程建设发承包活动中，建设工程主体采用不正常手段规避招标投标；或者在招标投标中相互串通，损害国家利益、社会公共利益或者他人合法权益从而谋取私利的；或者弄虚作假，影响公平竞争；或者肢解发包、转包、违法分包等，按照《招标投标法》的规定，必须承担相应的法律责任。

《招标投标法》第四十九条规定：必须进行招标的项目而不招标的，将必须进行招标的项目化整为零或者以其他任何方式规避招标的，责令限期改正，可以处项目合同金额千分之五以上千分之十以下的罚款；对全部或者部分使用国有资金的项目，可以暂停项目执行或者暂停资金拨付；对单位直接负责的主管人员和其他直接责任人员依法给予处分。

《招标投标法》第五十条规定：招标代理机构泄露应当保密的与招标投标活动有关的情况和资料的，或者与招标人、投标人串通损害国家利益、社会公共利益或者他人合法权益的，处五万元以上二十五万元以下的罚款；对单位直接负责的主管人员和其他直接责任人员处单位罚款数额百分之五以上百分之十以下的罚款；有违法所得的，并处没收违法所得；情节严重的，暂停直至取消招标代理资格；构成犯罪的，依法追究刑事责任。给他人造成损失的，依法承担赔偿责任。影响中标结果的，中标无效。

《招标投标法》第五十一条规定：招标人以不合理的条件限制或者排斥潜在投标人的，对潜在投标人实行歧视待遇的，强制要求投标人组成联合体共同投标的，或者限制投标人之间竞争的，责令改正，可以处一万元以上五万元以下的罚款。

《招标投标法》第五十二条规定：依法必须进行招标的项目的招标人向他人透露已获

取招标文件的潜在投标人的名称、数量或者可能影响公平竞争的有关招标投标的其他情况的，或者泄露标底的，给予警告，可以并处一万元以上十万元以下的罚款；对单位直接负责的主管人员和其他直接责任人员依法给予处分；构成犯罪的，依法追究刑事责任。影响中标结果的，中标无效。

《招标投标法》第五十三条规定：投标人相互串通投标或者与招标人串通投标的，投标人以向招标人或者评标委员会成员行贿的手段谋取中标的，中标无效，处中标项目金额千分之五以上千分之十以下的罚款，对单位直接负责的主管人员和其他直接责任人员处单位罚款数额百分之五以上百分之十以下的罚款；有违法所得的，并处没收违法所得；情节严重的，取消其一年至二年内参加依法必须进行招标的项目的投标资格并予以公告，直至由工商行政管理机关吊销营业执照；构成犯罪的，依法追究刑事责任。给他人造成损失的，依法承担赔偿责任。

《招标投标法》第五十四条规定：投标人以他人名义投标或者以其他方式弄虚作假，骗取中标的，中标无效，给招标人造成损失的，依法承担赔偿责任；构成犯罪的，依法追究刑事责任。依法必须进行招标的项目的投标人有前款所列行为尚未构成犯罪的，处中标项目金额千分之五以上千分之十以下的罚款，对单位直接负责的主管人员和其他直接责任人员处单位罚款数额百分之五以上百分之十以下的罚款；有违法所得的，并处没收违法所得；情节严重的，取消其一年至三年内参加依法必须进行招标的项目的投标资格并予以公告，直至由工商行政管理机关吊销营业执照。

《招标投标法》第五十五条规定：依法必须进行招标的项目，招标人违反本法规定，与投标人就投标价格、投标方案等实质性内容进行谈判的，给予警告，对单位直接负责的主管人员和其他直接责任人员依法给予处分。影响中标结果的，中标无效。

《招标投标法》第五十六条规定：评标委员会成员收受投标人的财物或者其他好处的，评标委员会成员或者参加评标的有关工作人员向他人透露对投标文件的评审和比较、中标候选人的推荐以及与评标有关的其他情况的，给予警告，没收收受的财物，可以并处三千元以上五万元以下的罚款，对有所列违法行为的评标委员会成员取消担任评标委员会成员的资格，不得再参加任何依法必须进行招标的项目的评标；构成犯罪的，依法追究刑事责任。

《招标投标法》第五十七条规定：招标人在评标委员会依法推荐的中标候选人以外确定中标人的，依法必须进行招标的项目在所有投标被评标委员会否决后自行确定中标人的，中标无效，责令改正，可以处中标项目金额千分之五以上千分之十以下的罚款；对单位直接负责的主管人员和其他直接责任人员依法给予处分。

《招标投标法》第五十八条规定：中标人将中标项目转让给他人的，将中标项目肢解后分别转让给他人的，违反本法规定将中标项目的部分主体、关键性工作分包给他人的，或者分包人再次分包的，转让、分包无效，处转让、分包项目金额千分之五以上千分之十以下的罚款；有违法所得的，并处没收违法所得；可以责令停业整顿；情节严重的，由工商行政管理机关吊销营业执照。

《招标投标法》第五十九条规定：招标人与中标人不按照招标文件和中标人的投标文件订立合同的，或者招标人、中标人订立背离合同实质性内容的协议的，责令改正；可以处中标项目金额千分之五以上千分之十以下的罚款。

《招标投标法》第六十二条规定：限制或者排斥本地区、本系统以外的法人或者其他组织参加投标的，为招标人指定招标代理机构的，强制招标人委托招标代理机构办理招标事宜的，或者以其他方式干涉招标投标活动的，责令改正；对单位直接负责的主管人员和其他直接责任人员依法给予警告、记过、记大过的处分，情节较重的，依法给予降级、撤职、开除的处分。个人利用职权进行前款违法行为的，依照规定追究责任。

《招标投标法》第六十三条规定：对招标投标活动依法负有行政监督职责的国家机关工作人员徇私舞弊、滥用职权或者玩忽职守，构成犯罪的，依法追究刑事责任；不构成犯罪的，依法给予行政处分。

【案例 3-3】

一、背景

某省政府欲投资修建一条纵贯全省的高速公路，决定采取分段招标方式选择承包商。其中一段 100km 的路段因地形简单易于施工而引起了各建筑公司的兴趣。甲建筑公司已有几个月未接到项目，很想借助这一工程使企业扭亏增盈。该公司的领导对此次招标极为重视，经多方打听，得知本次招标负责人毛某是本公司职员李某的大学同学。于是，甲建筑公司通过李某以重金（5 万元）收买了毛某。毛某答应帮忙，告知甲建筑公司，省内还有一家乙建筑公司的投标人是其最大的竞争对手，对方开出的价格（6800 万元）和条件非常优惠，建议甲建筑公司和乙建筑公司先"谈判"一下。

根据毛某提供的情况，甲建筑公司找到乙建筑公司的老总。经过一番谈判，双方达成协议，约定在这次投标中，乙建筑公司将"全力支持"甲建筑公司，提高自己的标价，减少提出的优惠条件；作为补偿，甲建筑公司给乙建筑公司 20 万元的协助费；双方以后将长期"友好合作"。在投标截止日的前一天，毛某又将其他建筑公司的投标价和投标文件等重要信息悄悄交给李某，李某则立即将这些资料转交给公司的领导。当天，甲建筑公司从领导到工程技术人员加班加点工作到深夜，终于在投标截止日的上午 11 时（最后期限为这天的下午 1 时）递交了投标文件。当众开标、评标的结果是，甲建筑公司以低于其他投标人的最低投标价（7300 万元）和相对更优惠的条件中标。

二、问题

1. 毛某的行为违反了哪些法律规定？
2. 甲建筑公司在本案例中应承担什么责任？
3. 乙建筑公司的行为是否违反法律规定？

三、解析

1. 毛某作为招标项目的负责人在工程招标发包过程中，收受了投标人 5 万元的贿赂，违反了《建筑法》的有关规定。《建筑法》第 17 条规定：发包单位及其工作人员在建筑工程发包中不得收受贿赂、回扣或者索取其他好处。对于该行为的处罚应依据《建筑法》第 68 条的规定：在工程发包与承包中索贿、受贿、行贿构成犯罪的，依法追究刑事责任；不构成犯罪的，分别处以罚款，没收贿赂的财物，对直接负责的主管人员和其他直接责任人员给予处分。

毛某向甲建筑公司透露了乙建筑公司、其他建筑公司的投标价和投标文件等重要信息，建议甲建筑公司和乙建筑公司先"谈判"一下的行为，违反了《招标投标法》的相关规定。《招标投标法》第 5 条规定：招标投标活动应当遵循公开、公平、公正和诚实信用的原则；第 22 条规定：招标人不得向他人透露已获取招标文件的潜在投标人的名称、数量以及可能影响公平竞争的有关招标投标的其他情况。

对于该行为的处罚应依据《招标投标法》第 52 条的规定：依法必须进行招标的项目的招标人向他人透露已获取招标文件的潜在投标人的名称、数量或者可能影响公平竞争的有关招投标的其他情况的，或者泄露标底的，给予警告，可以并处 1 万元以上 10 万元以下的罚款；对单位直接负责的主管人员和其他直接责任人员依法给予处分；构成犯罪的，依法追究刑事责任。前款所列行为影响中标结果的，中标无效。

《招标投标法》第 32 条规定：投标人不得与招标人串通投标，损害国家利益、社会公共利益或者他人的合法权益。对于该行为的处罚应依据《招标投标法》第 53 条的规定：投标人相互串通投标或者与招标人串通投标的，投标人以向招标人或者评标委员会成员行贿的手段谋取中标的，中标无效，处中标项目金额 5‰ 以上 10‰ 以下的罚款，对单位直接负责的主管人员和其他直接责任人员处单位罚款数额 5% 以上 10% 以下的罚款；有违法所得的，并处没收违法所得；情节严重的，取消其 1~2 年内参加依法必须进行招标的项目的投标资格并予以公告，直至由工商行政管理机关吊销营业执照；构成犯罪的，依法追究刑事责任。给他人造成损失的，依法承担赔偿责任。

2. 甲建筑公司作为投标人，在工程发包过程中为谋取中标，向招标人行贿的行为，违反了《建筑法》的有关规定。《建筑法》第 17 条规定：承包单位及其工作人员不得利用向发包单位及其工作人员行贿、提供回扣或者给予其他好处等不正当手段承揽工程。对于该行为的处罚应依据《建筑法》第 68 条的规定：在工程发包与承包中索贿、受贿、行贿，构成犯罪的，依法追究刑事责任；不构成犯罪的，分别处以罚款，没收贿赂的财物，对直接负责的主管人员和其他直接责任人员给予处分。对在工程承包中行贿的承包单位，除依照前款规定处罚外，可以责令停业整顿，降低资质等级或者吊销资质证书。

为了谋取中标，甲建筑公司与乙建筑公司经过谈判达成"全力支持"甲建筑公司协议的行为，违反了《招标投标法》的相关规定。《招标投标法》第 32 条规定：投标人不得相互串通投标报价，不得排挤其他投标人的公平竞争，损害招标人或者其他投标人的合法权益。对于该行为的处罚应依据《招标投标法》第 53 条的规定进行。该公司的中标属法定无效。

3. 乙建筑公司与甲建筑公司谈判达成"全力支持"甲建筑公司，提高自己的标价，减少提出的优惠条件并从甲建筑公司获得 20 万元的协助费的行为，违反了《招标投标法》第 32 条规定的规定，应依据《招标投标法》第 53 条的规定进行处罚。同时，乙建筑公司与甲建筑公司串通投标的行为，也是违反《反不正当竞争法》的行为，《反不正当竞争法》第 15 条规定：报标人不得串通投标，抬高报价或者压低报价。第 27 条规定：投标人和招标人相互勾结，以排挤竞争对手的公平竞争的，其中标无效。监督检查部门可以根据情节处以 1 万元以上 20 万元以下的罚款。《刑法》第 223 条规定：投标人相互串通投标报价，损害招标人或者其他投标人利益，情节严重的，处三年以下有期徒刑或者拘役，并处罚金或者单处罚金。投标人与招标人串通投标，损害国家、集体、公民的合法利益的，依照前款的规定处罚。

本单元小结

本单元详细介绍了建设工程承包与发包的方式；施工企业资质的要求；联合体承包以及联合体承包的责任与权利的划分；分包的原则；建设工程过程中的一系列违法行为。

练习题

一、单项选择题

1. 下列工程项目必须实施工程监理的是（　　）。

A. 1000 万元的基础设施项目　　　　　B. 2000 万元的基础设施项目

C. 2500 万元的基础设施项目　　　　　D. 3000 万元的基础设施项目

2. 下列建设单位向施工单位做出的意思表示中，为法律、行政法规所禁止的是（　　）。

A. 明示报名参加投标的各施工单位低价竞标

B. 明示施工单位在施工中应优化工期

C. 暗示施工单位不采用《建设工程施工合同（示范文本）》签订合同

D. 暗示施工单位在非承重结构部位使用不合格的水泥

3. 甲、乙两个施工单位组成施工联合体投标某图书馆工程，甲为施工总承包一级资质，乙为施工总承包二级资质，则下列说话错误的是（　　）。

A. 该施工联合体应按施工总承包二级资质确定等级

B. 如果该施工联合体中标，甲、乙应就各自承担的工程与建设单位签订合同

C. 如果该施工联合体中标，甲、乙应就中标项目向建设单位承担连带责任

D. 以联合体牵头人名义提交的投标保证金，对各方成员具有约束力

4. 某省直机关办公楼建设项目进行招标，招标文件中明确规定投标人的资质等级必须是施工总承包二级以上（包括二级），甲（施工总承包三级）、乙（施工总承包二级）、丙（施工总承包一级）、丁（施工总承包一级）纷纷组成投标联合体参与投标，则下列说法正确的是（　　）。

A. 甲可以与乙组成联合体以一个投标人的身份共同投标

B. 乙、丙组成投标联合体，其资质等级应为施工总承包一级

C. 若丙、丁组成的投标联合体中标，由丁与招标人签订施工合同

D. 丙、丁组成联合体，将共同投标协议连同投标文件一并提交给招标人

二、简答题

1. 建筑工程发包、承包的特征和原则是什么？

2. 建筑工程发包有哪些方式？各适用于什么情况？发包前应做好哪些准备工作？

3. 建筑工程的承包单位应当具备哪些条件？

4. 什么是建筑工程总承包制度？总承包的方式有哪些？

5. 何谓违法分包？何谓转包？法律为什么要禁止违法分包和转包？

单元 4
建设工程招标投标制度

【引言】

我国从 20 世纪 80 年代初开始在建设工程领域引入招标投标制度。2000 年 1 月 1 日《中华人民共和国招标投标法》（以下简称《招标投标法》）实施，标志着我国正式确立了招标投标的法律制度。其后，国务院及其有关部门陆续颁布了一系列招标投标方面的规定，地方人民政府及其有关部门也结合本地的特点和需要，相继制定了招标投标方面的地方性法规、规章和规范性文件，使我国的招标投标法律制度逐步完善，形成了覆盖全国各领域、各层级的招标投标法律法规与政策体系（以下简称"招标投标法律体系"）。

随着社会主义市场经济发展，不仅在工程建设的勘察、设计、施工、监理、重要设备和材料采购等领域实行必须招标制度，而且在政府采购、机电设备进口以及医疗器械药品采购、科研项目服务采购、国有土地使用权出让等方面也广泛采用招标方式。此外，在城市基础设施项目、政府投资公益性项目等建设领域，以招标方式选择项目法人、特许经营者、项目代建单位、评估咨询机构及贷款银行等，已经成为招标投标法律体系中规范的重要内容。

《招标投标法》对招标项目的范围和规模标准、招标投标活动应遵循的基本原则、建设工程招投标的基本程序、招投标人的资格及招投标中的招标、投标、开标、评标和定标都做出了明确的规定。无论是建设单位、施工单位、勘察设计单位，还是工程监理单位的工程技术人员都必须熟练掌握这些规则并清楚在工程招标投标中应该承担的法律责任。

【学习目标】

通过本单元学习，你将能够：

√　了解工程招标的方式；

√　熟悉建筑工程招标投标的基本程序；

√　掌握评标委员会的组成等规定。

4.1 建设工程招标投标概述

4.1.1 建筑工程招标投标法规立法概况

1999年8月30日，第九届全国人大常委会第十一次会议审议并通过了《中华人民共和国招标投标法》。《招标投标法》是招标投标法律体系中的基本法律。《招标投标法》的颁布实施，标志着我国的招标投标活动在法制的轨道上，已经进入到了一个规范的、公平竞争的崭新阶段。

继《招标投标法》发布之后，国家发展改革委员会于2000年5月1日发布了《工程建设项目招标范围和规模标准规定》；2000年7月1日发布了《招标公告发布暂行办法》和《工程建设项目自行招标试行办法》；2003年2月22日发布了《评标专家和评标专家库管理暂行办法》。建设部于2000年6月30日发布了《工程建设项目招标代理机构资格认定办法》；2000年10月18日发布了《建筑工程设计招标投标管理办法》；2001年6月1日发布了《房屋建筑和市政基础设施工程施工招标投标管理办法》。

国家发展改革委员会、建设部、铁道部、交通部、信息产业部、水利部、民航总局七部（委）于2001年7月5日联合发布了《评标委员会和评标方法》；2003年3月8日联合发布了《工程建设项目施工招标投标办法》。

为了更好地贯彻执行《招标投标法》，加强对工程建设项目的管理，国务院于2011年12月20日又发布了《中华人民共和国招标投标法实施条例》。

这些法律、行政法规和部门规章，构成了我国建筑工程招标投标的法规体系。

4.1.2 招标投标的原则

1. 公开原则

公开原则，首先要求招标信息公开。例如：《招标投标法》规定，依法必须进行招标的项目的招标公告，应当通过国家指定的报刊、信息网络或者其他媒介发布。无论是招标公告、资格预审公告还是投标邀请书，都应该载明招标人的名称和地址、招标项目的性质、数量、实施地点和时间以及获取招标文件的办法等事项。其次还要求招标过程公开。

2. 公平原则

公平原则，即所有的投标人给予同等的机会，在投标过程中赋予同样的权利和义务，处于平等的竞争平台。

3. 公正原则

公正原则，要求招标人在招标投标活动中应当按照统一的标准衡量每个投标人的优劣。进行资格审查时，招标人应当按照资格预审文件或招标文件中载明的资格审查条件、标准和方法对潜在投标人或者投标人进行资格审查，不得改变载明条件或者以没有载明的资格条件进行资格审查。《招标投标法》还规定，评标委员会应当按照招标文件确定的评标标准和方法，对投标文件进行评审和比较。评标委员会成员应当客观、公正地履行职务，遵守职业道德。

4. 诚实信用原则

诚实信用原则要求参与招标投标活动的当事人要始终坚持诚实、守信的原则，在主张自己权利的同时，应当以尊重他人或对方的权利为基础，切实履行自己的义务，保守他人或对方商业秘密，只有这样，才能形成一个良好的、以诚信为基础的交易环境，才能使参与招投标活动当事人各方的权益得以实现，才能使建筑市场乃至整个市场经济有序、健康地发展和运行。诚实信用是整个社会赖以和谐发展的根本和基础。

4.1.3 必须招标和可以不招标的项目

1. 必须招标的项目

《招标投标法》第三条规定："在中华人民共和国境内进行下列工程建设项目包括项目的勘察、设计、施工、监理以及与工程建设有关的重要设备、材料等的招标，必须进行招标：

（1）大型基础设施、公共事业等关系社会公共利益、公共安全的项目；

（2）全部或者部分使用国有资金投资或者国家融资的项目；

（3）使用国际组织或者外国政府贷款、援助资金的项目。

前款所列项目的具体范围和规模标准，由国务院发展计划部门会同国务院有关部门制定，报国务院批准。"据此，国务院有关部委对不同类型项目必须招标的范围进行具体规定。

1）工程建设项目必须招标的范围：

① 关系社会公共利益、公众安全的基础设施项目；

② 关系社会公共利益、公众安全的公用事业项目；

③ 使用国有资金投资项目；

④ 国家融资项目；

⑤ 使用国际组织或者外国政府资金的项目。

2）必须招标项目的规模标准：

① 施工单项合同估算价在 200 万元人民币以上的；

② 重要设备、材料等货物的招标，单项合同估算价在 100 万元人民币以上的；

③ 勘察、设计、监理等服务的招标，单项合同估算价在 50 万元人民币以上的；

④ 单项合同估算价低于上述①、②、③三项规定的，但项目总投资额在 3000 万元人民币以上的。

2. 可以不进行招标的项目

《招标投标法》第六十六条规定"涉及国家安全、国家秘密、抢险救灾或者属于利用扶贫资金实行以工代赈、需要使用农民工等特殊情况，不适宜进行招标的项目，按照国家有关规定可以不进行招标。"为此，国家发改委和建设部对可以不招标的情况分别做出了如下规定：

根据《工程建设项目施工招标投标办法》第十二条规定：需要审批的工程建设项目，有下列情形之一的，由相关规定的审批部门批准，可以不进行施工招标：

1）涉及国家安全、国家秘密或者抢险救灾而不适宜招标的；

2）属于利用扶贫资金实行以工代赈需要使用农民工的；

3）施工主要技术采用特定的专利或者专有技术的；

4）施工企业自建自用的工程，且该施工企业资质等级符合工程要求的；

5）在建工程追加的附属小型工程或者主体加层工程，原中标人仍具备承包能力的；

6）法律、行政法规规定的其他情形。

4.1.4 招标方式

《招标投标法》第十条规定，招标分公开招标和邀请招标。

1. 公开招标

公开招标是指招标人以招标公告的方式邀请不特定的法人或者其他组织投标。

2. 邀请招标

邀请招标是指招标人以投标邀请书的方式邀请特定的法人或者其他组织投标。

3. 两种方式的主要区别

（1）发布信息的方式不同。公开招标采用公告的形式发布；邀请招标采用投标邀请书的形式发布。

（2）选择的范围不同。公开招标因使用招标公告的形式，针对的是一切潜在的对招标项目感兴趣的法人或其他组织，招标人事先不知道投标人的数量；邀请招标针对已经了解的法人或其他组织，而且事先已经知道投标者的数量。

（3）竞争的范围不同。公开招标是所有符合条件的法人或其他组织都有机会参加投标，竞争的范围较广，竞争性体现得也比较充分，招标人拥有绝对的选择余地，容易获得最佳招标效果；邀请招标中投标人的数量有限，招标人拥有的选择余地相对较小，有可能提高中标的合同价，也有可能将某些在技术上或报价上更有竞争力的承包商遗漏。

（4）公开程度不同。公开招标中，所有的活动都必须严格按照预先指定并为大家所知的程序和标准公开进行，大大减少了作弊的可能；相比而言，邀请招标的公开程度要逊色一些。

（5）时间和费用不同。由于邀请招标不发公告，招标文件只送几家，使整个招标的时间大大缩短，费用也相应减少。公开招标的程序比较复杂，从发布公告、投标人做出反应、评标，到签订合同，有许多时间上的要求，要准备许多文件，因而耗时较长，费用也比较高。

国家重点项目和地方重点项目应当进行公开招标。重点建设项目至少应具备两个标准：一是在投资规模上达到国家规定的大型或中型标准；二是在实际作用上对国民经济或本地区经济和社会发展有重大影响。这类项目大多属于基础设施、基础产业和支柱产业项目，或是高科技并能带动行业技术进步的项目。为保证对重点建设项目的管理，保证重点建设项目的工程质量和按期竣工，必须采用公开招标方式。

不适宜公开招标的重点项目，经批准可进行邀请招标。在某些特定情况下，如由于项目技术复杂或有特殊要求，涉及专利权保护，受自然资源或环境限制，新技术或技术规格事先难以确定等原因，可供选择的具备资格的投标单位数量有限，实行公开招标不适宜或不可行。招标人可选用邀请招标。

招标人采用邀请招标方式的，应当向3个以上具备承担招标项目的能力、资信良好的特定的法人或者其他组织发出投标邀请书。

【案例 4-1】

一、背景

2005 年在江西某段高速公路工程施工的开标大会上，除了到会的 10 家投标单位的有关人员外，招标办请来了市公证处的法律顾问参加大会。开标前公证处顾问提出对各个投标单位的资质进行审查，当时有人对这个程序提出疑问。在审查时对某建筑公司提出疑问，这个公司所提供的资质材料的种类与份数齐全，有单位的公章，有项目负责人的签字，可是法律顾问坚决认定该单位不符合投标资格，于是取消了其标书。

二、问题

1. 为什么有人对"审查投标资质"这个程序提出疑问？

2. 为什么这个单位不符合投标资格？

三、解析

1. 因为投标单位的资质审查，应该在发放招标书之前审查，一般在开标会议上不再进行。

2. 该单位提供的材料上没有法人签字，项目负责人的签字是没有法律效力的。

4.2　招标基本程序和规定

4.2.1　招标的概念

建设工程招标是指招标人在发包建设项目之前，公开招标或邀请投标人，根据招标人的意图和要求提出报价，择日当场开标，以便从中择优选定中标人的一种经济活动。招标人是依法提出施工招标项目、进行招标的法人或者其他组织。通常为该建设工程的投资人即项目业主或建设单位。

4.2.2　招标条件

所谓施工招标项目，根据《招标投标法》第九条规定：招标项目按照国家有关规定需要履行项目审批手续的，应当先履行审批手续，取得批准的招标人应当有进行招标项目的相应资金或者资金来源已经落实，并应当在招标文件中如实载明。这对招标人提出了一定的要求，但是建设工程不同的招标种类招标条件又不尽相同，各相关招标投标办法又作出更加详细的规定。

施工招标条件除了遵守《招标投标法》之外还应遵守以下部门规章。

(1)《工程建设项目施工招标投标办法》第八条规定：依法必须招标的工程建设项目，应当具备下列条件才能进行施工招标：

1) 招标人已经依法成立；

2) 初步设计及概算应当履行审批手续的，已经批准；

3) 招标范围、招标方式和招标组织形式等应当履行核准手续的，已经核准；

4) 有相应资金或资金来源已经落实；

5) 有招标所需的设计图纸及技术资料。

(2)《工程施工招标投标管理办法》第八条规定：工程施工招标应当具备下列条件：

1) 按照国家有关规定需要履行项目审批手续的，已经履行审批手续；

2）工程资金或者资金来源已经落实；

3）有满足施工招标需要的设计文件及其他技术资料；

4）法律、法规、规章规定的其他条件。

4.2.3 招标主要程序

从招标人的角度看，建设工程招标的一般程序主要包括以下几个环节：

1. 招标活动的准备工作

（1）设立招标组织或者委托招标代理人

应当招标的工程建设项目，办理报建登记手续后，凡已满足招标条件的，均可组织招标，办理招标事宜。招标组织者组织招标必须具有相应的组织招标的资质。

根据招标人是否具有招标资质，可以将组织招标分为两种情况：

1）招标人自己组织招标

《招标投标法》第十二条规定：招标人有权自行选择招标代理机构，委托其办理招标事宜。任何单位和个人不得以任何方式为招标人指定招标代理机构。

招标人具有编制招标文件和组织评标能力的，可以自行办理招标事宜。任何单位和个人不得强制其委托招标代理机构办理招标事宜。

依法必须进行招标的项目，招标人自行办理招标事宜的，应当向有关行政监督部门备案。

依据《工程建设项目自行招标试行办法》第四条规定，招标人自行办理招标事宜，应当具有编制招标文件和组织评标的能力，具体包括：

① 具有项目法人资格（或者法人资格）；

② 具有与招标项目规模和复杂程度相适应的工程技术、概预算、财务和工程管理等方面专业技术力量；

③ 有从事同类工程建设项目招标的经验；

④ 设有专门的招标机构或者拥有3名以上专职招标业务人员；

⑤ 熟悉和掌握《招标投标法》及有关法规规章。

由于工程招标是一项经济性、技术性较强的专业民事活动，因此招标人自己组织招标，必须具备一定的条件，设立专门的招标组织，经招标投标管理机构审查合格，确认其具有编制招标文件和组织评标的能力，能够自己组织招标后，发给招标组织资质证书。招标人只有持有招标组织资质证书的，才能自己组织招标、自行办理招标事宜，否则只能选择委托招标的形式。

2）招标代理（委托招标）

招标代理机构是依法设立、从事招标代理业务并提供相关服务的社会中介组织。工程建设项目招标代理，是指工程招标代理机构接受招标人的委托，从事工程的勘察、设计、施工、监理以及与工程建设有关的重要设备（进口机电设备除外）、材料采购招标的代理业务。《招标投标法》第十二条规定：招标人有权自行选择招标代理机构，委托其办理招标事宜；任何单位和个人不得以任何方式为招标人指定招标代理机构。招标代理机构应当在招标人委托范围内办理招标事宜，并遵守《招标投标法》关于招标人的规定。根据这一条招标人取得招标组织资质证书的，任何单位和个人不得强制其委托招标代理人代理组织招标、办理招标事宜。但是，依法必须进行招标的项目，招标人自行办理招标事宜的，应当向有关行政监督部门备案。招标人未取得招标组织资质证书的，必须委托具备相应资质的招标代理人代理组织招标事宜。

根据《工程建设项目招标代理机构资格认定办法》第五条规定：工程招标代理机构资格分为甲、乙两级。甲级工程招标代理机构资格按行政区划，由省、自治区、直辖市人民政府建设行政主管部门初审，报国务院建设行政主管部门认定。乙级工程招标代理机构资格由省、自治区、直辖市人民政府建设行政主管部门认定，报国务院建设行政主管部门备案。

该办法第七条规定：申请工程招标代理机构资格的单位应当具备下列条件：

① 依法设立的中介组织；

② 与行政机关和其他国家机关没有行政隶属关系或者其他利益关系；

③ 有固定的营业场所和开展工程招标代理业务所需设施及办公条件；

④ 有健全的组织机构和内部管理的规章制度；

⑤ 具备编制招标文件和组织评标的相应专业力量；

⑥ 具有可以作为评标委员会成员人选的技术、经济等方面的专家库；

⑦ 法律、行政法规规定的其他条件。

甲级招标代理机构资格由省级建设行政主管部门初审，报住房和城乡建设部认定，除应具备上述 7 个条件外，还应当具备下列条件：

① 取得乙级工程招标代理资格满 3 年；

② 近 3 年内累计工程招标代理中标金额在 16 亿元人民币以上（以中标通知书为依据，下同）；

③ 具有中级以上职称的工程招标代理机构专职人员不少于 20 人，其中具有工程建设类注册执业资格人员不少于 10 人（其中注册造价工程师不少于 5 人），从事工程招标代理业务 3 年以上的人员不少于 10 人；

④ 技术经济负责人为本机构专职人员，具有 10 年以上从事工程管理的经验，具有高级技术经济职称和工程建设类注册执业资格；

⑤ 注册资本金不少于 200 万元。

乙级工程招标代理机构只能承担工程投资额（不含征地费、大市政配套费和拆迁补偿费）1 亿元以下的工程招标代理业务。乙级招标代理机构资格由省级建设行政主管部门认定，报住房和城乡建设部备案。除具备《工程建设项目招标代理机构资格认定办法》第七条所规定的条件外还应具备下列条件：

① 取得暂定级工程招标代理资格满 1 年；

② 近 3 年内累计工程招标代理中标金额在 8 亿元人民币以上；

③ 具有中级以上职称的工程招标代理机构专职人员不少于 12 人，其中具有工程建设类注册执业资格人员不少于 6 人（其中注册造价工程师不少于 3 人），从事工程招标代理业务 3 年以上的人员不少于 6 人；

④ 技术经济负责人为本机构专职人员，具有 8 年以上从事工程管理的经历，具有高级技术经济职称和工程建设类注册执业资格；

⑤ 注册资本金不少于 100 万。

新成立的工程招标代理机构的业绩未能满足上述条件的，建设部可以根据市场需要设定暂定资格。新设立的工程招标代理机构具备了《工程建设项目招标代理机构资格认定办法》第七条所规定的条件和乙级资质中③、④、⑤项的条件，可以申请暂定级工程招标代理资格。

（2）确定招标方式

招标分为公开招标和邀请招标两种。

公开招标：招标人要在报刊，杂志、广播、电视等大众传媒或工程交易中心公告栏上发布招标公告，招请一切愿意参加工程投标的不特定的承包商申请投标资格审查或申请投标。

邀请招标：邀请招标又称选择性招标，它是有限竞争性的招标，是指招标人以投标邀请书的方式邀请特定的法人或者其他组织投标。招标人采用邀请招标方式的，应当向三个以上具备承担招标项目的能力、资信良好的特定的法人或者其他组织发出投标邀请书。邀请招标虽然也能够邀请到有经验和资信可靠的投标者投标，保证履行合同，但是限制了竞争范围，可能会失去技术上和报价上有竞争力的投标者。

按照《工程建设项目施工招标投标办法》第十一条规定：国务院发展计划部门确定的国家重点建设项目和各省、自治区、直辖市人民政府确定的地方重点建设项目，以及全部使用国有资金投资或者国有资金投资占控股或者主导地位的工程建设项目，应当公开招标。

有下列情形之一的，经批准可以进行邀请招标：

① 项目技术复杂或有特殊要求，只有少量几家潜在投标人可供选择的；

② 受自然地域环境限制的；

③ 涉及国家安全、国家秘密或者抢险救灾，适宜招标但不宜公开招标的；

④ 拟公开招标的费用与项目的价值相比，不值得的；

⑤ 法律、法规规定不宜公开招标的。

国家重点建设项目的邀请招标，应当经国务院发展计划部门批准；地方重点建设项目的邀请招标，应当经各省、自治区、直辖市人民政府批准。

全部使用国有资金投资或者国有资金投资占控股或者主导地位的并需要审批的工程建设项目的邀请招标，应当经项目审批部门批准，但项目审批部门只审批立项的，由有关行政监督部门批准。

（3）划分标段

根据我国《建筑法》第二十四条规定：提倡对建筑工程实行总承包，禁止将建筑工程肢解发包。建筑工程的发包单位可以将建筑工程的勘察、设计、施工、设备采购一并发包给一个工程总承包单位，也可以将建筑工程勘察、设计、施工、设备采购的一项或者多项发包给一个工程总承包单位；但是，不得将应当由一个承包单位完成的建筑工程肢解成若干部分发包给几个承包单位。这要求，招标项目确实需要划分标段的，应该注意其合法性与合理性。如建设项目的施工招标，一般可以将一个项目分解为单位工程及特殊专业工程分别招标，不允许将单位工程肢解为分部、分项工程进行招标。

（4）办理招标备案手续，申报招标的有关文件

招标人在依法设立招标组织并取得相应招标组织资质证书，或者书面委托具有相应资质的招标代理人后，就可开始组织招标、办理招标事宜。招标人自己组织招标、自行办理招标事宜或者委托招标代理人代理组织招标、代为办理招标事宜的，都应当向有关行政监督部门备案。

招标人进行招标，要向招标投标管理机构申报招标申请书。招标申请书经批准后，就可以编制招标文件、评标定标办法和标底，并将这些文件报招标投标管理机构批准。招标人或招标代理人也可在申报招标申请书时，一并将已经编制完成的招标文件、评标定标办法和标底报招标投标管理机构批准。经招标投标管理机构对上述文件进行审查认定后，就可发布招标公告或发出投标邀请书。

2. 发布招标公告或者发出投标邀请书

（1）招标公告和投标邀请书的内容：

公开招标的招标公告和邀请招标的投标邀请书，按照《招标投标法》的规定，招标公告与投标邀请书应当载明同样的事项，具体包括以下内容：

① 招标人的名称和地址；

② 招标项目的性质；

③ 招标项目的数量；

④ 招标项目的实施地点；

⑤ 招标项目的实施时间；

⑥ 获取招标文件的办法。

（2）发布招标公告和发出投标邀请书的要求

为了规范招标公告发布行为，保证潜在投标人平等、便捷、准确地获取招标信息，国家发展计划委员会发布的自 2000 年 7 月 1 日起生效实施的《招标公告发布暂行办法》，对强制招标项目招标公告的发布做出了明确的规定。

对招标公告发布的监督。国家发展计划委员会根据国务院授权，按照相对集中、适度竞争、受众分布合理的原则，指定发布依法必须招标项目招标公告的报纸、信息网络等媒介（以下简称指定媒介），并对招标公告发布活动进行监督。指定媒介的名单由国家发展计划委员会另行公告。

对招标人的要求。依法必须公开招标项目的招标公告必须在指定媒介发布。招标公告的发布应当充分公开，任何单位和个人不得非法限制招标公告的发布地点和发布范围。招标人或其委托的招标代理机构发布招标公告，应当向指定媒介提供营业执照（或法人证书）、项目批准文件的复印件等证明文件。

招标人或其委托的招标代理机构在两个以上媒介发布的同一招标项目的招标公告的内容应当相同。

对指定媒介的要求。招标人或其委托的招标代理机构应至少在一家指定的媒介发布招标公告。指定媒介发布依法必须公开招标项目的招标公告，不得收取费用，但发布国际招标公告的除外。

指定报纸在发布招标公告的同时，应将招标公告如实抄送指定网络。指定报纸和网

络应当在收到招标公告文本之日起七日内发布招标公告。

指定媒介应与招标人或其委托的招标代理机构就招标公告的内容进行核实,经双方确认无误后在规定的时间内发布。指定媒介应当采取快捷的发行渠道,及时向订户或用户传递。

拟发布的招标公告文本有下列情形之一的,有关媒介可以要求招标人或其委托的招标代理机构及时予以改正、补充或调整:

① 字迹潦草、模糊,无法辨认的;

② 载明的事项不符合规定的;

③ 没有招标人或其委托的招标代理机构主要负责人签名并加盖公章的;

④ 在两家以上媒介发布的同一招标公告的内容不一致的。指定媒介发布的招标公告的内容与招标人或其委托的招标代理机构提供的招标公告文本不一致,并造成不良影响的,应当及时纠正,重新发布。

3. 对投标资格进行审查

(1) 公开招标分为资格预审和资格后审两种方式

1) 实行资格预审(即在投标前进行资格审查)的,用资格预审通告代替招标公告,即只发布资格预审通告即可。通过发布资格预审通告,招请一切愿意参加工程投标的承包商申请投标资格审查。

2) 实行资格后审(即在开标后进行资格审查)的,不发资格审查通告,而只发招标公告。通过发布招标公告,招请一切愿意参加工程投标的承包商申请投标。

《工程建设项目施工招标投标办法》第二十条规定,资格审查应主要审查潜在投标人或者投标人是否符合下列条件:

① 具有独立订立合同的权利;

② 具有履行合同的能力,包括专业、技术资格的能力,资金、设备和其他物资设施状况,管理能力,经验、信誉和相应的从业人员;

③ 没有处于被责令停业,投标资格被取消,财产被接管、冻结、破产状态;

④ 在最近三年没有骗取中标和严重违约及重大工程质量问题;

⑤ 法律、行政法规规定的其他资格条件。

资格审查时,招标人不得以不合理的条件限制、排斥潜在投标人或者投标人,不得对潜在投标人或者投标人实行歧视待遇。任何单位和个人不得以行政手段或者其他不合理方式限制投标人的数量。

采取资格预审的,招标人应当在资格预审文件中载明资格预审的条件。资格预审应主要审查潜在投标人或投标人是否符合下列条件:

① 具有独立订立合同的能力;

② 未处于被责令停业、投标资格被取消或者财产被接管、冻结和破产状态;

③ 企业没有因骗取中标或者严重违约以及发生重大工程质量、安全生产事故等问题,被有关部门暂停投标资格并在暂停期内的;

④ 企业的资质类别、等级和项目经理的资质等级满足招标公告要求;

⑤ 以联合体形式申请资格预审的,联合体的资格(资质)条件必须符合要求,并附

有共同投标协议；

⑥ 资格预审申请书中的重要内容没有失实或者弄虚作假；

⑦ 企业具备安全生产条件，并取得安全生产许可证；

⑧ 项目经理无在建工程，或者虽有在建工程，但合同约定范围内的全部施工任务已临近竣工阶段，并已经同原发包人提出竣工验收申请，原发包人同意其参加其他工程项目的投标竞争；

⑨ 符合法律、法规规定的其他条件。

经资格预审后，招标人应当向资格预审合格的潜在投标人发出资格预审合格通知书，告知获取招标文件的时间、地点和方法，并同时向资格预审不合格的潜在投标人告知资格预审结果。资格预审合格的潜在投标人不足三个的，招标人应当重新进行资格预审。

采取资格后审的，招标人应当在招标文件中载明对投标人资格要求的条件。对资格后审不合格的投标人，评标委员会应当将其投标作无效标处理。

（2）邀请招标的资格审查

邀请招标方式时，招标人对投标人进行投标资格审查，是通过对投标人按照投标邀请书的要求提交或出示的有关文件和资料进行验证，确认自己的经验和所掌握的有关投标人的情况是否可靠、有无变化。在各地实践中，通过资格审查的投标人名单，一般要报经招标投标管理机构进行投标人投标资格复查。

邀请招标资格审查的主要内容，一般应当包括：

① 投标人组织与机构，营业执照，资质等级证书；

② 近 3 年完成工程的情况；

③ 目前正在履行的合同情况；

④ 资源方面的情况，包括财务、管理、技术、劳动力、设备等情况；

⑤ 受奖、罚的情况和其他有关资料。

经资格审查合格后，由招标人或招标代理人通知合格者，领取招标文件，参加投标。

4. 出售招标文件和有关资料，收取投标保证金

（1）招标文件的内容

《招标投标法》第十九条规定：招标人应当根据招标项目的特点和需要编制招标文件。招标文件主要包括招标邀请书、招标者须知、合同条件、规范、图纸、工程量、招标书和投标书保证格式、补充资料表、合同协议书及各类保证等。

根据《工程建设项目施工招标投标办法》第二十四条规定：招标人根据施工招标项目的特点和需要编制招标文件。招标文件一般包括下列内容：

① 投标邀请书；

② 投标人须知；

③ 同主要条款；

④ 投标文件格式；

⑤ 采用工程量清单招标的，应当提供工程量清单；

⑥ 技术条款；

⑦ 设计图纸；

⑧ 评标标准和方法；

⑨ 投标辅助材料。

招标人应当在招标文件中规定实质性要求和条件，并用醒目的方式标明。

（2）招标文件的发售

招标文件、图纸和有关技术资料发放给通过资格预审获得投标资格的投标单位。不进行资格预审的，发放给愿意参加投标的单位。投标单位收到招标文件、图纸和有关资料后，应当认真核对，核对无误后以书面形式予以确认。

在工程实践中，经常会出现招标人以不合理的高价发售招标文件的现象。对此《工程施工招标投标管理办法》第二十九条规定，招标人对发出的招标文件可以酌收工本费，法律禁止借发售招标文件的机会谋取不正当利益的行为，用于招标文件中的设计文件，招标人可以酌情收取押金，对开标后设计文件退还的，招标人应当退还押金。招标文件或者资格预审文件出售之日起至停售之日止，最短不得少于 5 个工作日。

（3）招标文件的澄清、修改和答疑

招标文件对招标人具有法律约束力，一经发出，不得随意更改。根据《招标投标法》第二十三条的规定："招标人对已发出的招标文件进行必要的澄清或者修改的，应当在招标文件要求提交投标文件截止时间至少 15 日前，以书面形式通知所有招标文件收受人。该澄清或者修改的内容为招标文件的组成部分。"

根据《工程施工招标投标管理办法》第二十条的规定，招标人对工程施工招标文件进行澄清或者修改的，除应当履行《招标投标法》第二十三条要求的法定义务以外，还应当向政府主管部门备案。该澄清或者修改的内容为招标文件的组成部分。招标人应保管好证明澄清或修改通知已发出的有关文件（如邮件回执等），收到澄清或修改通知后，应书面予以确认，该确认书双方均应妥善保管。

（4）确定编制投标文件的合理时间

在工程实践中，利用投标截止时间也是规避招标的常用手段之一。对此，《招标投标法》第二十四条规定：招标人应当确定投标人编制投标文件所需要的合理时间；但是，依法必须进行招标的项目，自招标文件开始发出之日起至投标人提交投标文件截止之日，最短不得少于 20 日。在此基础上，对于建筑工程设计投标文件的提交时限，《建筑工程设计招标投标管理办法》第十一条规定，招标人要求投标人提交投标文件的时限为：特级和一级建筑工程不少于 45 日；二级以下建筑工程不少于 30 日；进行概念设计招标的，不少于 20 日。

（5）确定投标有效期

我国《工程建设项目货物招标投标办法》第二十八条规定：招标文件应当规定一个适当的投标有效期，以保证招标人有足够的时间完成评标和与中标人签订合同。投标有效期从投标人提交投标文件截止日起计算。在原投标有效期结束前，出现特殊情况的，招标人可以书面形式要求所有投标人延长投标有效期。投标人同意延长的，不得要求或被允许修改其投标文件的实质性内容，但应当相应延长其投标保证金的有效期；投标人拒绝延长的，其投标失败，但是投标人有权收回其投标保证金。因延长投标有效期造成投标人损失的，招标人应当给予补偿，但因不可抗力需要延长投标有效期的除外。

（6）投标保证金

招标人向经审查合格的投标人分发招标文件及有关资料，并向投标人收取投标保证金。公开招标实行资格后审的，直接向所有投标报名者分发招标文件和有关资料，收取投标保证金。

投标担保是为防止投标人在投标有效期内随意撤回标书，或中标后不能提交履约保证金和签署合同而设定的一种担保形式。投标担保可以采取投标保函或者投标保证金的方式，在工程实践中多采用投标保证金方式进行投标担保。投标保证金除现金外，也可以使用支票、银行汇票或现金支票等，不超过投标报价的 2%。投标人应当按照招标文件要求的方式和金额，将投标保函或者投标保证金随投标文件提交招标人。投标保证金有效期应当与投标有效期一致。如果投标人在投标活动中发生下列行为之一的，投标保证金将被没收：

① 投标人在有效期内撤回其投标文件；

② 中标人没能在规定期限内提交履约保证金或签署合同协议。

（7）标底

标底是指招标人根据招标项目的具体情况，编制的完成招标项目所需的全部费用，是根据国家规定的计价依据和计价办法计算出来的工程造价，是招标人对建设工程的期望价格。标底由成本、利润、税金等组成，一般应该控制在批准的总概算及投资包干限额内。

我国《招标投标法》没有明确规定招标工程是否必须设置标底价格，招标人可根据工程的实际情况自己决定是否需要编制标底。一般情况下，即使采用无标底招标方式进行工程招标，招标人在招标时还需要对招标工程的建造费用做出估计，使投标人心中有一基本价格底数，同时可以对各个投标价格的合理性做出理性的判断。

对设置标底的招标工程，标底价格是招标人的预期价格，对工程招标阶段的工作有一定的作用。

5. 组织投标人踏勘现场，对招标文件进行答疑

（1）踏勘现场

踏勘现场是指招标人组织投标申请人对工程现场场地和周围环境等客观条件进行的现场勘察，招标人根据招标项目的具体情况，可以组织投标申请人踏勘项目现场，但招标人不得单独或者分别组织任何一个投标人进行现场踏勘。投标人到现场调查，可进一步了解招标人的意图和现场周围的环境情况，以获取有用的信息并据此作出是否投标或投标策略以及投标报价。招标人应主动向投标申请人介绍所有施工现场的有关情况。

投标申请人对影响工程施工的现场条件进行全面考察，包括经济、地理、地质、气候、法律环境等情况，对工程项目一般应至少了解下列内容：

① 施工现场是否达到招标文件规定的条件；

② 施工的地理位置和地形、地貌管线设置情况；

③ 施工现场的地质、土质、地下水位、水文等情况；

④ 施工现场的气候条件，如气温、湿度、风力等；

⑤ 现场的环境，如交通、供水、供电、污水排放等；

⑥ 临时用地、临时设施搭建等，即工程施工过程中临时使用的工棚，堆放材料的库房以及这些设施所占的地方等。

潜在投标人依据招标人介绍情况作出的判断和决策，由投标人自行负责。投标人在踏勘现场中如有疑问，应在招标人答疑前以书面形式向招标人提出，以便于得到招标人的解答。投标人踏勘现场发现的问题，招标人可以书面形式答复，也可以在投标预备会上解答。

（2）答疑形式

投标人对招标文件或者在现场踏勘中如果有疑问或不清楚的问题，可以而且应当用书面的形式要求招标人予以解答。招标人收到投标人提出的疑问或不清楚的问题后，应当给予解释和答复。招标人的答疑可以根据情况采用以下方式进行：

以书面形式解答，并将解答内容同时送达所有获得招标文件的投标人。书面形式包括解答书、信件、电报、电传、传真、电子数据交换和电子函件等可以有形地表现所载内容的形式。以书面形式解答招标文件中或现场踏勘中的疑问，在将解答内容送达所有获得招标文件的投标人之前，应先经招标投标管理机构审查认定。

通过投标预备会进行解答，同时借此对图纸进行交底和解释，并以会议记录形式同时将解答内容送达所有获得招标文件的投标人。投标预备会也称答疑会、标前会议，是指招标人为澄清或解答招标文件或现场踏勘中的问题，以便投标人更好地编制投标文件而组织召开的会议。投标预备会一般安排在招标文件发出后的7~28天内举行。参加会议的人员包括招标人、投标人、代理人、招标文件编制单位的人员、招标投标管理机构的人员等。会议由招标人主持。

【案例 4-2】

一、背景

某建筑工程的招标文件中标明，距离施工现场 1km 处存在一个天然砂场，并且该砂可以免费来取。最后由于承包商没有仔细了解天然砂场中天然砂的具体情况，在工程施工中准备使用该砂时，监理工程师认为该砂级别不符合工程施工要求而不允许在施工中使用，于是承包商只得自己另行购买符合要求的砂。

承包商以招标文件中标明现场有砂而投标报价中没有考虑为理由，要求业主补偿现在必须购买砂的差价，监理工程师不同意承包商的补偿要求。

二、问题

工程师不同意承包商的补偿要求是否合法？

三、解析

工程师不同意承包商的补偿要求是合法的。

因为投标人的投标报价被认为是在现场勘探后，投标人在充分了解现场情况的基础上编制的。中标后，投标人就不得借口因为现场考察不仔细、情况了解不全面，而提出要调整报价或给予补偿的要求。投标人要对自己了解的情况和报价负责，招标人对投标人在考察现场后得出的各种数据、结论和解释不承担任何责任。

4.3 投标规定

4.3.1 建设工程投标的概念

建设工程投标是工程招标的对称概念，指具有合法资格和能力的投标人根据招标条件，经过初步研究和估算，在指定期限内填写标书，提出报价，并等候开标，决定能否中标的经济活动。

4.3.2 投标人

投标人是按照招标文件的规定参加投标竞争的自然人、法人或其他社会经济组织。根据《招标投标法》第二十六条规定：投标人应当具备承担招标项目的能力；国家有关规定对投标人资格条件或者招标文件对投标人资格条件有规定的，投标人应当具备规定的资格条件。

4.3.3 联合体投标

联合体投标，是指两个以上法人或者其他组织，共同组成一个非法人的联合体，并以联合体的名义作为一个投标人，参加投标竞争。

《招标投标法》第三十一条第一款规定："两个以上的法人或者其他组织可以组成一个联合体，以一个投标人的身份共同投标。"《工程建设项目施工招标投标办法》第十二条第一款与《工程建设项目货物招标投标办法》第三十八条第一款作了相同的规定。《建筑法》第二十七条则从承包的角度规定，大型建筑工程或者结构复杂的建筑工程，可以由两个以上承包单位联合共同承包。在具体项目操作过程中，如果工程建设联合体中标，联合投标就转化成联合承包。

联合投标人通过资格预审的，其组成单位的任何变化都必须在提交投标文件截止之日前征得招标人的同意，如果变化后的联合体削弱竞争力，含有事先未经过资格预审或者资格预审不合格的法人或者其他组织，或者使联合体的资质降低到资格预审文件规定的最低标准以下，招标人有权拒绝。

联合体各方均应当具备承担招标项目的相应能力，由同一专业的单位组成的联合体应按照资质等级较低的单位确定资质等级。在联合体内部，各方应当签订共同投标协议，明确各方在招标项目中的权利与义务关系，并将共同投标协议连同投标文件一并提交招标人。招标人不得强制投标人组成联合体共同投标，不得限制投标人之间的竞争。联合体中标后，应当由各方共同与招标人签订合同，就中标项目向招标人承担连带责任。

4.3.4 关于投标的禁止性规定

《招标投标法》第三十二条第一款规定："投标人不得相互串通投标报价，不得排挤其他投标人的公平竞争，损害招标人或者其他投标人的合法权益。"《关于禁止串通招标投标行为的暂行规定》列举的投标人串通投标的行为有：

① 投标者之间相互约定，一致抢高或者压低投标报价；
② 投标者之间相互约定，在招标项目中轮流以高价位或者低价位中标；
③ 投标者之间先进行内部竞价，内定中标人，然后再参加投标；
④ 投标者之间其他串通投标行为。

《招标投标法》第三十二条第二款规定："投标人不得与招标人串通投标，损害国家利益、社会公共利益或者他人的合法权益。"《关于禁止串通招标投标行为的暂行规定》列举的投标人与招标人相互勾结，排挤竞争对手的非公平竞争行为有：

① 招标者在公开开标前，开启标书，并将投标情况告知其他投标者，或者协助投标者撤换标书，更改报价；

② 招标者向投标者泄露标底；

③ 投标者与招标者商定，在招标投标时压低或者抬高标价；

④ 招标者预先内定中标人；

⑤ 招标者和投标者之间其他串通招标投标行为。

《招标投标法》第三十二条第三款规定："禁止投标人以向招标人或者评标委员会成员行贿的手段谋取中标。"

投标人以行贿手段谋取中标是违背招标投标法基本原则的行为，对其他投标人是不公平的。投标人以行贿手段谋取中标的法律后果是中标无效。

《招标投标法》第三十三条规定："投标人不得以低于成本的报价竞标，也不得以他人名义投标或者以其他方式弄虚作假，骗取中标。"

投标人以低于成本的报价竞标，其目的是为了排挤其他竞争对手。这里的成本是指个别企业的成本。投标人的报价一般由成本、利润和税金三部分组成。当报价为成本价时，企业的利润为零，甚至是亏本。而投标人获取利润是其根本的目的，因此，在项目实施的过程中就必然会出现偷工减料、以次充好、工程质量难以保证的问题。所以国家严格禁止投标人以低于成本的报价竞标，同时也禁止招标人随意压价。

在工程实践中，投标人以非法手段骗取中标的现象主要表现在：

① 非法挂靠或者借用其他企业的资质证书参加投标；

② 故意在投标文件的商务标和技术标上采用模糊的语言骗取中标货物、工程和服务；

③ 投标时递交虚假业绩证明、资料文件；

④ 假冒法定代表人签名，私刻公章，递交假的委托书等。

总之，招标人、投标人在招标投标活动中，应当坚持诚实信用原则，任何有违招投标法规和招投标原则的招标、投标行为都应严格禁止。

4.3.5 建设工程投标的一般程序

投标人应当按照招标文件的要求编制投标文件，并应对招标文件提出的实质性要求和条件做出响应。

1. 投标文件的组成

根据《工程施工招标投标管理办法》第二十六条的规定，施工投标文件应当包括投标函、施工组织设计或者施工方案、投标报价、招标文件要求提供的其他材料四个方面的内容。根据上述规定，投标文件要求提供的其他材料一般应包括以下内容：

1）投标保证书或投标保证金；

2）法定代表人资格证明书或授权委托书；

3）拟派项目负责人、主要工程管理人员和技术人员简历；

4）拟分包的工程和分包商的情况；

5）投标文件要求提供的其他材料。

《工程施工招标投标管理办法》第二十五条第二款规定：招标文件允许投标人提供备选标的，投标人可以按照招标文件的要求提交替代方案，并做出相应报价作备选标。

招标人可以在招标文件中要求投标人提交投标担保。投标担保可以采用投标保函或者投标保证金的方式。投标人应当按照招标文件要求的方式和金额，将投标保函或者投标保证金随投标文件提交招标人。

2. 投标文件的送达与签收

投标人应当在招标文件要求提交投标文件的截止时间前，按照招标文件规定的地点，将投标文件密封送达投标地点。在招标文件要求提交投标文件的截止时间后送达的投标文件，为无效的投标文件，招标人应当拒收。如果投标人因为递交投标文件的地点发生错误，延误投标时间的，也视为无效投标拒收；如果以邮寄方式送达的，投标人必须留出邮寄的时间，保证投标文件能够在截止日之前送达招标文件指定的地点，而不是以"邮戳为准"。在截止时间后送达的投标文件，招标人同样视为无效投标文件而原封退回，不得进入开标阶段。

招标人收到标书以后应当签收，不得开启。为了保护投标人的合法权益，招标人必须履行完备的签收、登记手续。签收人要记录投标文件递交的日期和地点以及密封状况，签收人签名后应将所有递交的投标文件放置在保密安全的地方，任何人不得开启投标文件。

为了保证充分竞争，对于投标人少于3个的，招标人应当依法重新招标。重新招标后投标人仍少于3个的，属于必须审批的工程建设项目，报经原审批部门批准后可以不再进行招标；其他工程建设项目，招标人可自行决定不再进行招标。

3. 投标文件的补充、修改或撤回

投标人在招标文件要求提交投标文件的截止时间前，可以补充、修改或者撤回已提交的投标文件，并书面通知招标人。补充、修改的内容为投标文件的组成部分。

投标文件的补充是指对投标文件中遗漏和不足的部分进行增补，投标文件的修改是指对投标文件中已有的内容进行修订。在招标投标过程中，由于投标人对招标文件的理解和认识水平不一，有些投标人对招标文件常常发生误解，或者投标文件对一些重要的内容有遗漏，投标人需要补充或者修改的，可以在提交投标文件截至日前，进行补充或者修改。这些修改、补充的文件也应当以密封的方式在规定的截止时间以前送达，并作为投标文件的组成部分，招标人要严格履行签收、登记手续，并存放在安全保密的地方，在开标时一并拆封。在招标文件要求提交投标文件的截止时间后送达的补充或者修改的内容无效。

在投标截止日期之前，投标人也有权撤回已经送达的投标文件。投标文件的撤回是指收回全部投标文件，或者放弃投标，或者以新的投标文件重新投标。招标投标活动实际上是一个缔约合同的过程，是否投标完全取决于投标人的意愿。所以在投标截止日期之前，允许投标人撤回投标文件，但撤回已经提交的投标文件必须以书面形式通知招标人，以备待查。投标人既可以在法定时间内重新编制投标文件，并在规定时间内送达指定地点，也可以撤回投标文件，放弃投标。如果在投标截止日期之前放弃投标，招标人不得没收其投标保证金。

在提交投标文件截止时间后到招标文件规定的投标有效期终止之前，投标人不得补充、修改、替代或者撤回其投标文件。投标人补充、修改、替代投标文件的，招标人不予接受；投标人撤回投标文件的，其投标保证金将被没收。

4.3.6 投标策略与技巧

1. 投标策略与技巧的概念

投标策略（技巧），是指投标人在投标竞争中的指导思想与系统工作部署及其参与投标竞争的方式和手段。投标策略作为投标取胜的方式、手段和艺术，贯穿于投标竞争的始终，内容十分丰富。在投标与否、投标项目的选择、投标报价等方面，无不包含投标策略。

尤其需要注意的是，投标策略在投标报价过程中的作用更为显著，工程项目施工投标技巧研究，其实是在保证工程质量与工期的条件下，寻求一个好的报价的技巧问题。恰当的报价是能否中标的关键，但恰当的报价，并不一定是最低报价。实践表明，标价过高，无疑会失去竞争力而落标，而标价过低（低于正常情况下完成合同所需的价格或低于成本），也会成为无效标而不能入围。

2. 常见的投标策略种类

投标策略的种类较多，下面简单地介绍几种在投标过程中常见的策略，希望能对大家有所启发，以便能在日后的实际投标过程中举一反三，不断提高。

（1）增加建议方案

有时招标文件中规定，可以提出一个建议方案，即可以修改原设计方案，提出投标者的方案。投标者这个时候应抓住机会，组织一批有经验的设计和施工工程师，对原招标文件的设计和施工方案进行仔细研究，提出更为合理的方案以吸引业主，促成自己的方案中标。这种新建议方案可以降低总造价或缩短工期，或使工程运用更合理。但是需要注意对原招标方案一定也要报价。建议方案不要写得太具体，要保留方案的技术关键，防止业主将此建议方案交给其他承包商。

同时需要强调的是，建议方案一定要比较成熟，有很好的操作性和可行性，不能空谈而不切实际。

（2）不平衡报价法

所谓不平衡报价，是对常规报价的优化，其实质是在保持总报价不变的前提下，通过提高工程量清单中一些基价细目的综合单价，同时降低另外一些细目的单价来使所获工程款收益现值最大。也就是说对施工方案实施可能性大的报高价，对实施可能性小的报低价，目的是"早收钱"或"快收钱"。即：赚取由于工程量改变而引起的额外收入；改善工程项目的资金流动；赚取由通货膨胀引起的额外收入。

不平衡报价的实施原则一般有以下几条：

1）先期开工的项目（如开办费、土方、基础等隐蔽工程）的单价报价高，后期开工的项目如高速公路的路面、交通设施、绿化等附属设施的单价报价低。

2）经过核算工程量，估计到以后会增加工程量的项目的单价报价高，工程量会减少的项目的单价报价低。

3）图纸不明确或有错误的，估计今后会修改的项目的单价报价高，估计今后会取消的项目的单价报价低。

4）没有工程量，只填单价的项目（如土方工程中挖淤泥、岩石、土方超运等备用单价）其单价报价高（这样既不影响投标总价，又有利于多获利润）。

5）对暂定金额项目，分析其让承包商做的可能性大时，其单价报价高，反之，报价低。

6）零星用工（记日工）单价一般可稍高于工程中的工资单价，因为记日工不属于承包总价的范围，发生时实报实销。但如果招标文件中已经假定了记日工的"名义工程量"，则需要具体分析是否报高价，以免提高总报价。

7）对于允许价格调整的工程，当利率低于物价上涨时，则后期施工的工程细目的单价报价高，反之，报价低。

对于不平衡报价法，有些问题是需要注意的，简单介绍如下：

① 不平衡报价要适度，一般浮动不要超过 30%。否则，"物极必反"。因为近年业主评标时，对报价的不平衡系数要分析，不平衡程度高的要扣分，严重不平衡报价的可能成为无效标。

② 对"钢筋"、"混凝土"等常规项目最好不要提高单价。

③ 如果业主要求提供"工程预算书"，则应使工程量清单综合单价与预算书一致。

④ 同一标段中工程内容完全一样的计价细目的综合单价要一致。

（3）突然袭击法

由于投标竞争激烈，为迷惑竞争者，可在整个报价过程中，仍然按照一般情况进行，甚至有意泄露一些虚假情况，如宣扬自己对该工程兴趣不大，不打算参加投标（或准备投高标），表现出无利可图不想干等假象。到投标截止前几小时，突然前往投标，并压低投标价（或加价），从而使竞争者措手不及。

（4）多方案报价法

对于一些招标文件，如果发现工程范围不明确，条款不清楚或很不公正，或技术规范要求过于苛刻时，则要在充分估计投标风险的基础上，按多方案报价法处理，即将原招标文件报一个价，然后再提出如某某条款做某些变动，报价可降低多少，由此可报出一个较低的价。这样可以降低总价，吸引业主。

（5）优惠取胜法

向业主提出缩短工期、提高质量、降低支付条件，提出新技术、新设计方案，提供物资、设备、仪器（交通车辆、生活设施等），以此优惠条件取得业主赞许，争取中标。

（6）以人为本法

注重与业主、当地政府搞好关系，邀请他们到本企业施工管理过硬的在建工地考察，以显示企业的实力和信誉。按照社会主义的思想、品质、道德和作风的要求去处理好人与人之间的关系，求得理解与支持，争取中标。

（7）扩大标价法

这种方法也比较常用，即除了按正常的已知条件编制价格外，对工程中变化较大或没有把握的工作，采用扩大单价，增加"不可预见费"的方法来减少风险。但是这种投标方法往往因为总价过高而不易中标。

（8）联合保标法

在竞争对手众多的情况下，可以采取几家实力雄厚的承包商联合起来控制标价，一家出面争取中标，再将其中部分项目转让给其他承包商分包，或轮流相互保标。

（9）低价投标夺标法

这是一种非常手段，承包商为了打进某一地区，为减少大量窝工损失或为挤走竞争对手保住自己的地盘，依靠自身的雄厚资本实力，采取一种不惜代价、只求中标的低价投标方案。应用这种手法的承包商必须有较好的资信条件，并且提出的施工方案也先进可行。

4.3.7 投标报价

投标报价是投标书的核心组成部分，招标人往往将投标人的报价作为主要标准来选择中标人，同时也是招标人与中标人就工程标价进行谈判的基础。因此，报价的策略、技巧、标价评估与决策是作出合适的投标报价以至能否中标的关键。

1. 投标报价的主要依据

一般来说，投标报价的主要依据包括以下几方面内容：

① 设计图纸；

② 工程量表；

③ 合同条件，尤其是有关工期、支付条件、外汇比例的规定；

④ 相关的法律、法规；

⑤ 拟采用的施工方案、进度计划；

⑥ 施工规范和施工说明书；

⑦ 工程材料、设备的价格及运费；

⑧ 劳务工资标准；

⑨ 当地的物价水平。

除了依据上述因素以外，投标报价还应该考虑各种相关的间接费用。

2. 投标报价的步骤

做好投标报价工作，需充分了解招标文件的全部含义，采用已经熟悉的投标报价程序和方法；应对招标文件有一个系统而完整的理解，从合同条件到技术规范、工程设计图纸，从工程量清单到具体投标书和报价单的要求，都要严肃认真对待。其步骤一般为：

① 熟悉招标文件，对工程项目进行调查与现场考察；

② 结合工程项目的特点、竞争对手的实力和本企业的自身状况、经验、习惯，制定投标策略；

③ 核算招标项目实际工程量；

④ 编制施工组织设计；

⑤ 考虑土木工程承包市场的行情，以及人工、机械及材料供应的费用，计算分项工程直接费；

⑥ 分摊项目费用，编制单价分析表；

⑦ 计算投标基础价；

⑧ 根据企业的管理水平、工程经验与信誉、技术能力与机械装备能力、财务应变能力、抵御风险的能力、降低工程成本增加经济效益的能力等，进行获胜分析、盈亏分析；

⑨ 提出备选投标报价方案；

⑩ 编制出合理的报价，以争取中标。

3. 投标报价的原则

建设工程投标报价时，可参照下述原则确定报价策略：

① 按招标要求的计价方式确定报价内容及各细目的计算深度；

② 按经济责任确定报价的费用内容；

③ 充分利用调查资料和市场行情资料；

④ 依据施工组织设计确定的基本条件；

⑤ 投标报价计算方法应简明适用。

4. 国内工程投标报价的组成和计算

《建筑工程施工发包与承包计价管理办法》（以下简称《办法》）第五条规定：施工图预算、招标标底和投标报价由成本（直接费、间接费）、利润和税金构成。其编制可以采用以下计价方法：

（1）工料单价法。分部分项工程量的单价为直接费。直接费以人工、材料、机械的消耗量及其相应价格确定。间接费、利润、税金按照有关规定另行计算。

（2）综合单价法。分部分项工程量的单价为全费用单价。全费用单价综合计算完成分部分项工程所发生的直接费、间接费、利润、税金。

【案例 4-3】

一、背景

某高层办公楼建筑面积 3.5 万 m²，地上 28 层，地下 3 层，主体结构类型为框架-剪力墙结构，基础采用箱形基础，建设单位并已委托某专业设计单位做了基坑支护方案，采用钢筋混凝土桩悬臂支护。业主进行该工程施工招标时，在招标文件中规定：预付款数额为合同价的 10%，在合同签订并生效后 10 天内支付，上部结构工程完成一半时一次性全额扣回，工程款按季度支付。

某承包商通过资格预审后，购买了招标文件根据图纸测算和对招标文件的分析，确定该项目总估价为 9000 万元，总工期为 24 个月，其中：基础工程估价为 1200 万元，工期为 6 个月；上部结构工程估价为 4800 万元，工期为 12 个月；装饰和安装工程估价为 3000 万元，工期为 6 个月。

投标时，该承包商为发挥自己在深基坑施工的经验。建议建设单位将钢筋混凝土桩悬臂支护改为钢筋混凝土桩悬臂加锚杆支护，并对这两种施工方案进行了技术经济分析和比较，证明钢筋混凝土桩悬臂加锚杆支护不仅能保证施工安全性，减小施工对周边影响，而且可以降低基础工程造价 10%。

此外，该承包商为了既不影响中标，又能在中标后取得较好的收益，决定采用不平衡报价法对原估价作适当调整，基础工程调整为 1300 万元，结构工程调整为 5000 万元，装饰和安装工程调整为 2700 万元。

该承包商还考虑到，该工程虽然有预付款，但平时工程款按季度支付不利于资金周转，决定除按上述调整后的数额报价外，还建议业主将支付条件改为：预付款为合同价的 5%，工程款按月支付，其余条款不变。

投标文件编制完成后，该承包商将投标文件封装，并在封口处加盖了本单位公章和项目经理签字，在招标文件规定的投标截止时间将投标文件报送业主。

二、问题

1. 该承包商所运用的不平衡报价法是否恰当？为什么？

2. 除了不平衡报价法，该承包商还运用了哪些报价技巧？运用是否得当？

3. 该承包商递交的投标文件是否有效？为什么？

三、解析

1. 恰当。因为该承包商是将属于前期工程的基础工程和主体结构工程的报价调高，而将属于后期工程的装饰和安装工程的报价调低，可以在施工的早期阶段收到较多的工程款，从而可以提高承包商所得工程款的现值；而且，这三类工程单价的调整幅度均在 ±10% 以内，属于合理范围。

2. 该承包商运用的另外两种投标技巧是多方案报价法和增加建议方案法。增加建议方案法运用得当，通过对两个支护施工方案的技术经济分析和比较（这意味着对两个方案均报了价），论证了建议方案的技术可行性和经济合理性，对业主有很强的说服力。

多方案报价法运用恰当，因为承包商的报价既适用于原付款条件，也适用于建议的付款条件。

3. 该承包商递交的投标文件是无效的，应作为无效标处理。因为该承包商的投标文件仅有单位公章和项目经理签字，而无法定代表人或其代理人的印鉴，所以应作为无效标处理。

4.4　开标、评标、中标规定

投标预备会结束后，招标人就要为接受投标文件、开标做准备。接受投标工作结束，招标人要按招标文件的规定准时开标、评标。

4.4.1　开标

开标是指招标人按照招标文件规定的时间和地点，开启投标人提交的投标文件的名称、投标价格以及投标文件中的其他主要内容的行为。

1. 开标的时间、地点和参加人

《招标投标法》第三十四条规定：开标应当在招标文件确定的提交投标文件截止时间的同一时间公开进行；开标地点应当为招标文件中预先确定的地点。依法必须进行公开招标的项目，其开标应在有形建筑市场进行。

开标会议由招标人主持，邀请所有投标人的法定代表人或持有其代理委托书的代理人、招标人代表以及公证方有关人员参加，评标组织成员一律不得参加开标会议。

2. 程序

根据《招标投标法》第三十六条的规定，开标应当遵守如下法律程序：

（1）开标前的检查：开标时，首先由投标人或者其推选的代表检查投标文件的密封情况，也可以由招标人委托的公证机构检查并公证。

（2）投标文件的拆封、宣读：经确认无误后，由工作人员当众拆封，宣读投标人名称、投标价格和投标文件的其他主要内容。

招标人在招标文件要求提交投标文件的截止时间前收到的所有投标文件，开标时都应当众予以拆封、宣读。

（3）开标过程的记录和存档：开标过程应当记录，并存档备查。开标记录的内容包括项目名称、招标号、刊登招标公告的日期、发售招标文件的日期、购买招标文件的单位名称、投标人的名称及报价、截标后收到投标文件的处理情况等。

3. 标书无效条件

根据《工程建设项目勘察设计招标投标办法》、《工程建设项目施工招标投标办法》、《工程施工招标投标管理办法》以及《工程建设项目货物招标投标办法》的规定，在开标时，投标文件出现下列情形之一的，应当作为无效投标文件、不得进入评标：

（1）无单位盖章并无法定代表人或法定代表人授权的代理人签字或盖章的；

（2）无法定代表人出具的授权委托书原件的；

（3）未按规定的格式填写，内容不全或关键字迹模糊、无法辨认的；

（4）投标人递交两份或多份内容不同的投标文件，或在一份投标文件中对同一招标有两个或多个报价，且未声明哪一个为最终报价的，按招标文件规定提交备选投标方案的除外；

（5）投标人名称或组织结构与资格预审时不一致的，未提供有效证明的；

（6）投标有效期不满足招标文件要求的；

（7）未按招标文件要求提交投标保证金的；

（8）联合体投标未附联合体各方共同投标协议的；

（9）招标文件明确规定可以无效标的其他情形。

有上述情形，如果涉及投标文件实质性内容的，应当留待评标时由评标组织评审、确认投标文件是否有效。

4.4.2　评标

开标会结束后，招标人要接着组织评标。评标必须在招标投标管理机构的监督下，由招标人依法组建的评标组织进行。组建评标组织是评标前的一项重要工作。

1. 评标委员会组成

《评标委员会和评标方法暂行规定》第七条至十四条对评标委员会有着详细的规定：评标委员会依法组建，负责评标活动。向招标人推荐中标候选人或者根据招标人的授权直接确定中标人。评标委员会成员名单一般应于开标前确定，评标委员会成员名单在中标结果确定前应当保密。

评标委员会由招标人负责组建。评标委员会成员名单一般应于开标前确定。评标委员会成员名单在中标结果确定前应当保密。

评标委员会由招标人或其委托的招标代理机构熟悉相关业务的代表，以及有关技术、经济等方面的专家组成，成员人数为五人以上单数，其中技术、经济等方面的专家不得少于成员总数的2/3。

评标委员会设负责人的，评标委员会负责人由评标委员会成员推举产生或者由招标人确定。评标委员会负责人与评标委员会的其他成员有同等的表决权。

评标委员会的专家成员应当从省级以上人民政府有关部门提供的专家名册或者招标代理机构的专家库内的相关专家名单中确定。

按前款规定确定评标专家，可以采取随机抽取或者直接确定的方式。一般项目，可以采取随机抽取的方式；技术特别复杂、专业性要求特别高或者国家有特殊要求的招标项目，采取随机抽取方式确定的专家难以胜任的，可以由招标人直接确定。

评标专家应符合下列条件：

1）从事相关专业领域工作满八年并具有高级职称或者同等专业水平；

2）熟悉有关招标投标的法律法规，并具有与招标项目相关的实践经验；

3）能够认真、公正、诚实、廉洁地履行职责。

有下列情形之一的，不得担任评标委员会成员：

1）投标人或者投标人主要负责人的近亲属；

2）项目主管部门或者行政监督部门的人员；

3）与投标人有经济利益关系，可能影响投标公正评审的；

4）曾因在招标、评标以及其他与招标投标有关活动中从事违法行为而受过行政处罚或刑事处罚的。

评标委员会成员有前款规定情形之一的，应当主动提出回避。

评标委员会成员应当客观、公正地履行职责，遵守职业道德，对所提出的评审意见承担个人责任。

评标委员会成员不得与任何投标人或者与招标结果有利害关系的人进行私下接触，不得收受投标人、中介人、其他利害关系人的财物或者其他好处。

评标委员会成员和与评标活动有关的工作人员不得透露对投标文件的评审和比较、中标候选人的推荐情况以及与评标有关的其他情况。

前款所称与评标活动有关的工作人员，是指评标委员会成员以外的因参与评标监督工作或者事务性工作而知悉有关评标情况的所有人员。

2. 评标准备

（1）标准和方法

招标人应当采取必要的措施，保证评标在严格保密的情况下进行，任何单位和个人不得非法干预，评标委员会应当根据招标文件规定的评标标准和方法，对投标文件进行系统地评审和比较。招标人设有标底的，标底应当保密，并在评标时作为参考。评标委员会应当按照投标报价的高低或者招标文件规定的其他方法对投标文件排序。

招标文件中没有规定的标准和方法不得作为评标的依据，招标文件中规定的评标标准和评标方法应当合理，不得含有倾向或者排斥潜在投标人的内容，不得妨碍或者限制投标人之间的竞争。

（2）初步评审

初步评审的工作主要有两项：一是对投标文件中的细微偏差做进一步的澄清与补正；二是对未能对招标文件做出实质性的具有重大偏差的投标文件进行处理。

根据《评标委员会和评标方法暂行规定》的规定，投标文件对招标文件实质性要求和条件响应的偏差分为重大偏差和细微偏差。

重大偏差是指投标文件未能对招标文件的实质性要求和条件做出响应。根据《评标委员会和评标方法暂行规定》第二十五条的规定，投标文件有下列情形之一的属于重大偏差：

1）没有按照招标文件要求提供投标担保或者所提供的投标担保有瑕疵；

2）投标文件没有投标人授权代表签字和加盖公章；

3）投标文件载明的招标项目完成期限超过招标文件规定的期限；

4）明显不符合技术规范、技术标准的要求；

5）投标文件载明的货物包装方式、检验标准和方法等不符合招标文件的要求；

6）投标文件附有招标人不能接受的条件；

7）不符合招标文件中规定的其他实质性要求。

凡具有上述情形之一的投标，作无效标处理。招标文件对重大偏差另有规定的，从其规定。另外《工程施工招标投标管理办法》《建筑工程设计招标投标管理办法》这两个规章也对无效投标做了具体规定，因此在评标过程中，应将它们有机结合起来，正确处理无效投标。根据上述法规，凡有下列情形之一的，也属于重大偏差，应作无效标处理：

1）以虚假方式谋取中标；

2）低于个别成本报价竞标；

3）不符合资格条件或拒不对投标文件澄清、说明或改正；

4）不能对招标做实质性响应的投标。

投标文件不响应招标文件的实质性要求和条件的，招标人应当拒绝，并不允许投标人通过修正或撤销其不符合要求的差异或保留，使之成为具有响应性的投标。

细微偏差是指投标文件在实质上响应了招标文件的要求，但在个别地方存在漏项或者提供了不完整的技术信息和数据等情况，并且补正这些遗漏或者不完整不会对其他投标人造成不公平的结果。细微偏差不影响投标文件的有效性。

评标委员会应当书面要求存在细微偏差的投标人在评标结束前对投标文件中含义不明确，对同类问题表述不一致或者有明显文字和计算错误的内容作必要的澄清、说明或者补正。澄清、说明或者补充应以书面方式进行，并不得超出投标文件的范围或者改变投标文件的实质性内容。评标委员会不得向投标人提出带有暗示性或诱导性的问题，或向其明确投标文件中的遗漏和错误。拒不补正的，在详细评审时，可以对细微偏差作不利于该投标人的量化，量化标准应当在招标文件中规定。

投标文件中的大写金额和小写金额不一致的，以大写金额为准；总价金额与单价金额不一致的，以单价金额为准，但单价金额小数点有明显错误的除外；对不同文字文本投标文件的解释发生异议的，以中文文本为准；正本与副本不一致时，以正本为准。

（3）详细评审

经过初步评审合格的投标文件，评标委员会应当根据招标文件确定的评标方法和标准，对各投标书的实施方案和计划进行实质性的评价和优劣比较，并指出若授标给该投标人可能存在的好处及隐含的风险。评审时不允许采用招标文件中要求投标人考虑因素以外的任何条件作为标准。详细评审通常分两个步骤进行。评标委员会对各投标书进行技术和商务方面的审查，评定其合理性，以及若将合同授予该投标人后，在履行过程中可能给招标人带来的风险。在此基础上，再由评标委员会对各投标书分项进行量化比较，从而评定出优劣次序。大型复杂工程的评标过程经常分为商务评审和技术评审，为了确保评标的客观、公正，以及保障项目的顺利实施，应先进行技术标评审，然后再进行商务标评审，评标方法包括经评审的最低投标价法、综合评估法以及法律、行政法规允许的其他评标方法。

经评审的最低投标价法适合于招标人对工程的技术、性能没有特殊要求的招标项目。

大型复杂工程及其他不宜采用经评审的最低投标价法的招标项目，一般应当采取综合评估法进行评审。

招标文件应当载明投标有效期。投标有效期从提交投标文件截止日起计算。评标和定标应当在投标有效期结束日30个工作日前完成。不能在投标有效期结束日30个工作日前完成评标和定标的，招标人应当通知所有投标人延长投标有效期。

（4）评标报告

评标委员会完成评标后，应当向招标人提出书面评标报告，向招标人推荐合格的中标候选人，评标委员会推荐的中标候选人应当限定在一至三人，并标明排列顺序。评标报告是评标委员会经过对各投标书评审后向招标人提出的结论性报告，应抄送有关行政监督部门。

评标报告由评标委员会全体成员签字。对评标结论持有异议的评标委员可以采用书面方式阐述其不同意见和理由。评标委员会成员拒绝在评标报告上签字且不陈述其不同意见和理由的，视为同意评标结论。评标委员会应当对此做出书面说明并记录在案。向招标人提交书面评标报告后，评标委员会即告解散。

4.4.3 定标

1. 确定中标人

招标人应当根据评标委员会推荐的中标候选人名单，确定排名第一的中标候选人为中标人，排名第一的中标候选人放弃中标、因不可抗力提出不能履行合同，或者招标文件规定应当提交履约保证金而在规定的期限内未能提交的，招标人可以确定排名第二的中标候选人为中标人。排名第二的中标候选人因上述规定的同样原因不能签订合同的，招标人可以确定排名第三的中标候选人为中标人。《招标投标法》第四十一条规定："中标人的投标应当符合下列条件之一：

（1）能够最大限度地满足招标文件中规定的各项综合评价标准；

（2）能够满足招标文件的实质性要求，并且经评审的投标价格最低；但是投标价格低于成本的除外。"

招标人可以授权评标委员会直接确定中标人。

在评标过程中，如发现有下列情形之一不能产生定标结果的，可宣布招标失败：

《招标投标法》第四十二条规定：评标委员会经评审，认为所有投标都不符合招标文件要求的，可以否决所有投标。

依法必须进行招标的项目的所有投标被否决的，招标人应当依照本法重新招标。"如果发生招标失败，招标人应认真审查招标文件及标底，做出合理修改，重新招标。在重新招标时，原采用公开招标方式的，仍可继续采用公开招标方式，也可改用邀请招标方式。

2. 招标备案

依法必须进行施工招标的工程，招标人应当自确定中标人之日起15日内，向工程所在地的县级以上地方人民政府建设行政主管部门提交施工招标投标情况的书面报告。书面报告应当包括下列内容：

（1）工程招标投标的基本情况，包括施工招标范围、施工招标方式、资格审查、开评标过程和确定中标人的方式及理由等；

（2）相关的文件资料，包括招标公告或者投标邀请书、投标报名表、资格预审文件、招标文件、评标委员会的评标报告。设有标底的，应当附标底、中标人的投标文件，委托工程招标代理的，还应当附工程施工招标代理委托合同。

3. 发出中标通知书

建设行政主管部门自收到书面报告之日起5日内未通知招标人在招标投标活动中有违法行为的，招标人可以向中标人发出中标通知书，并将中标结果通知所有未中标的投标人。

中标通知书对招标人和中标人具有法律约束力，中标通知书发出之后，招标人改变中标结果或者中标人放弃中标的，应当承担法律责任。

4. 招标人与中标人签订合同

招标人和中标人应当自中标通知书发出之日起30日内，按照招标文件和中标人的投标文件订立书面合同；招标人和中标人不得再行订立背离合同实质性内容的其他协议。

"合同实质性内容"包括投标价格、投标方案等涉及招标人和中标人权利义务关系的实体内容。如果允许招标人和中标人可以再行订立背离合同实质性内容的其他协议，就违背了招标投标活动的初衷，对其他未中标人来讲也是不公正的。因此对于这类行为，法律必须予以严格禁止。

中标人不与招标人订立合同的，投标保证金不予退还并取消其中标资格，给招标人造成的损失超过投标保证金数额的，应当对超过部分予以赔偿，没有提交投标保证金的，应当对招标人的损失承担赔偿责任。

招标人无正当理由不与中标人签订合同，给中标人造成损失的，招标人应当给予赔偿。

【案例4-4】

一、背景

某院校计划建设新校区，内有一封闭式风雨操场，为此由后勤部门调动一位部长及四名管理人员，新组建了基建处，负责此项目的筹建工作。本工程通过公开招标，通过资格预审，共有六家承包商参与投标，各承包商均按规定的投标截止日期递交了投标文件，在招标文件未标明的情况下，在开标时发生了下列事件：

1. 根据工程设计文件，基建处自行编制了招标文件和工程量清单。在开标时，由某地招标办公室的工作人员主持开标会议，按投标书到达的时间编了唱标顺序，以最后送达的投标文件为第一开标单位，最早送达的单位为最后唱标单位。

2. 招标文件中明确了有效标的条件，即投标单位的报价在招标单位编制的标底价±3%以内为有效标书，但是六家投标单位的报价均超过了上述要求。

3. 在此情况下，招标单位通过专家对各家投标单位的经济标和技术标的综合评审打分，以低价中标为原则，选择了价格最低的投标单位为中标单位。

二、问题

在本工程的开标过程中有哪些不妥之处？请分别说明。

三、解析

1. 开标会议由招标办公室的工作人员主持不妥，应由招标人主持。

2. 选择了价格最低的投标单位为中标单位不妥，因为六家投标单位的报价均超过了有效标的要求，招标人应当依照招标投标法重新招标，而不应该由专家从六家投标单位中选择一家作为中标单位。

本单元小结

本单元详细介绍了工程招标投标制度与原则；招标的方式；招标的范围与程序；联合体投标应注意的事项；招标代理的资质；投标的程序；投标的禁止性要求；投标的策略；开标、评标、定标的详细内容；评标的过程；评标委员会的组成；确定中标人的程序。

练习题

一、单项选择题

1.《中华人民共和国招标投标法》自（　　）开始施行。

A. 1999 年 10 月 1 日　　　　　　B. 1999 年 12 月 1 日

C. 2000 年 1 月 1 日　　　　　　D. 2000 年 3 月 1 日

2. 在招标中，邀请招标又称为（　　）。

A. 无限竞争性招标　　　　　　B. 有限竞争性招标

C. 非竞争性招标　　　　　　　D. 竞争性招标

3. 建设行政主管部门及其工程招标投标监督管理机构依法实施（　　）。

A. 开标　　　　B. 评标　　　　C. 公证　　　　D. 监督

4. 下列评标委员会成员中符合《招标投标法》规定的是（　　）。

A. 某甲，由投标人从省人民政府有关部门提供的专家名册的专家中确定

B. 某乙，现任某公司法定代表人，该公司常年为某投标人提供建筑材料

C. 某丙，从事招标工程项目领域工作满 10 年

D. 某丁，在开标后，中标结果确定前将自己担任评标委员会成员的事告诉了投标人

5. 根据《工程建设项目招标范围和规模标准规定》，下列说法正确的是（　　）。

A. 如果单项合同估算价低于标准，可以对这个单项合同项目不进行招标

B. 所有设备、材料等货物的采购，只要合同估算价在 100 万元人民币以上的就必须招标

C. 属于必须招标的项目范围，监理合同估算价在 50 万元人民币以上的就必须招标

D. 是否对设计项目进行招标由招标人根据工程实际需要自行决定

6. 依法必须进行招标项目的招标公告，必须通过国家指定报刊、信息网络或其他公共媒介发布、这体现了招标活动的（　　　　）。

A. 公开原则　　　　B. 公平原则　　　　C. 公正原则　　　　D. 诚实信用原则

7. 下列情况下的投标文件会被视为无效标的是（　　　　）。

A. 没有法人印章但有法人签名　　　　B. 没有法人签名但有授权人签名

C. 有单位公章但未加盖项目部印章　　　　D. 有项目部印章但未加盖单位公章

8. 下列建设单位向施工单位做出的意思表示中，为法律、行政法规所禁止的是（　　　　）。

A. 明示报名参加投标的各施工单位低价竞标

B. 明示施工单位在施工中应优化工期

C. 暗示施工单位不采用《建设工程施工合同（示范文本）》签订合同

D. 暗示施工单位在非承重结构部位使用不合格的水泥

9. 某施工项目招标，招标文件开始出售的时间为 3 月 20 日，停止出售的时间为 3 月 30 日，提交投标文件的截止时间为 4 月 25 日，评标结束的时间为 4 月 30 日，则投标有效期开始的时间为（　　　　）。

A. 3 月 20 日　　　　B. 3 月 30 日　　　　C. 4 月 25 日　　　　D. 4 月 30 日

10. 某工程建设项目招标人在招标文件中规定了只有获得过本省工程质量奖项的潜在投标人才有资格参加该项目的投标。根据《招标投标法》，这个规定违反了（　　　　）原则。

A. 公开　　　　B. 公平　　　　C. 公正　　　　D. 诚实信用

二、多项选择题

1. 根据《招标投标法》规定，对评标委员会的组成包括（　　　　）。

A. 评标委员会由 5 人以上的单数组成

B. 评标委员会的成员必须是既懂经济又懂法律的专家

C. 评标委员会的专家与所有投标人均没有利害关系

D. 评标专家必须在相关领域工作满 8 年且具有高级职称或同等专业水平

E. 评标委员会的成员能够认真、公正、廉洁地履行职责

2. 关于招标代理机构的说法，正确的有（　　　　）。

A. 招标代理机构是社会中介组织

B. 工程招标代理机构可以参与同一招标工程的招标

C. 未经招标人同意，招标代理机构不得向他人转让代理业务

D. 工程招标代理机构不得与招标工程的投标人有利益关系

E. 由评标委员会确定招标代理机构

3. 关于联合体投标的说法，正确的有（　　　　）。

A. 多个施工单位可以组成一个联合体，以一个投标人的身份共同投标

B. 中标的联合体各方应当就中标项目向投标人承担连带责任

C. 联合体各方的共同投标协议属于合同关系

D. 联合体中标的，应当由联合体各方共同与投标人签订合同

E. 由不同专业的单位组成的联合体，按资质低的一方确定业务许可范围

4. 根据招投标相关法律和司法解释，下列施工合同中，属于无效合同的有（　　　）。

A. 未经发包人同意，承包人将部分非主体工程分包给具有相应资质的施工单位的合同

B. 招标文件中明确要求投标人垫资并据此与中标人签订的合同

C. 建设单位直接与专业施工单位签订的合同

D. 承包人将其承包的工程全部分包给其他有资质的承包人的合同

E. 投标人串通投标中标后与招标人签订的合同

5.《招标投标法》规定，投标文件有下列情形，招标人不予受理（　　　）。

A. 逾期送达的

B. 未送达指定地点的

C. 未按规定格式填写的

D. 无单位盖章并无法定代表人或其授权的代理人签字或盖章的

E. 未按招标文件要求密封的

三、简答题

1. 什么是建设工程招标投标？建设工程招标投标活动应遵循的原则是什么？

2. 招标方式有哪些？它们的主要区别有哪些？

3. 什么规模和标准的建设项目必须进行招标？

4. 招标人自行招标应该具备什么条件？招标项目应该具备什么条件？

5. 建设项目施工招标公告或者投标邀请书应当至少载明哪些内容？

6. 什么情形下的施工投标文件按无效标处理？

7. 工程项目施工投标中有哪些禁止性的规定？

8. 投标文件的编制要求和内容有哪些？

9. 什么叫开标和评标？开标时间、地点、参加人员、评标委员会的组成及开标过程有哪些规定？

10. 中标通知书的法律效力是什么？

单元 5
建设工程合同法规及监理合同法规

【引言】

　　建设工程项目是一个极为复杂的过程，可以分为不同的建设阶段，每一个阶段的建设内容、参与主体也不尽相同，各主体之间的经济关系主要靠合同维持。本章着重介绍建设工程合同。

【学习目标】

　　通过本单元学习，你将能够：

　　√　初步具备签订建设工程合同的能力；

　　√　熟练掌握建设工程施工合同文本的具体规定；

　　√　掌握建设施工合同的履行、变更、解除、终止；

　　√　掌握建设工程监理法规的含义和概念；

　　√　掌握监理合同的签订和履行。

5.1　建设工程合同制度

5.1.1　合同的法律特征和订立原则

1. 合同的法律特征

1999 年 10 月颁布的《中华人民共和国合同法》（以下简称《合同法》）规定，合同是自然人、法人、其他组织之间设立、变更、终止民事权利义务关系的协议。

　　合同具有以下法律特征：

　　（1）合同是一种法律行为；

　　（2）合同的当事人法律地位一律平等，双方自愿协商，任何一方不得将自己的观点、主张强加给另一方；

(3) 合同的目的性在于设立、变更、终止民事权利义务关系；

(4) 合同的成立必须有两个以上当事人；两个以上当事人不仅作出意思表示，而且意思表示是一致的。

2. 合同的订立原则

合同的订立，应当遵循平等原则、自愿原则、公平原则、诚实信用原则、合法原则等。

(1) 平等原则

《合同法》规定，合同当事人的法律地位平等，一方不得将自己的意志强加给另一方。

这一原则包括三方面的内容：

1) 合同当事人的法律地位一律平等。不论所有制性质、单位大小和经济实力强弱，其法律地位都是平等的；

2) 合同中的权利义务平等。就是说，享有权利的同时就应当承担义务，而且彼此的权利、义务是对等的；

3) 合同当事人必须就合同条款充分协商，在互利互惠基础上取得一致，合同方能成立。任何一方都不得将自己的意志强加给另一方，更不得以强迫、命令、胁迫等手段签订合同。

(2) 自愿原则

《合同法》规定，当事人依法享有自愿订立合同的权利，任何单位和个人不得非法干预。

自愿原则体现了民事活动的基本特征，是民事法律关系区别于行政法律关系、刑事法律关系的特有原则。自愿原则贯穿于合同活动的全过程，包括订不订立合同自愿，与谁订立合同自愿，合同内容由当事人在不违法的情况下自愿约定，在合同履行过程中当事人可以协议补充、协议变更有关内容，双方也可以协议解除合同，可以约定违约责任，以及自愿选择解决争议的方式。总之，只要不违背法律、行政法规强制性的规定，合同当事人有权自愿决定，任何单位和个人不得非法干预。

(3) 公平原则

《合同法》规定，当事人应当遵循公平原则确定各方的权利和义务。

公平原则主要包括：

1) 订立合同时，要根据公平原则确定双方的权利和义务，不得欺诈，不得假借订立合同恶意进行磋商；

2) 根据公平原则确定风险的合理分配；

3) 根据公平原则确定违约责任。

公平原则作为合同当事人的行为准则，可以防止当事人滥用权利，保护当事人的合法权益，维护和平衡当事人之间的利益。

(4) 诚实信用原则

《合同法》规定，当事人行使权利、履行义务应当遵循诚实信用原则。

诚实信用原则主要包括：

1) 订立合同时，不得有欺诈或其他违背诚实信用的行为；

2) 履行合同义务时，当事人应当根据合同的性质、目的和交易习惯，履行及时通

知、协助、提供必要条件、防止损失扩大、保密等义务;

3) 合同终止后,当事人应当根据交易习惯,履行通知、协助、保密等义务,也称为后契约义务。

(5) 合法原则

《合同法》规定,当事人订立、履行合同,应当遵守法律、行政法规,尊重社会公德,不得扰乱社会经济秩序,损害社会公共利益。

一般来讲,合同的订立和履行,属于合同当事人之间的民事权利义务关系,只要当事人的意思不与法律规范、社会公共利益和社会公德相抵触,即承认合同的法律效力。但是,合同绝不仅仅是当事人之间的问题,有时可能会涉及社会公共利益、社会公德和经济秩序。为此,对于损害社会公共利益、扰乱社会经济秩序的行为,国家应当予以干预。但这种干预要依法进行,由法律、行政法规做出规定。

3. 合同的分类

合同的分类是指按照一定的标准,将合同划分成不同的类型。

(1) 有名合同与无名会同

根据法文规定了一定合同的名称,可以将合同分为有名合同与无名合同。

有名合同(又称典型合同),是指法律上已经确定了一定的名称及具体规则的合同。《合同法》中所规定的 15 类合同,都属于有名合同,如建设工程合同等。

无名合同(又称非典型合同),是指法律上尚未确定一定的名称与规则的合同。合同当事人可以自由决定合同的内容,即使当事人订立的合同不属于有名合同的范围,只要不违背法律的禁止性规定和社会公共利益,仍然是有效的。

有名合同与无名合同的区分意义,主要在于两者适用的法律规则不同。对于有名合同,应当直接适用《合同法》的相关规定,如建设工程合同直接适用《合同法》第 16 章的规定。对于无名合同,首先应当适用《合同法》的一般规则,然后可比照最相类似的有名合同的规则,确定合同效力、当事人权利义务等。

(2) 双务合同与单务合同

根据合同当事人是否互相负有给付义务,可以将合同分为双务合同和单务合同。

双务合同,是指当事人双方互负对待给付义务的合同,即双方当事人互享债权、互负债务,一方的合同权利正好是对方的合同义务,彼此形成对价关系。例如,建设工程施工合同中,承包人有获得工程价款的权利,而发包人则有按约支付工程价款的义务。大部分合同都是双务合同。

单务合同,是指合同当事人中仅有一方负担义务,而另一方只享有合同权利的合同。例如,受赠人享有接受赠予物的权利,但不负担任何义务。无偿委托合同、无偿保管合同均属于单务合同。

(3) 诺成合同与实践合同

根据合同的成立是否需交付标的物,可以将合同分为诺成合同和实践合同。

诺成合同(又称不要物合同),是指当事人双方意思表示一致就可以成立的合同。大多数的合同都属于诺成合同,如建设工程合同、买卖合同、租赁合同等。

实践合同(又称要物合同),是指除当事人双方意思表示一致以外,尚须交付标的物才会成立的合同，如保管合同。

（4）要式合同与不要式合同

根据法律对合同的特定要求，可以将合同分为要式合同与不要式合同。

要式合同，是指根据法律规定必须采取特定形式的合同。如《合同法》规定建设工程合同应当采用书面形式。

不要式合同，是指当事人订立的合同依法并不需要采取特定的形式，当事人可以采取口头方式，也可以采用书面形式或其他形式。

要式合同与不要式合同的区别，实际上是一个关于合同成立与生效的条件问题。如果法律规定某种合同必须经过批准或登记才能生效，则合同未经批准或登记便不生效；如果法律规定某种合同必须采用书面形式才成立，则当事人未采用书面形式时合同便不成立。

（5）有偿合同与无偿合同

根据合同当事人之间的权利义务是否存在对价关系，可以将合同分为有偿合同与无偿合同。

有偿合同，是指一方通过履行合同义务而给对方某种利益，对方要得到该利益必须支付相应代价的合同，如建设工程合同等。

无偿合同，一方给付对方某种利益，对方取得该利益时并不支付任何代价的合同，如赠予合同等。

（6）主合同与从合同

根据合同相互间的主从关系，可以将合同分为主合同与从合同。

主合同是能够独立存在的合同；依附于主合同方能存在的合同为从合同。例如，发包人与承包人签订的建设工程施工合同为主合同，为确保该主合同的履行，发包人与承包人签订的履约保证合同为从合同。

4. 建设工程合同

《合同法》规定，建设工程合同是承包人进行工程建设，发包人支付价款的合同。

建设工程合同实质上一种特殊的承揽合同。《合同法》第 16 章"建设工程合同"中规定，"本章没有规定的，适用承揽合同的有关规定。"建设工程合同可分为建设工程勘察合同、工程设计合同、建设工程施工合同。

建设工程施工合同是建设工程合同中的重要部分，是指施工人（承包人）根据发包人的委托，完成建设工程项目的施工工作，发包人接受工作成果并支付报酬的合同。施工合同的内容包括工程范围、建设工期、中间交工工程的开工和竣工时间、工程质量、工程造价、技术资料交付时间、材料和设备供应责任、拨款和结算、竣工验收、质量保修范围和质量保证期、双方相互协作等条款。

5.1.2 合同的要约与承诺

1. 合同订立与合同成立

合同订立，是指缔约人进行意思表示并达成一致意见的状态。

合同成立，是指当事人就合同主要条款达成合意。合同成立需具备下列条件：①存在二方以上的订约当事人；②订约当事人对合同主要条款达成一致意见。

合同的成立一般要经过要约和承诺两个阶段。《合同法》规定，当事人订立合同，采取要约、承诺方式。

2. 要约

《合同法》规定，要约是希望和他人订立合同的意思表示。

发出要约的人称为要约人，接受要约的人称为受要约人。在国际贸易实务中，也称为发盘、发价、报价。要约是订立合同的必经阶段，不经过要约，合同是不可能成立的。

（1）要约的构成要件

要约是希望和他人订立合同的意思表示，该意思表示应当符合下列规定：

1）内容具体确定。所谓具体，是指要约的内容须具有足以使合同成立的主要条款。如果没有包含合同的主要条款，受要约人难以作出承诺，即使作出了承诺，也会因为双方的这种协议不具备合同的主要条款而使合同不能成立。所谓确定，是指要约的内容须明确，不能含糊不清，否则无法承诺。

2）表明经受要约人承诺，要约人即受该意思表示约束。要约须具有订立合同的意图，表明一经受要约人承诺，要约人即受该意思表示的约束。要约作为表达希望与他人订立合同的一种意思表达，其内容已经包含了可以得到履行的合同成立所需要具备的基本条件。

（2）要约邀请

《合同法》规定，要约邀请是希望他人向自己发出要约的意思表示。寄送的价目表、拍卖公告、招标公告、招股说明书、商业广告等为要约邀请。

（3）要约的法律效力

《合同法》规定，要约到达受要约人时生效。如投标人向招标人发出的投标文件，自到达招标人时起生效。

要约的有效期间由要约人在要约中规定。要约人如果在要约中定有存续期间，受要约人必须在此期间内承诺。要约可以撤回，但撤回要约的通知应当在要约到达受要约人之前或者与要约同时到达受要约人。要约可以撤销，但撤销要约的通知应当在受要约人发出承诺通知之前到达受要约人。

有下列情形之一的，要约不得撤销：要约人确定了承诺期限或者以其他形式明示要约不可撤销；受要约人有理由认为要约是不可撤销的，并已经为履行合同做了准备工作。

3. 承诺

《合同法》规定，承诺是受要约人同意要约的意思表示。如招标人向投标人发出的中标通知书，是承诺。

（1）承诺的方式

承诺应当以通知的方式作出，但根据交易习惯或者要约表明可以通过行为作出承诺的除外。这里的行为通常是履行行为，如预付价款、工地上开始工作等。

（2）承诺的生效

承诺通知到达要约人时生效。承诺不需要通知的，根据交易习惯或者要约的要求作出承诺的行为时生效。

（3）承诺的内容

承诺的内容应当与要约的内容一致。受要约人对要约的内容作出实质性变更的，为新要约。有关合同标的、数量、质量、价款或者报酬、履行期限、履行地点和方式、违约责任和解决争议方法等的变更，是对要约内容的实质性变更。

5.1.3 建设施工合同的法定形式和内容

建设工程施工合同是建设工程合同中的重要部分，是指施工人（承包人）根据发包人的委托，完成建设工程项目的施工工作，发包人接受工作成果并支付报酬的合同。

1. 建设工程施工合同的法定形式

《合同法》规定，当事人订立合同，有书面形式、口头形式和其他形式。法律、行政法规规定采用书面形式的，应当采用书面形式。当事人约定采用书面形式的，应当采用书面形式。

书面形式合同的内容明确，有据可查，对于防止和解决争议有积极意义。口头形式合同具有直接、简便、快速的特点，但缺乏凭证，一旦发生争议，难以取证，且不易分清责任。其他形式合同，可以根据当事人的行为或者特定情形推定合同的成立，也可以称为默示合同。

《合同法》明确规定，建设工程合同应当采用书面形式。

2. 合同的内容

合同的内容，即合同当事人的权利、义务，除法律规定的以外，主要由合同的条款确定。合同的内容由当事人约定，一般包括以下条款：

（1）当事人的名称或者姓名和住所；

（2）标的，如有形财产、无形财产、劳务、工作成果等；

（3）数量，应选择使用共同接受的计量单位、计量方法和计量工具；

（4）质量，国家有强制性标准的，必须按照强制性标准执行。并可约定质量检验方法、质量责任期限和条件、对质量提出异议的条件与期限等；

（5）价款或者报酬，应规定清楚计算价款或者报酬的方法；

（6）履行期限、地点和方式；

（7）违约责任，可在合同中约定定金、违约金、赔偿金额以及赔偿金的计算方法等；

（8）解决争议的方法。当事人在合同中特别约定的条款，也作为合同的主要条款。

3. 建设工程施工合同的内容

《合同法》规定，施工合同的内容包括工程范围、建设工期、中间交工工程的开工和竣工时间、工程质量、工程造价、技术资料交付时间、材料和设备供应责任、拨款和结算、竣工验收、质量保修范围和质量保证期、双方相互协作等条款。

（1）工程范围

工程范围是指施工的界区，是施工人进行施工的工作范围。

（2）建设工期

建设工期是指施工人完成施工任务的期限。在实践中，有的发包人常常要求缩短工期，施工人为了赶进度，往往导致严重的工程质量问题。因此，为了保证工程质量，双方当事人应当在施工合同中确定合理的建设工期。

（3）中间交工工程的开工和竣工时间

中间交工工程是指施工过程中的阶段性工程。为了保证工程各阶段的交接，顺利完成工程建设，当事人应当明确中间交工工程的开工和竣工时间。

（4）工程质量

工程质量条款是明确施工人施工要求，确定施工人责任的依据。施工人必须按照工程设计图纸和施工技术标准施工，不得擅自修改工程设计，不得偷工减料。发包人也不得明示或者暗示施工人违反工程建设强制性标准，降低建设工程质量。

（5）工程造价

工程造价是指进行工程建设所需的全部费用，包括人工费、材料费、施工机械使用费、措施费等。在实践中，有的发包人为了获得更多的利益，往往压低工程造价，而施工人为了盈利或不亏本，不得不偷工减料、以次充好，结果导致工程质量不合格，甚至造成严重的工程质量事故。因此，为了保证工程质量，双方当事人应当合理确定工程造价。

（6）技术资料交付时间

技术资料主要是指勘察、设计文件以及其他施工人据以施工所必需的基础资料。当事人应当在施工合同中明确技术资料的交付时间。

（7）材料和设备供应责任

材料和设备供应责任，是指由哪一方当事人提供工程所需材料设备及其应承担的责任。材料和设备可以由发包人负责提供，也可以由施工人负责采购。如果按照合同约定由发包人负责采购建筑材料、构配件和设备的，发包人应当保证建筑材料、构配件和设备符合设计文件和合同要求。施工人则须按照工程设计要求、施工技术标准和合同约定，对建筑材料、构配件和设备进行检验。

（8）拨款和结算

拨款是指工程款的拨付。结算是指施工人按照合同约定和已完工程量向发包人办理工程款的清算。拨款和结算条款是施工人请求发包人支付工程款和报酬的依据。

（9）竣工验收

竣工验收条款一般应当包括验收范围与内容、验收标准与依据、验收人员组成、验收方式和日期等内容。

（10）质量保修范围和质量保证期

建设工程质量保修范围和质量保证期，应当按照《建设工程质量管理条例》的规定执行。

（11）双方相互协作条款

双方相互协作条款一般包括双方当事人在施工前的准备工作，施工人及时向发包人提出开工通知书、施工进度报告书、对发包人的监督检查提供必要协助等。

现行建设工程施工合同采用的是 2013 年 4 月 3 日由建设部会同国家工商行政管理局制定发布的《建设工程施工合同（示范文本）》（GF—2013—0201）。适用于国内各类公用建筑、民用住宅、工业厂房、交通设施及线路管道的施工和安装工程的合同。该示范文本由《协议书》《通用条款》和《专用条款》组成，都是双方统一意愿的体现，成为合同文件的组成部分。

《建设工程施工合同（示范文本）》规定了施工合同文件的组成及解释顺序。组成建设工程施工合同的文件包括以下内容：

(1) 施工合同协议书；

(2) 中标通知书；

(3) 投标书及其附件；

(4) 施工合同专用条款；

(5) 施工合同通用条款；

(6) 标准、规范及有关技术文件；

(7) 图纸；

(8) 工程量清单；

(9) 工程报价单或预算书。

上述施工合同文件应能够互相解释、互相说明。当合同文件中出现不一致时，上面的合同文件顺序就是合同的优先解释顺序。当合同文件出现含糊不清或者当事人有不同理解时，按照合同争议的解决方式处理。

5.1.4 建设工程工期和支付价款的规定

1. 建设工程工期

2013年4月住房和城乡建设部、国家工商行政管理总局经修改后发布的《建设工程施工合同（示范文本）》规定，工期是指在合同协议书约定的承包人完成工程所需的期限，包括按照合同约定所作的期限变更。

(1) 开工日期

开工日期，包括计划开工日期和实际开工日期。计划开工日期是指合同协议书约定的开工日期。实际开工日期是指监理人按照约定发出的符合法律规定的开工通知中载明的开工日期。

经发包人同意后，监理人发出的开工通知应符合法律规定。监理人应在计划开工日期7天前向承包人发出开工通知，工期自开工通知中载明的开工日期起算。

(2) 暂停施工

暂停施工包括发包人或承包人原因引起的暂停施工、指示暂停施工和紧急情况下的暂停施工。

因发包人原因引起暂停施工的，监理人经发包人同意后，应及时下达暂停施工指示。情况紧急且监理人未及时下达暂停施工指示的，按照紧急情况下的暂停施工执行。因发包人原因引起的暂停施工，发包人应承担由此增加的费用和（或）延误的工期，并支付承包人合理的利润。

因承包人原因引起的暂停施工，承包人应承担由此增加的费用和（或）延误的工期，且承包人在收到监理人复工指示后84天内仍未复工的，视为"承包人明确表示或者以其行为表明不履行合同主要义务的"承包人违约的情形。

指示暂停施工。监理人认为有必要时，并经发包人批准后，可向承包人作出暂停施工的指示，承包人应按监理人指示暂停施工。

因紧急情况需暂停施工，且监理人未及时下达暂停施工指示的，承包人可先暂停施工，并及时通知监理人。监理人应在接到通知后 24 小时内发出指示，逾期未发出指示，视为同意承包人暂停施工。监理人不同意承包人暂停施工的，应说明理由，若承包人对监理人的答复有异议，按照争议解决的约定处理。

（3）工期顺延

因发包人原因未按计划开工日期开工的，发包人应按实际开工日期顺延竣工日期，确保实际工期不低于合同约定的工期总日历天数。因发包人原因导致工期延误需要修订施工进度计划的，按照施工进度计划修订的约定执行。

因承包人原因造成工期延误的，可以在专用合同条款中约定逾期竣工违约金的计算方法和逾期竣工违约金的上限。承包人支付逾期竣工违约金后，不免除承包人继续完成工程及修补缺陷的义务。

（4）竣工日期

竣工日期，包括计划竣工日期和实际竣工日期。

计划竣工日期是指合同协议书约定的竣工日期。实际竣工日期，是指工程经竣工验收合格的，以承包人提交竣工验收申请报告之日为实际竣工日期，并在工程接收证书中载明；因发包人原因，未在监理人收到承包人提交的竣工验收申请报告 42 天内完成竣工验收，或完成竣工验收不予签发工程接收证书的，以提交竣工验收申请报告的日期为实际竣工日期；工程未经竣工验收，发包人擅自使用的，以转移占有工程之日为实际竣工日期。

2004 年 10 月发布的《最高人民法院关于审理建设工程施工合同纠纷案件适用法律问题的解释》规定，当事人对建设工程实际竣工日期有争议的，按照以下情形分别处理：（1）建设工程经竣工验收合格的，以竣工验收合格之日为竣工日期；（2）承包人已经提交竣工验收报告，发包人拖延验收的，以承包人提交验收报告之日为竣工日期；（3）建设工程未经竣工验收，发包人擅自使用的，以转移占有建设工程之日为竣工日期。

2. 工程价款的支付

按照合同约定的时间、金额和支付条件支付工程价款，是发包人的主要合同义务，也是承包人的主要合同权利。

《合同法》规定，合同生效后，当事人就质量、价款或者报酬、履行地点等内容没有约定或者约定不明确的，可以协议补充；不能达成补充协议的，按照合同有关条款或者交易习惯确定。

如果按照合同有关条款或者交易习惯仍不能确定的，《合同法》规定，价款或者报酬不明确的，按照订立合同时履行地的市场价格履行；依法应当执行政府定价或者政府指导价的，按照规定履行；履行期限不明确的，债务人可以随时履行，债权人也可以随时要求履行，但应当给对方必要的准备时间。

（1）支付工程竣工结算价款的前提条件和支付程序

《合同法》规定，验收合格的，发包人应当按照约定支付价款，并接收该建设工程。据此，工程经竣工验收合格是承包人取得工程价款的前提条件。

工程预付款、进度款的支付程序按照合同约定进行。工程竣工结算价款的支付程序一般为：

① 承包人向发包人递交竣工结算报告及完整的结算资料；

② 发包人对承包人的竣工结算报告及结算资料进行审核；

③ 发包人确认竣工结算报告后通知经办银行向承包人支付工程竣工结算价款；

④ 发包人、承包人对工程竣工结算价款发生争议时，按照合同约定的争议解决条款处理。

（2）合同价款的确定

招标工程的合同价款由发包人、承包人依据中标通知书中的中标价格在协议书内约定。非招标工程的合同价款由发包人、承包人依据工程预算书在协议书内约定。合同价款在协议书内约定后，任何一方不得擅自改变。

合同价款的确定方式有固定价格合同、可调价格合同、成本加酬金合同，双方可在专用条款内约定采用其中一种。

此外，对于"黑白合同"的纠纷，《最高人民法院关于审理建设工程施工合同纠纷案件适用法律问题的解释》第21条规定：当事人就同一建设工程另行订立的建设工程施工合同与经过备案的中标合同实质性内容不一致的，应当以备案的中标合同作为结算工程价款的根据。

（3）解决工程价款结算争议的规定

1）视为发包人认可承包人的单方结算价

《最高人民法院关于审理建设工程施工合同纠纷案件适用法律问题的解释》规定，当事人约定，发包人收到竣工结算文件后，在约定期限内不予答复，视为认可竣工结算文件的，按照约定处理。承包人请求按照竣工结算文件结算工程价款的，应予支持。

2）对工程量有争议的工程款结算

《最高人民法院关于审理建设工程施工合同纠纷案件适用法律问题的解释》规定，当事人对工程量有争议的，按照施工过程中形成的签证等书面文件确认。承包人能够证明发包人同意其施工，但未能提供签证文件证明工程量发生的，可以按照当事人提供的其他证据确认实际发生的工程量。

3）欠付工程款的利息支付

发包人拖欠承包人工程款，不仅应当支付工程款本金，还应当支付工程款利息。

《最高人民法院关于审理建设工程施工合同纠纷案件适用法律问题的解释》规定，当事人对欠付工程价款利息计付标准有约定的，按照约定处理；没有约定的，按照中国人民银行发布的同期同类贷款利率计息。

利息从应付工程价款之日计付。当事人对付款时间没有约定或者约定不明的，下列时间视为应付款时间：

① 建设工程已实际交付的，为交付之日；

② 建设工程没有交付的，为提交竣工结算文件之日；

③ 建设工程未交付，工程价款也未结算的，为当事人起诉之日。

4）工程垫资的处理

《最高人民法院关于审理建设工程施工合同纠纷案件适用法律问题的解释》规定，当事人对垫资和垫资利息有约定，承包人请求按照约定返还垫资及其利息的，应予支持，但是约定的利息计算标准高于中国人民银行发布的同期同类贷款利率的部分除外。

当事人对垫资没有约定的，按照工程欠款处理。当事人对垫资利息没有约定，承包人请求支付利息的，不予支持。

5）承包人工程价款的优先受偿权

《合同法》第286条规定，发包人未按照约定支付价款的，承包人可以催告发包人在合理期限内支付价款。发包人逾期不支付的，除按照建设工程的性质不宜折价、拍卖的以外，承包人可以与发包人协议将该工程折价，也可以申请人民法院将该工程依法拍卖。建设工程的价款就该工程折价或者拍卖的价款优先受偿。

2006年6月发布的《最高人民法院关于建设工程价款优先受偿权问题的批复》中规定：

① 人民法院在审理房地产纠纷案件和办理执行案件中，应当依照《合同法》第286条的规定，认定建筑工程的承包人的优先受偿权优于抵押权和其他债权。

② 消费者交付购买商品房的全部或者大部分款项后，承包人就该商品房享有的工程价款优先受偿权不得对抗买受人。

③ 建筑工程价款包括承包人为建设工程应当支付的工作人员报酬、材料款等实际支出的费用，不包括承包人因发包人违约所造成的损失。

④ 建设工程承包人行使优先权的期限为6个月，自建设工程竣工之日或者建设工程合同约定的竣工之日起计算。

5.1.5　建设工程赔偿损失的规定

1. 赔偿损失概念和特征

赔偿损失，是指合同违约方因不履行或不完全履行合同义务而给对方造成的损失，依法或依据合同约定赔偿对方所蒙受损失的一种违约责任形式。

《合同法》规定，当事人一方不履行合同义务或者履行合同义务不符合约定，应当承担继续履行、采取补救措施或者赔偿损失等违约责任。

赔偿损失具有以下特征：

（1）赔偿损失是合同违约方违反合同义务所产生的责任形式。

（2）赔偿损失具有补偿性，是强制违约方给非违约方所受损失的一种补偿。

（3）赔偿损失具有一定的任意性。当事人订立合同时，可以预先约定对违约的赔偿损失的计算方法，或者直接约定违约方付给非违约方一定数额的金钱。当事人也可以事先约定免责的条款。

（4）赔偿损失以赔偿非违约方实际遭受的全部损害为原则。

2. 承担赔偿损失责任的构成要件

承担赔偿损失责任的构成要件是：

（1）具有违约行为；

（2）造成损失后果；

（3）违约行为与财产等损失之间有因果关系；

（4）违约人有过错，或者虽无过错，但法律规定应当赔偿。

3. 赔偿损失的范围

《合同法》规定，当事人一方不履行合同义务或者履行合同义务不符合约定，给对方造成损失的，损失赔偿额应当相当于因违约所造成的损失，包括合同履行后可以获得的利益，但不得超过违反合同一方订立合同时预见到或者应当预见到的因违反合同可能造成的损失。

赔偿损失范围包括直接损失和间接损失。直接损失是指财产上的直接减少。间接损失（又称所失利益），是指失去的可以预期取得的利益。可以预期取得的利益（也称可得利益），是利润而不是营业额。

4. 约定赔偿损失与法定赔偿损失

《合同法》规定，当事人可以约定一方违约时应当根据违约情况向对方支付一定数额的违约金，也可以约定因违约产生的损失赔偿额的计算方法。约定的违约金低于造成的损失的，当事人可以请求人民法院或者仲裁机构予以增加；约定的违约金过分高于造成的损失的，当事人可以请求人民法院或者仲裁机构予以适当减少。

法定赔偿损失，是指根据法律规定的赔偿范围、损失计算原则与标准，确定赔偿损失的金额。

一般来说，赔偿损失的主要形式是法定赔偿损失，而约定赔偿损失是为了弥补法定赔偿损失的不足。在确定了适用约定赔偿损失还是法定赔偿损失的情况下，原则上约定赔偿损失优先于法定赔偿损失。作为约定赔偿损失，一旦发生违约并造成受害人的损害以后，受害人不必证明其具体损害范围即可依据约定赔偿损失条款而获得赔偿。例如，双方事先约定，一方违约后应支付另一方 10 万元赔偿金，当一方违约时，另一方只需证明该方已构成违约并使其遭受损害，而不必证明自己遭受多少损失，就可以要求对方支付 10 万元的赔偿金。如果当事人只是约定了损失赔偿额的计算方法，那么受害人还应当证明其实际遭受的损害。

5. 赔偿损失的限制

（1）赔偿损失的可预见性原则

《合同法》规定，赔偿损失不得超过违反合同一方订立合同时预见到或者应当预见到的违反合同可能造成的损失。

据此，只有当违约所造成的损害是违约方在订约时可以预见的情况下，才能认为损害结果与违约行为之间具有因果关系，违约方才应当对这些损害承担赔偿责任。如果损害是不可预见的，则违约方不应赔偿。

（2）采取措施防止损失的扩大

《合同法》规定，当事人一方违约后，对方应当采取适当措施防止损失的扩大；没有采取适当措施致使损失扩大的，不得就扩大的损失要求赔偿。当事人因防止损失扩大而支出的合理费用，由违约方承担。

对于当事人一方违反合同的，另一方不能任凭损失的扩大，在接到对方的通知后，应当及时采取措施防止损失扩大，即使没有接到对方通知，也应当采取适当措施；如果没有及时采取措施致使损失扩大的，无权就扩大的损失部分请求赔偿。

6. 建设工程施工合同中的赔偿损失

（1）发包人应当承担的赔偿损失

1）未及时检查隐蔽工程造成的损失

《合同法》规定，隐蔽工程在隐蔽以前，承包人应当通知发包人检查。发包人没有及时检查的，承包人可以顺延工程日期，并有权要求赔偿停工、窝工等损失。

2）未按照约定提供原材料、设备等造成的损失

发包人未按照约定的时间和要求提供原材料、设备、场地、资金、技术资料的，承包人可以顺延工程日期，并有权要求赔偿停工、窝工等损失。

3）因发包人原因致使工程中途停建、缓建造成的损失

因发包人的原因致使工程中途停建、缓建的，发包人应当采取措施弥补或者减少损失，赔偿承包人因此造成的停工、窝工、倒运、机械设备调迁、材料和构件积压等损失和实际费用。

4）提供图纸或者技术要求不合理且怠于答复等造成的损失

承揽人（承包人）发现定作人（发包人）提供的图纸或者技术要求不合理的，应当及时通知定作人（发包人）。因定作人（发包人）怠于答复等原因造成承揽人（承包人）损失的，应当赔偿损失。

5）中途变更承揽工作要求造成的损失

定作人（发包人）中途变更承揽工作的要求，造成承揽人（承包人）损失的，应当赔偿损失。

6）要求压缩合同约定工期造成的损失

7）验收违法行为造成的损失

《建设工程质量管理条例》规定，建设单位有下列行为之一的，造成损失的，依法承担赔偿责任：

① 未组织竣工验收，擅自交付使用的；

② 验收不合格，擅自交付使用的；

③ 对不合格的建设工程按照合格工程验收的。

（2）承包人应当承担的赔偿损失

1）转让、出借资质证书等造成的损失

《建筑法》规定，建筑施工企业转让、出借资质证书或者以其他方式允许他人以本企业的名义承揽工程的，对因该项承揽工程不符合规定的质量标准造成的损失，建筑施工企业与使用本企业名义的单位或者个人承担连带赔偿责任。

2）转包、违法分包造成的损失

承包单位将承包的工程转包的，或者违反规定进行分包的，对因转包工程或者违法分包的工程不符合规定的质量标准造成的损失，与接受转包或者分包的单位承担连带赔偿责任。

3）偷工减料等造成的损失

建筑施工企业在施工中偷工减料的，使用不合格的建筑材料、建筑构配件和设备的；或者有其他不按照工程设计图纸或者施工技术标准施工的行为的，造成建筑工程质量不

符合规定的质量标准的，负责返工、修理，并赔偿因此造成的损失。

4）与监理单位串通造成的损失

工程监理单位与建设单位或者建筑施工企业串通，弄虚作假、降低工程质量的，承担连带赔偿责任。

5）不履行保修义务造成的损失

建筑施工企业违反规定，不履行保修义务或者拖延履行保修义务的，并对在保修期内因屋顶、墙面渗漏、开裂等质量缺陷造成的损失，承担赔偿责任。

6）保管不善造成的损失

《合同法》规定，承揽人（承包人）应当妥善保管定作人（发包人）提供的材料以及完成的工作成果，因保管不善造成毁损、灭失的，应当承担损害赔偿责任。

7）合理使用期限内造成的损失

《建筑法》规定，在建筑物的合理使用寿命内，因建筑工程质量不合格受到损害的，有权向责任者要求赔偿。

5.1.6 无效合同和效力待定合同的规定

1. 无效合同

无效合同是指合同内容或者形式违反了法律、行政法规的强制性规定和社会公共利益，因而不能产生法律约束力，不受到法律保护的合同。

无效合同的特征是：①具有违法性；②具有不可履行性；③自订立之时就不具有法律效力。

（1）无效合同的类型

《合同法》规定，有下列情形之一的，合同无效：①一方以欺诈、胁迫的手段订立合同，损害国家利益；②恶意串通，损害国家、集体或者第三人利益；③以合法形式掩盖非法目的；④损害社会公共利益；⑤违反法律、行政法规的强制性规定。

1）一方以欺诈、胁迫的手段订立合同，损害国家利益

所谓欺诈，是指故意隐瞒真实情况或者故意告知对方虚假的情况，欺骗对方，诱使对方做出错误的意思表示而与之订立合同。所谓胁迫，是指行为人以将要发生的损害或者以直接实施损害相威胁，使对方当事人产生恐惧而与之订立合同。

2）恶意串通，损害国家、集体或者第三人利益

所谓恶意串通，是指合同双方当事人非法勾结，为牟取私利而共同订立的损害国家、集体或者第三人利益的合同。在实践中，常见的还有代理人与第三人勾结，订立合同，损害被代理人利益的行为。

3）以合法形式掩盖非法目的

又称伪装合同，即行为人为达到非法目的以迂回的方法避开法律或者行政法规的强制性规定。

4）损害社会公共利益

损害社会公共利益的合同，实质上是违反了社会主义的公共道德，破坏了社会经济秩序和生活秩序。例如，与他人签订合同出租赌博场所。

5）违反法律、行政法规的强制性规定

法律、行政法规中包含强制性规定和任意性规定。强制性规定排除了合同当事人的意思自由，即当事人在合同中不得协议排除法律、行政法规的强制性规定，否则将构成无效合同；对于任意性规定，当事人可以约定排除，如当事人可以约定商品的价格等。

应当指出的是，法律是指全国人大及其常委会颁布的法律，行政法规是指由国务院颁布的法规。在实践中，有的将违反了地方规定的合同认定为无效是违法的。

（2）无效的免责条款

免责条款，是指当事人在合同中约定免除或者限制其未来责任的合同条款；免责条款无效，是指没有法律约束力的免责条款。

《合同法》规定，合同中的下列免责条款无效：（1）造成对方人身伤害的；（2）因故意或者重大过失造成对方财产损失的。

造成对方人身伤害就侵犯了对方的人身权，造成对方财产损失就侵犯了对方的财产权。人身权和财产权是法律赋予的权利，如果合同中的条款对此予以侵犯，该条款就是违法条款，这样的免责条款自然无效。

（3）建设工程无效施工合同的主要情形

《最高人民法院关于审理建设工程施工合同纠纷案件适用法律问题的解释》规定，建设工程施工合同具有下列情形之一的，应当根据《合同法》第52条第5项的规定（即违反法律、行政法规的强制性规定），认定无效：①承包人未取得建筑施工企业资质或者超越资质等级的；②没有资质的实际施工人借用有资质的建筑施工企业名义的；③建设工程必须进行招标而未招标或者中标无效的。

承包人非法转包、违法分包建设工程或者没有资质的实际施工人借用有资质的建筑施工企业名义与他人签订建设工程施工合同的行为无效。

（4）无效合同的法律后果

《合同法》规定，无效的合同或者被撤销的合同自始没有法律约束力。合同部分无效，不影响其他部分效力的，其他部分仍然有效。

合同无效、被撤销或者终止的，不影响合同中独立存在的有关解决争议方法的条款的效力。合同无效或者被撤销后，因该合同取得的财产，应当予以返还；不能返还或者没有必要返还的，应当折价补偿。有过错的一方应当赔偿对方因此所受到的损失，双方都有过错的，应当各自承担相应的责任。

（5）无效施工合同的工程款结算

《最高人民法院关于审理建设工程施工合同纠纷案件适用法律问题的解释》规定，建设工程施工合同无效，但建设工程经竣工验收合格，承包人请求参照合同约定支付工程价款的，应给予支持。

建设工程施工合同无效，且建设工程经竣工验收不合格的，按照以下情形分别处理：

修复后的建设工程经竣工验收合格，发包人请求承包人承担修复费用的，应给予支持；

修复后的建设工程经竣工验收不合格，承包人请求支付工程价款的，不予支持。

2. 效力待定合同

效力待定合同是指合同虽然已经成立，但因其不完全符合有关生效要件的规定，其合同效力能否发生尚未确定，一般须经有权人表示承认才能生效。

《合同法》规定的效力待定合同有三种，即限制行为能力人订立的合同，无权代理人订立的合同，无处分权人处分他人的财产订立的合同。

（1）限制行为能力人订立的合同

《合同法》规定，限制民事行为能力人订立的合同，经法定代理人追认后，该合同有效，但纯获利益的合同或者与其年龄、智力、精神健康状况相适应而订立的合同，不必经法定代理人追认。

相对人可以催告法定代理人在1个月内予以追认。法定代理人未作表示的，视为拒绝追认。合同被追认之前，善意相对人有撤销的权利。撤销应当以通知的方式作出。

（2）无权代理人订立的合同

行为人没有代理权、超越代理权或者代理权终止后以被代理人名义订立的合同，未经被代理人追认，对被代理人不发生效力，由行为人承担责任。

相对人可以催告被代理人在1个月内予以追认。被代理人未作表示的，视为拒绝追认。合同被追认之前，善意相对人有撤销的权利。撤销应当以通知的方式作出。

（3）无权处分行为

无处分权的人处分他人财产，经权利人追认或者无处分权的人订立合同后取得处分权的，该合同有效。

5.1.7 合同的履行、变更、转让、撤销和终止

1. 合同的履行

《合同法》规定，当事人应当按照约定全面履行自己的义务。当事人应当遵循诚实信用原则，根据合同的性质、目的和交易习惯履行通知、协助、保密等义务。

合同生效后，当事人不得因姓名、名称的变更或者法定代表人、负责人、承办人的变动而不履行合同义务。

2. 合同的变更

当事人协商一致，可以变更合同。法律、行政法规规定变更合同应当办理批准、登记等手续的，依照其规定。当事人对合同变更的内容约定不明确的，推定为未变更。

（1）合同的变更须经当事人双方协商一致

如果双方当事人就变更事项达成一致意见，则变更后的内容取代原合同的内容，当事人应当按照变更后的内容履行合同。如果一方当事人未经对方同意就改变合同的内容，不仅变更的内容对另一方没有约束力，其做法还是一种违约行为，应当承担违约责任。

（2）合同变更须遵循法定的程序

法律、行政法规规定变更合同事项应当办理批准、登记手续的，应当依法办理相应手续。如果没有履行法定程序，即使当事人已协议变更了合同，其变更内容也不发生法律效力。

（3）对合同变更内容约定不明确的推定

合同变更的内容必须明确约定。如果当事人对于合同变更的内容约定不明确，则将

被推定为未变更。任何一方不得要求对方履行约定不明确的变更内容。

3. 合同权利义务的转让

（1）合同权利的转让

1）合同权利的转让范围

《合同法》规定，债权人可以将合同的权利全部或者部分转让给第三人，但有下列情形之一的除外：①根据合同性质不得转让；②按照当事人约定不得转让；③依照法律规定不得转让。

根据合同性质不得转让的权利，主要是指合同是基于特定当事人的身份关系订立的，如果合同权利转让给第三人，会使合同的内容发生变化，违反当事人订立合同的目的，使当事人的合法利益得不到应有的保护。

按照当事人约定不得转让的权利。当事人订立合同时可以对权利的转让做出特别约定，禁止债权人将权利转让给第三人。这种约定只要是当事人真实意思的表示，同时不违反法律禁止性规定，即对当事人产生法律的效力。债权人如果将权利转让给他人，其行为将构成违约。

依照法律规定不得转让的权利。我国一些法律中对某些权利的转让作出了禁止性规定。如《担保法》第61条规定，"最高额抵押的主合同债权不得转让。"对于这些规定，当事人应当严格遵守，不得擅自转让法律禁止转让的权利。

2）合同权利的转让应当通知债务人

《合同法》规定，债权人转让权利的，应当通知债务人。未经通知，该转让对债务人不发生效力。债权人转让权利的通知不得撤销，但经受让人同意的除外。

需要说明的是，债权人转让权利应当通知债务人，未经通知的转让行为对债务人不发生效力。这一方面是尊重债权人对其权利的行使，另一方面也防止债权人滥用权利损害债务人的利益。当债务人接到权利转让的通知后，权利转让即行生效，原债权人被新的债权人替代，或者新债权人的加入使原债权人不再完全享有原债权。

3）债务人对让与人的抗辩

《合同法》规定，债务人接到债权转让通知后，债务人对让与人的抗辩，可以向受让人主张。

抗辩权是指债权人行使债权时，债务人根据法定事由对抗债权人行使请求权的权利。债务人的抗辩权是其固有的一项权利，并不随权利的转让而消灭。在权利转让的情况下，债务人可以向新债权人行使该权利。受让人不得以任何理由拒绝债务人权利的行使。

4）从权利随同主权利转让

《合同法》规定，债权人转让权利的，受让人取得与债权有关的从权利，但该从权利专属于债权人自身的除外。

（2）合同义务的转让

《合同法》规定，债务人将合同的义务全部或者部分转移给第三人的，应当经债权人同意。

合同义务转移分为两种情况：一种情况是合同义务的全部转移，在这种情况下，新的债务人完全取代了旧的债务人，新的债务人负责全面履行合同义务；另一种情况是合同义务的部分转移，即新的债务人加入到原债务中，与原债务人一起向债权人履行义务。无论是转移全部义务还是部分义务，债务人都需要征得债权人同意。未经债权人同意，债务人转移合同义务的行为对债权人不发生效力。

（3）合同中权利和义务的一并转让

《合同法》规定，当事人一方经对方同意，可以将自己在合同中的权利和义务一并转让给第三人。

权利和义务一并转让，是指合同一方当事人将其权利和义务一并转移给第三人，由第三人全部承受这些权利和义务。权利义务一并转让的后果，导致原合同关系的消灭，第三人取代了转让方的地位，产生出一种新的合同关系。只有经对方当事人同意，才能将合同的权利和义务一并转让。如果未经对方同意，一方当事人擅自一并转让权利和义务的，其转让行为无效，对方有权就转让行为对自己造成的损害，追究转让方的违约责任。

4. 可撤销合同

所谓可撤销合同，是指因意思表示不真实，通过有撤销权的机构行使撤销权，使已经生效的意思表示归于无效的合同。

（1）可撤销合同的种类

《合同法》规定，下列合同，当事人一方有权请求人民法院或者仲裁机构变更或者撤销：因重大误解订立的；在订立合同时显失公平的；一方以欺诈、胁迫的手段或者乘人之危，使对方在违背真实意思的情况下订立的合同，受损害方有权请求人民法院或者仲裁机构变更或者撤销。当事人请求变更的，人民法院或者仲裁机构不得撤销。

1）因重大误解订立的合同

所谓重大误解，是指误解者作出意思表示时，对涉及合同法律效果的重要事项存在着认识上的显著缺陷，其后果是使误解者的利益受到较大的损失，或者达不到误解者订立合同的目的。这种情况的出现，并不是由于行为人受到对方的欺诈、胁迫或者对方乘人之危而被迫订立的合同，而是由于行为人自己的大意、缺乏经验或者信息不通而造成的。

2）在订立合同时显失公平的合同

所谓显失公平的合同，就是一方当事人在紧迫或者缺乏经验的情况下订立的使当事人之间享有的权利和承担的义务严重不对等的合同。如标的物的价值与价款过于悬殊，承担责任或风险显然不合理的合同，都可称为显失公平的合同。

3）以欺诈、胁迫的手段或者乘人之危订立的合同

一方以欺诈、胁迫的手段订立合同，如果损害国家利益的，按照《合同法》的规定属无效合同。如果未损害国家利益，则受欺诈、胁迫的一方可以自主决定该合同有效或者请求撤销。

（2）合同撤销权的行使

《合同法》规定，有下列情形之一的，撤销权消灭：①具有撤销权的当事人自知道或者应当知道撤销事由之日起一年内没有行使撤销权；②具有撤销权的当事人知道撤销事由后明确表示或者以自己的行为放弃撤销权。

需要注意的是，行使撤销权应当在知道或者应当知道撤销事由之日起一年内行使，并应当向人民法院或者仲裁机构申请。

（3）被撤销合同的法律后果

《合同法》规定，无效的合同或者被撤销的合同自始没有法律约束力。合同无效、被撤销或者终止的，不影响合同中独立存在的有关解决争议方法的条款的效力。

5. 合同的终止

合同的终止，是指依法生效的合同，因具备法定的或当事人约定的情形，合同的债权、债务归于消灭，债权人不再享有合同的权利，债务人也不必再履行合同的义务。

《合同法》规定，有下列情形之一的，合同的权利义务终止：

（1）债务已经按照约定履行；

（2）合同解除；

（3）债务相互抵消；

（4）债务人依法将标的物提存；

（5）债权人免除债务；

（6）债权债务同归于一人；

（7）法律规定或者当事人约定终止的其他情形。

5.1.8　建设工程合同的索赔

在建设工程施工当中，由于其投资大、工期长、工序复杂等特点，建设方和施工方在履约过程中为维护自身的利益，必然对工程的技术要求和有关合同文件的解释方面会产生争议和矛盾，这就决定了合同双方之间索赔事件的发生不可避免。

1. 索赔时效的法律基础

随着法制的健全和施工企业法律意识的增强，承包商为了取的更大的工程经济利益越来越重视索赔以及索赔时效的问题，从而，索赔时效也几乎成了建筑业的行规，但在现行的法律中，却不像其他民事法律制度一样对索赔时效做出明文的规定（如民法通则中第七章关于诉讼时效的规定），究其性质仍属于当事人的一种合同约定。

2. 建设工程合同管理实务中关于索赔时效的规定

索赔是指在建设工程施工合同履行过程中，由于非自己的过错，而是应由对方承担责任的情况造成的实际损失，向对方提出经济补偿和工期顺延的要求。索赔事件主要有业主方不依法履行合同、设计文件的缺陷、工程项目建设承发包管理模式变化、意外风险和不可预见因素等方面。

建设工程合同索赔，包括承包人向发包人的索赔、发包人向承包人的索赔和相互之间的反索赔。这里重点介绍承包人向发包人的索赔。

建设工程施工合同索赔时效，是指建设施工合同履行过程中，索赔方在索赔事件发生后的约定期限内不行使索赔权的，视为放弃索赔权利，其索赔权归于消灭的合同法律制度。约定的期限即索赔时效期间，该种索赔时效，属于消灭时效的一种。

3. 索赔时效的效力

索赔时效有两个方面的效力，一是索赔权利的消灭，即权利人在双方约定的索赔时效期间没有行使索赔的权利，其相对人可以就其索赔时效届满而拒绝工期或者费用的索赔；二是胜诉权的消灭，即权利人未在约定的索赔时效期间内提出索赔。其不再受法律的约束和保障，并因相对人时效届满的抗辩而成为一种自然之债。但索赔时效和诉讼时效一样，即使时效届满，但权利人的实体权利并未就此丧失，因此，如果相对人放弃索赔时效的抗辩权，给权利人以补偿，则相对人就不得再以其不知道时效届满的事实为由要求索赔方返还。

在我国司法实践当中，也认定索赔时效的起算应当以索赔事件发生的时间为准。当事人就应该知道其具有了索赔权利，就应该积极行使自己的权利。因为索赔时效属于不变期间，所以不应当适用关于《民法通则》中诉讼时效中断、中止的规定。但是在实践中如果双方协商一致同意延长索赔期限，则另当别论。索赔时效作为一种合同法律制度，可以平衡业主和建筑承包商的利益，有利于索赔的客观、公正、经济地解决。所以，在工程施工合同管理实践中，施工企业只有熟悉和掌握法律规定和合同约定，注意在约定的索赔时效期间内合理行使索赔权，提高索赔技巧，才能依法维护自身合法权利。

4. 索赔时效的起算

索赔时效是以索赔事件发生的时间为起算点，还是以索赔事件结束时间为起算点，历来争议较大。尽管任何索赔事件的发生或长或短都有持续时间，但索赔时效期间的起算应该是索赔事件发生的时间。

5.1.9 FIDIC《施工合同条件》简介

1. 国际上常见的合同条件

FIDIC组织编写的合同条件，只是在国际上土木工程施工承包合同所使用的众多合同条件中的一种，属于传统合同管理方式，除FIDIC合同条件外，常见的其他合同条件还有以下几种。

（1）ICE合同条件

ICE合同条件，是由英国土木工程师学会（The Institution of Civil Engineers），依据英国法律编写的。ICE合同条件在国际上已得到广泛的应用，特别是在英国、英联邦成员国以及传统上使用英国法律的国家中，具有较高的权威性。此合同条件适合于道路、桥梁、水利工程和大型土木工程构筑物。

（2）AIA合同条件

美国建设师学会（The American Institute of Architects，缩写为AIA）在美国建筑业界及国际工程承包界，特别在美洲地区有较高的权威性，它所编写的AIA合同条件，在美国应用甚广，特别适用于私营房屋建设工程，它是包括A、B、C、D、F、G等系列组成的一套系列合同文件，其中：

A系列—用于业主与承包人的标准合同条件；

B系列—用于业主与建筑师之间的标准合同文件，其中包括专门用于建筑设计、室内装修工程等特定情况的标准合同文件；

C系列—用于建筑师与专业咨询人员之间的标准合同文件；

D系列—建筑师行业内部使用的文件；

F系列—财务管理报表；

G系列—建筑师企业及项目管理中使用的文件。

（3）EDF 合同条件

欧洲发展基金会（European Development Fund，缩写为 EDF）制定的 EDF 合同条件是针对接受欧洲发展基金会贷款的项目所编制的。当欧洲发展基金会成员国向接受贷款的国家提供贷款时，EDF 成员国设在接受贷款国的驻当地代表就会要求使用 EDF 合同条件。

（4）我国香港地区标准合同条件

香港建筑招标投标体制与一般国际承包做法类似，即发包方（业主或房屋投资方）邀请建筑师事务所做好设计，计算出标底，然后进行招标。承包方中标后，与发包方签订合同，进行施工。发包方则授权建筑师事务所的建筑师作为其代表监理该工程。

香港地区采用的合同条件主要有：

《建筑工程合同标准格式》，包括协议书及合同条件，共 36 条，适用于土木和房屋建筑工程。

《香港房屋署建筑工程协议书及合同条件》，包括协议书和合同条件 117 条，适用于房屋建筑工程。

以上两种合同条件大体是考虑了香港地区的具体情况，按照 FIDIC 合同条件编制的。

2. FIDIC《施工合同条件》的发展过程

（1）FIDIC 简介

FIDIC 是国际咨询工程师联合会（Federation Internationale Des Ingenieurs Conseils）法语名称的缩写，读"菲迪克"。这个国际组织在每个国家只吸收一个独立的咨询工程师协会作为团体会员。从 1913 年由欧洲 4 个国家的咨询工程师协会开始组成 FIDIC 以来，经过 90 年的发展，该联合会已拥有 80 多个代表不同国家和地区的咨询工程师专业团体会员。可以说"FIDIC"代表了世界上大多数咨询工程师，是国际上最具有权威性的咨询工程师组织，也是被世界银行认可的国际咨询服务机构，总部设立在瑞士洛桑。中国工程咨询协会代表我国于 1996 年 10 月加入该组织。

（2）FIDIC《施工合同条件》的发展过程

由于国际工程建设的飞速发展，工程建设的规模扩大、风险增加，对当事人的权利义务应有更明确详细的约定，这给当事人签订合同时再作约定带来了困难。在客观上，国际工程界需要一种标准合同文本，能在工程项目建设中普遍适用或稍作修改即可适用。而标准合同文本在工程的费用、进度、质量、当事人的权利义务方面都有明确而详细的规定。

FIDIC 合同条件正是顺应这一要求而产生的。1957 年，FIDIC 与欧洲建设工程联合会（HEC）一起在英国土木工程师协会（ICE）编写的《标准合同条件》（ICE Conditions）基础上，制定了 FIDIC 土木工程施工合同条件第一版，主要沿用英国的传统做法和法律体系。1965 年修改后出版第二版，1977 年再改编出版了第三版。时隔 10 年以后，FIDIC 所属"土木工程合同委员会"再一次对"第三版"作了较多的改动，出版了 1987 年的第四版，随后于 1988～1992 年对第四版又进行了进一步的修改，出版了修改后的第四版。1995 年 1 月世界银行重新修订了其"采购指南"，并且随后根据新的采购指南，编写了《标准采购文件范本（SBD）》，在 SBD 中明确规定将 1992 年修订第四版列入新的范本，并且要求所有世界银行的贷款国在其贷款项目中必须使 SBD。同时，世界银行对其中的一些条款又一次做了修改，成为目前 FIDIC 土木工程合同条件通行的版本。在世界各地，只要是世界银行项目就必须采用《标准采购文件范本（SBD）》，所以它在国际上使用得十分广泛。

1999 年，FIDIC 继承以往的合同条件的优点，并根据多年来在实践中所取得的经验，征集了许多专家学者和相关方面的意见和建议，对《土木工程施工合同条件》、《电气和机械工程合同条件》、《业主/咨询工程师标准服务协议书》进行了重写。1999 年版不是简单地在原有的合同条件上所进行的修改，而是对结构、布局和措辞等方面进行了重新编写。该版于 1998 年推出试用本，并在一些国家经过一年多的试用后，于 1999 年才正式出版一套共四本新的合同标准格式。

3. FIDIC《施工合同条件》（以下简称《合同条件》）的特点

《合同条件》是 FIDIC 推荐规范土木工程施工合同的范本。该合同条件不是法律，也不是法规，它是绝大多数国家予以认可和使用的国际惯例。《合同条件》总结了 100 多年来国际工程承包活动的经验，明确划分了有关各方的责任、义务和权利，规范了合同履行过程中的管理程序，涵盖了合同履行过程中可能发生的各类情况。其主要特点是：

（1）《合同条件》职责明确

《合同条件》不仅对工程的规模、范围、标准以及费用的结算办法规定的十分明确，而且对合同管理过程中的许多细节也都作了明确的规定，以减少执行中的误解和扯皮。例如，对在合同管理中来往信件、文件的时间；口头指示的确认时间；质量检验的时间；延期支付计息的时间；索赔报告的提出时间及批准时间；工程施工计划、移交证书、延期的最终报告等的时间限制都作了详细的规定。由于《合同条件》将合同各方面的内容和责任规定明确，从而为合同的履行和管理提供了依据和保证，容易促进合同各方按合同条件开展工作，认真履行自己的职责，确保合同的最终目标能够实现。

（2）合同体系完整、严密、连贯

《合同条件》是由技术、经济、法律三部分内容构成的法律性文件，是在几十年的工程实践中，经过工程管理专家和法律专家数次修改形成的科学结合的整体。《合同条件》的不同条款之间既有互相制约的关系，又有互相保证的作用，从而使合同条件严密、连贯。

《合同条件》的严密、连贯性体现在合同中的各个方面。例如，在合同条件中规定了关于业主、工程师及承包商之间严密的工作关系。即业主不能直接指挥承包商，而只能通过工程师向承包商发出指令。这样就保障了在合同履行中要以工程师为核心的工作程序。又如，工程款的支付问题也从各个不同的方面作了明确但又相互制约的规定。即承包商有权对已完工程要求付款。但又规定，承包商完成的工程必须达到合同规范中规定的标准才能得到支付。还规定了承包商的任何工程活动不能令工程师满意时，工程师有权拒绝对承包商的支付。承包商对工程师的做法不服时，有权提出对争议的问题进行仲裁。

《合同条件》的严密、连贯性还体现在能够修正不同条款之间歧义和含糊不清的问题，合同条件规定构成合同的几个文件应被认为是互相说明的，不能单独、孤立地去理解、执行其中的某个文件。

（3）《合同条件》风险划分合理

《合同条件》明确了各种风险的分担，而且力求使合同双方权利和义务达到总体的平衡，使风险的分担尽量合理。如对异常气候、政治动乱、不可预见因素、物价变动等问题都预先作了明确规定。并且从积极防止减少风险所造成的损失的角度规定了合同各方的行为。如要求承包商在发生工程风险事件后，应尽力控制事件的发展，减少事件所造成的损失。然后才是报告工程师，提出损失申请报告。

《合同条件》对风险进行合理划分，对业主和承包商都是有利的，这是因为在投标时，承包商可以不考虑合同条件已规定的由业主承担的风险损失，也不用担心在正常情况下遇到特殊风险的破产问题。而业主在招标时可以得到合理的报价，这是因为不发生风险时将不用支出风险费用。

（4）《合同条件》具有唯一性

《合同条件》的唯一性特点也表现得十分突出，即合同条件是承包商进行施工、工程师进行监理的唯一法律依据。它要求合同双方严格按照合同进行施工及进行其他工程活动。直到达到工程师满意的程度—达到合同文件所规定的质量标准，否则承包商的工程款就可能被拒付。

《合同条件》的这一特性向业主及承包商提出了一个共同的要求，即在合同签字之前，自己一方所有的意愿应在合同文件中能找到满意的表达条款或在双方协商一致情况下写进合同文件。签字之后，几乎不存在再去修改或解释的可能性。

（5）《合同条件》确立了业主、工程师及承包商之间相互制约关系

《合同条件》中规定了业主与工程师、业主与承包商、工程师与承包商的特定关系，这是保证工程实施的重要条件。如业主与承包商之间是雇佣和被雇佣的关系，但业主不能直接指挥承包商的活动，承包商执行业主的指令必须经过工程师下达，否则就是违反合同的行为。业主与工程师是委托与被委托关系，但业主不能干预工程师的正常工作。虽然业主有权提出更换不称职的监理人员，但不得影响工程师按照合同条件独立、公正地行使监理的权力，包括作出对业主有约束力的决定的权力。工程师与承包商之间虽然没有任何合同或协议，但在他们受委托于业主的合同或协议中，明确了工程师与承包商之间是监理和被监理关系。承包商所涉及工程的任何活动，都必须得到工程师的批准或同意，严格遵照执行工程师的指令。但工程师对承包商所实施的任何监督和管理，必须符合实际情况及合同条件。当承包商认为工程师的决定不能接受时，他有权提出仲裁，用法律手段来保护自己的正当权益。

《合同条件》所确立的业主、工程师及承包商之间各自独立而又相互制约的三方关系是保证工程按合同条件进行的关键。

（6）《合同条件》建立了以工程师为核心的管理模式

FIDIC编制合同条件的一个基本出发点就是要把合同条款建立在这种模式的基础之上，因此，尽管业主与承包商为实施工程项目而签订施工承包合同，但在众多的条款内都规定了工程师应享有的权利和应尽的职责。合同履行过程中的管理程序也是围绕工程

师这个核心。这样的模式有助于高效率的项目管理，尽可能地减少合同纠纷。工程师负有合同履行过程中的监督、管理和协调职责，不仅监督承包商的施工合同，而且他的决定对业主也有约束力。承包商只应从工程师处接受有关指示，业主不能直接指挥承包商。虽然业主是工程项目的所有者和建设资金的持有人，有权对工程项目的施工随时提出要求，但他应将意图通知工程师，由工程师在协调管理中统筹安排贯彻。由于赋予工程师的权利很大，合同条件也对工程师规定了许多制约条款。

由于以上特点，按 FIDIC 条款签订的合同有利于保证质量、进度、降低工程造价，以及可以更好地保证合同正常履行。凡是应用 FIDIC 条件作为合同条件的工程，必须是由业主、承包人及监理方构成合同的三方时才能使用。

4. FIDIC《施工合同条件》文书文件的组成及解释顺序

（1）FIDIC《施工合同条件》文书文件的结构组成

FIDIC 编制的《施工合同条件》文书文件由通用条件和专用条件两部分组成。

1）通用条件

所谓"通用"的含义是，只要工程建设项目是属于土木工程类的施工，不论是工业与民用建设，还是水电工程、公路工程、铁路工程，均可适用。通用条件共分 20 大项 247 款。其中 20 大项分别是：一般规定；业主；工程师；承包商；指定分包商；员工；生产设备、材料和工艺；开工、延误和暂停；竣工检验；业主的接收；缺陷责任；测量和估价；变更和调整；合同价格和支付；业主提出终止；承包商提出暂停和终止；风险和责任；保险；不可抗力；索赔、争端和仲裁。

由于通用条件可以适用于所有建设安装工程施工，条款也非常具体而明确，因此，当我们脱离具体工程从宏观的角度讲 FIDIC《施工合同条件》的内容时，仅指 FIDIC 通用条件。

2）专用条件

FIDIC 在编制合同条件时，对建设安装工程施工的具体情况作了充分而详尽的考察，从中归纳出大量内容具体、详尽的合同条款，组成了通用条件。但仅有这些是不够的，具体到某一工程项目，有些条款应进一步明确，有些条款还必须考虑工程的具体特点和所在地区的情况予以必要的变动，专用条件就是为了实现这一目的而设立的。通用条件与专用条件一起构成了决定一个具体工程项目各方的权利、义务以及对工程施工的具体要求的合同条件。

专用条件中的条款的出现起因于以下原因：

① 在通用条件的措辞中专门要求在专用条件中包含进一步的信息，如果没有这些信息，合同条件则不完整；

② 在通用条件中说到在专用条件中可能包含有补充有关材料的地方，但如果没有这些补充，合同条件仍不失其完整性；

③ 工程类型、环境或所在地区要求必须增加的条款；

④ 工程所在国法律或特殊环境要求通用条件所含条款有所变更，此类变更一般是在专用条件中说明将通用条件的某条或某条的一部分内容予以剔除，并根据具体情况给出适用的替代条款，或者条款的一部分。

（2）FIDIC《施工合同条件》的优先解释顺序

在 FIDIC《施工合同条件》下，合同文件除合同条件外，还包含其他对业主、承包商都有约束力的文件。构成整个合同的这些文件应该是相互说明、相互补充的，但是这些文件有时会产生冲突或含义不清。此时，应由工程师进行解释，其解释应按构成合同文件的如下先后顺序进行：①合同协议书；②中标通知书；③投标书；④合同专用条件；⑤合同通用条件；⑥规范；⑦图纸；⑧标价的工程量表。

【案例 5-1】

一、背景

某房地产开发商在建设过程中，先后与 A 建筑公司、B 建材公司、C 电器公司以及 D 建筑公司发生纠纷。具体事件如下：

事件 1 中，A 建筑公司（以下简称 A 公司）拟向 B 建材公司（以下简称 B 公司）购买一批钢材。双方经口头协商，约定购买钢材 200 吨，单价 4000 元/t，并拟订了准备签字盖章的买卖合同文本。B 公司签字盖章后，交给了 A 公司准备签字盖章。由于施工进度紧张，在 A 公司催促下，B 公司在未收到 A 公司签字盖章的合同文本情形下，将 100 吨钢材送到 A 公司工地现场。A 公司接收了并投入工程使用。后因拖欠货款，双方产生了纠纷。

事件 2 中，C 电器公司与 A 建筑公司签订了《建筑工程施工合同》，对工程内容、工程价款、支付时间、工程质量、工期、违约责任等作了具体约定。在施工过程中，C 电器公司对施工图纸先后做了 8 次修改，但未能按期交付图纸，致使工期有所拖延。竣工验收时，电器公司对部分工程质量提出了异议。经双方协商无果，电器公司向法院提起了诉讼，要求建筑公司因工期延误承担违约责任。

事件 3 中，该开发商在与 A 建筑公司商谈建筑工程施工合同时，要求该 A 建筑公司必须先行垫资施工。A 建筑公司为了获得签约，答应了开发商的要求，但对垫资作何处理没有做出特别约定。当工程按期如约完工后，A 建筑公司要求开发商除支付工程款外，还应将先前的工程垫资款按照借款处理，并支付相应的利息。

事件 4 中，A 建筑公司承包了该开发商的商品房建设工程，并签订了施工合同，就工程价款、竣工日期等作了详细约定。该工程如期完成并经验收合格，但房地产开发公司尚欠建筑公司工程款 1250 万元。经建筑公司多次催要无果，便将房地产开发公司起诉至法院。在诉讼中，房地产开发公司以还欠另一公司的债务为由，拒绝支付其尚欠的工程价款。

事件 5 中，D 建筑公司挂靠于一资质较高的 A 建筑公司，以 A 建筑公司名义承揽了一项工程，并与房地产开发商签订了施工合同。但在施工过程中，由于 D 建筑公司的实际施工技术力量和管理能力都较差，造成了工程进度的延误和一些工程质量缺陷。开发商以此为由，不予支付余下的工程款。D 建筑公司以 A 建筑公司名义将开发商告上了法庭。

二、问题：

1. 事件 1 中 A、B 公司的买卖合同是否成立？

2. 事件 2 中 A 建筑公司是否应当对工期的延误承担违约责任？A 建筑公司今后在施工合同中应当注意哪些问题？

3. 事件 3 中 A 建筑公司要求开发商将工程垫资按借款处理并支付相应的利息是否可以得到法律的支持？

4. 事件 4 中房地产开发公司不向 D 建筑公司支付工程价款的理由是否成立？D 建筑公司应当在什么时限内向法院提起诉讼？

5. 事件 5 中 D 建筑公司以 A 建筑公司名义与开发商签订的施工合同是否有效？开发商是否应当支付余下的工程款？

三、解析：

1. 事件 1 中，《合同法》第 32 条规定，"当事人采用合同书形式订立合同的，自双方当事人签字或者盖章时合同成立。"第 37 条还规定，"采用合同书形式订立合同，在签字或者盖章之前，当事人一方已经履行主要义务，对方接受的，该合同成立。"

双方当事人在合同中签字盖章十分重要。如果没有双方当事人的签字盖章，就不能最终确认当事人对合同的内容协商一致，也难以证明合同的成立有效。但是，双方当事人的签字盖章仅是形式问题。如果一个以书面形式订立的合同已经履行，仅仅是没有签字盖章，就认定合同不成立，则违背了当事人的真实意思。当事人既然已经履行，合同当然依法成立。

2. 事件 2 中，对于工期的延误，该建筑公司不应当承担违约责任，但需要举证。因为，该建筑公司在施工过程中，电器公司对施工图纸做了 8 次修改，并未按期交付图纸，导致了工期延误，建筑公司不应当为此而承担违约责任。但是，建筑公司应当向法院将电器公司修改的图纸以及图纸修改的时间等相关证据予以举证，即证明工期延误非本建筑公司的行为所致。

该建筑公司在今后的施工合同签订与履行过程中，应当对可能出现的工期延误情况作出专门的预期性约定，或者在合同履行中对由于对方原因而导致合同延期的情况作出书面认定，以备将来一旦发生诉讼时有据可查。

3. 事件 3 中，《最高人民法院关于审理建设工程施工合同纠纷案件适用法律问题的解释》第 6 条规定："当事人对垫资和垫资利息有约定，承包人请求按照约定返还垫资及其利息的，应予支持，但是约定的利息计算标准高于中国人民银行发布的同期同类贷款利率的部分除外。当事人对垫资没有约定的，按照工程欠款处理。当事人对垫资利息没有约定，承包人请求支付利息的，不予支持。"依据上述规定，该建筑公司要求开发商支付工程垫资款的要求可以得到法律支持，但是对其按借款并支付相应利息的要求不符合司法解释的规定，不能得到法律的支持。

4. 事件 4 中，房地产开发公司不向建筑公司支付工程价款的理由不能成立。我国《合同法》第 286 条规定："发包人未按照约定支付价款的，承包人可以催告发包人在合理期限内支付价款。发包人逾期不支付的，除按照建设工程的性质不宜折价、拍卖的以外，承包人可以与发包人协议将该工程折价，也可以申请人民法院将该工程依法拍卖。建设工程的价款就该工程折价或者拍卖的价款优先受偿。"《最高人民法院关于建设工程价款优先受偿权问题的批复》第 1 条规定："人民法院在审理房地产纠纷案件和办理执行案件中，应当依照《中华人民共和国合同法》第 286 条的规定，认定建设工程的承包人的优先受偿权优于抵押权和其他债权。"依据上述规定，房地产开发公司以欠另一公司债务而不向建筑公司支付工程价款的理由不能成立，本案中建筑公司的工程款应当优先于第三方的债权。

《最高人民法院关于建设工程价款优先受偿权问题的批复》第 4 条规定："建设工程承包人行使优先权的期限为 6 个月，自建设工程竣工之日或者建设工程合同约定的竣工之日起计算。"据此，建筑公司应当在建设工程竣工之日或者建设工程合同约定的竣工之日起 6 个月内向人民法院提起诉讼。如果过了这个时限，该建筑公司将失去建设工程价款的优先受偿权。

5. 事件 5 中，《最高人民法院关于审理建设工程施工合同纠纷案件适用法律问题的解释》第 4 条规定："承包人非法转包、违法分包建设工程或者没有资质的实际施工人借用有资质的建筑施工企业名义与他人签订建设工程施工合同的行为无效。"A 建筑公司以 B 建筑公司名义与 C 公司签订的施工合同，是没有资质的实际施工人借用有资质的建筑施工企业名义签订的合同，属无效合同，不具有法律效力。

C 公司是否应当支付余下的工程款要视该工程竣工验收的结果而定。《最高人民法院关于审理建设工程施工合同纠纷案件适用法律问题的解释》规定，"建设工程施工合同无效，但建设工程经竣工验收合格，承包人请求参照约定支付工程价款的，应予支持。建设工程施工合同无效，且建设工程经竣工验收不合格的，按照以下情形分别处理：（1）修复后的建设工程经竣工验收合格，发包人请求承包人承担修复费用的，应予支持；（2）修复后的建设工程经竣工验收不合格的，承包人请求支付工程价款的，不予支持。"

5.2　监理合同法规

5.2.1　建设工程监理概述

1. 建设工程监理依据

（1）建设监理制度

按照我国有关规定，在工程建设中应当实行项目法人责任制、工程招标投标制、建设工程监理制、合同管理制等主要制度。这些制度相互关联、相互支持，共同构成了建设工程管理制度体系。项目法人责任制是实行建设工程监理制的必要条件，建设工程监理制是实行项目法人责任制的基本保障。

原建设部于 1988 年发布了"关于开展建设监理工作的通知"，明确提出要建立建设监理制度。建设工程监理制于 1988 年开始试点，5 年后逐步推广。1997 年，《中华人民共和国建筑法》（以下简称《建筑法》）以法律制度的形式做出规定，国家推行建设工程监理制度，从而使建设工程监理在全国范围内进入全面推行阶段。

（2）建设监理基本概念

自 1988 年以来，我国的工程监理制度先后经历了试点、稳步发展和全面推行三个阶段。1988～1992 年，重点在北京、上海、天津等 8 个城市和交通、水电两个行业开展试点工作；1993～1995 年，全国地级以上城市稳步开展了工程监理工作；1995 年全国第六次建设工程监理工作会议明确提出，从 1996 年开始，在建设领域全面推行工程监理制度。

1995 年，我国制定的《工程建设监理规定》第三条指明：本规定所称工程建设监理是指具有相应资质的监理单位受工程项目建设单位的委托，依托国家有关工程建设的法律、法规，经建设主管部门批准的工程项目建设文件、建设工程委托监理合同及其他建设工程合同，对工程建设实施的专业化的监督管理。

建设单位也可称为业主或项目法人，它是委托监理的一方。建设单位在工程建设中拥有确定建设工程规模、标准和功能，以及选择勘察、设计、施工和监理单位等工程建设中重大问题的决定权。工程监理企业（Engineering Supervision Enterprises）是指取得企业法人营业执照，具有监理资质证书的依法从事建设工程监理业务活动的经济组织。承建单位（Construction Unit）主要是指直接与建设单位签订咨询合同、建设工程勘察合同、设计合同、材料设备供应合同或施工合同的单位。实行监理的建设工程由建设单位委托具有相应资质条件的工程监理企业实施监理。建设工程监理只能由具有相应资质的工程监理企业来承担，建设工程监理的行为主体是工程监理企业。

建设单位与其委托的工程监理企业应当订立书面监理合同。也就是说，建设工程监理的实施需要建设单位的委托和授权，工程监理的监理内容和范围应根据监理合同来确定。

2. 建设工程强制监理的范围

我国《建筑法》规定：实行强制监理的建筑工程的范围由国务院规定。国务院于2000年1月30日颁布的《建设工程质量管理条例》规定了现阶段我国必须实行工程建设监理的工程项目范围，建设部2001年1月17日颁布的《建设工程监理范围和规模标准规定》，对实行强制监理的建设工程的范围和规模进行了细化。根据上述法律法规，下列建设工程必须实行监理：

（1）国家重点建设工程

是指依据《国家重点建设项目管理办法》所确定的对国民经济和社会发展有重大影响的骨干项目。

（2）大中型公用事业工程

是指项目总投资额在3000万元以上的下列工程项目：①供水、供电、供气、供热等市政工程项目；②科技、教育、文化等项目；③体育、旅游、商业等项目；④卫生、社会福利等项目；⑤其他公用事业项目。

（3）成片开发建设的住宅小区工程

其中，建筑面积在5万 m² 以上的住宅建设工程必须实行监理；5万 m² 以下的住宅建设工程，可以实行监理，具体范围和规模标准，由省、自治区、直辖市人民政府建设行政主管部门规定；为了保证住宅质量，对高层住宅及地基、结构复杂的多层住宅应当实行监理。

（4）利用外国政府或者国际组织贷款、援助资金的工程

这类工程包括：①使用世界银行、亚洲开发银行等国际组织贷款资金的项目；②使用国外政府及其机构贷款资金的项目；③使用国际组织或者国外政府援助资金的项目。

（5）国家规定必须实行监理的其他工程

主要是指学校、影剧院、体育场馆项目以及总投资额在3000万元以上关系社会公共利益、公众安全的下列基础设施项目：①煤炭、石油、化工、天然气、电力、新能源等项目；②铁路、公路、管道、水运、民航以及其他交通运输业等项目；③邮政、电信枢

纽、通信、信息网络等项目；④防洪、灌溉、排涝、发电、引（供）水、滩涂治理、水资源保护、水土保持等水利建设项目；⑤道路、桥梁、地铁和轻轨交通、污水排放及处理、垃圾处理、地下管道、公共停车场等城市基础设施项目；⑥生态环境保护项目；⑦其他基础设施项目。

3. 建设工程强制监理的任务和内容

（1）建设工程监理的性质

建设工程监理是建筑领域的三大主体之一。自我国强制推行建设工程监理制度以来，极大地提高工程建设的投资效益和社会效益。我国在1995年印发的《工程建设监理规定》中的第四条规定，"从事建设工程监理活动，应当遵循守法、诚信、公正、科学的准则"，也明确界定了建设工程监理的性质，可以将建设工程监理的性质概括为公正性、独立性、服务性和科学性。

（2）监理委托前的工作

1）制定监理大纲

监理大纲是社会监理单位为了获得监理任务，在投标前由监理单位编制的项目监理方案性文件，它是投标书的重要组成部分。其目的是要使业主信服，采用本监理单位制定的监理方案，能实现业主的投资目标和建设意图，进而赢得竞争，赢得监理任务。可见，监理大纲的作用是为社会监理单位经营目标服务的，起着承揽监理任务和保证监理中标的作用。

2）签订监理合同

建设监理的委托与被委托实质上是一种商业性行为，是为委托双方的共同利益服务的。它用文字明确了合同的双方所要考虑的问题及想达到的目标，包括实施服务的具体内容，它所需支付的费用以及工作需要的条件等。在监理委托合同中，还必须确认签约双方对所讨论问题的认识，以及在执行合同过程中由于认识上的分歧而能导致的各种合同纠纷，或者因为理解和认识上的不一致而出现争议时的解决方式，更换工作人员或者发生了其他不可预见事件的处理方法等。依法订立的合同对双方都有法律约束力。

（3）施工阶段的监理工作

工程监理单位应当审查施工组织设计中的安全技术措施或者专项施工方案是否符合工程建设强制性标准。工程监理单位在实施监理过程中，发现存在安全事故隐患的，应当要求施工单位整改；情况严重的，应当要求施工单位暂时停止施工，并及时报告建设单位。施工单位拒不整改或者不停止施工的，工程监理单位应当及时向有关主管部门报告。工程监理单位和监理工程师应当按照法律、法规和工程建设强制性标准实施监理，并对建设工程安全生产承担监理责任。

建设工程项目实施阶段建设监理工作的主要任务：

1）施工准备阶段建设监理工作的主要任务：

① 审查施工单位提交的施工组织设计中的质量安全技术措施、专项施工方案与工程建设强制性标准的符合性。

② 参与设计单位向施工单位的设计交底。

③ 检查施工单位工程质量、安全生产管理制度及组织机构和人员资格。

④ 检查施工单位专职安全生产管理人员的配备情况。

⑤ 审核分包单位资质条件。

⑥ 检查施工单位的试验室。

⑦ 查验施工单位的施工测量放线成果。

⑧ 审查工程开工条件，签发开工令。

2）工程施工阶段建设监理工作的主要任务：

① 施工阶段的质量控制：

核验施工测量放线，验收隐蔽工程、分部分项工程，签署分项、分部工程和单位工程质量评定表。

进行巡视、旁站和抽检，对发现的质量问题应及时通知施工单位整改，并做监理记录。

审查施工单位报送的工程材料、构配件、设备的质量证明资料，抽检进场工程材料、构配件的质量。

审查施工单位提交的采用新材料、新工艺、新技术、新设备的论证材料及相关验收标准。

检查施工单位的测量、检测仪器设备、度量衡定期检验的证明文件。

监督施工单位对各类土木和混凝土试件按规定进行检查和抽查。

施工单位认真处理施工中发生的一般质量事故，并认真做好记录。

对特大和重大质量事故以及其他紧急情况报告业主。

② 施工阶段的进度控制：

监督施工单位严格按照施工合同规定的工期组织施工。

审查施工单位提交的施工进度计划，核查施工单位对施工进度计划的调整。

建立工程进度台账，核对工程形象进度，按月、季和年度向业主报告工程执行情况、工程进度以及存在的问题。

③ 施工阶段的投资控制：

审核施工单位提交的工程款支付申请，签发或出具工程款支付证书，并报业主审核、批准。

建立计量支付签证台账，定期与施工单位核对清算。

审查施工单位提交的工程变更申请，协调处理施工费用索赔、合同争议等事项。

审查施工单位提交的竣工结算申请。

④ 施工阶段的安全生产管理：

依照法律法规和工程建设强制性标准，对施工单位安全生产管理进行监督。

编制安全生产事故的监理应急预案，并参加业主组织的应急预案的演练。

审查施工单位的工程项目安全生产规章制度、组织机构的建立及专职安全生产管理人员的配备情况。

督促施工单位进行安全自查工作，巡视检查施工现场安全生产情况，对实施监理过程中，发现存在安全事故隐患的，应签发监理工程师通知单，要求施工单位整改；情况严重的，总监理工程师应及时下达工程暂停指令，要求施工单位暂时停止施工，并及时报告业主。施工单位拒不整改或者不停止施工的，应通过业主及时向有关主管部门报告。

3）竣工验收阶段建设监理工作的主要任务：

① 督促和检查施工单位及时整理竣工文件和验收资料，并提出意见。

② 审查施工单位提交的竣工验收申请，编写工程质量评估报告。

③ 组织工程预验收，参加业主组织的竣工验收，并签署竣工验收意见。

④ 编制、整理工程监理归档文件并提交给业主。

4）施工合同管理方面的工作：

① 拟订合同结构和合同管理制度，包括合同草案的拟订、会签、协商、修改、审批、签署和保管等工作制度及流程。

② 协助业主拟订工程的各类合同条款，并参与各类合同的商谈。

③ 合同执行情况的分析和跟踪管理。

④ 协助业主处理与工程有关的索赔事宜及合同争议事宜。

5.2.2 建设工程监理合同

1. 合同双方的义务

（1）委托人的义务

1）委托人在监理人开展监理业务之前应向监理人支付预付款。

2）委托人应当负责工程建设的所有外部关系的协调，为监理工作提供外部条件。如将部分或全部协调工作委托监理人承担，则应在专用条款中明确委托的工作和相应的报酬。

3）委托人应当在双方约定的时间内免费向监理人提供与工程有关的为监理工作所需要的工程资料。

4）委托人应当在专用条款约定的时间内就监理人书面提交并要求做出决定的一切事宜做出书面决定。

5）委托人应当授权一名熟悉工程情况、能在规定时间内做出决定的常驻代表（在专用条款中约定），负责与监理人联系。更换常驻代表，要提前通知监理人。

6）委托人应当将授予监理人的监理权利，以及监理人主要成员的职能分工、监理权限及时书面通知选定的合同承包人，并在与第三人签订的合同中予以明确。

7）委托人应当在不影响监理人开展监理工作的时间内提供如下资料：

与本工程合作的原材料、购配件、设备等生产厂家名录。提供与本工程有关的协作单位、配合单位的名录。

8）委托人应免费向监理人提供办公用房、通信设施、监理人员工地住房及合同专用条件约定的设施。对监理人自备的设施给予合理的经济补偿（补偿金额＝设施在工程使用时间占折旧年限的比例×设施原值＋管理费）

9）根据情况需要，如果双方约定，由委托人免费向监理人提供其他人员，应在监理合同专用条件中予以明确。

（2）监理人义务

1）监理人按合同约定派出监理工作需要的监理机构及监理人员。向委托人报送委派的总监理工程师及其监理机构的主要成员名单、监理规划，完成监理合同专用条件中约定的监理工程范围内的监理业务。在履行合同义务期间，应按合同约定定期向委托人报告监理工作。

2）监理人在履行本合同的义务期间，应认真勤奋地工作，为委托人提供与其水平相适应的咨询意见，公正维护各方面的合法利益。

3）监理人使用委托人提供的设施和物品属委托人的财产。在监理工作完成或中止时，应将其设施和剩余的物品按合同约定的时间和方式移交委托人。

4）在合同期内和合同终止后，未征得有关方同意，不得泄露与本工程、本合同业务有关的保密资料。

2. 合同双方的权利

（1）委托人的权利

1）委托人有选定工程总承包人，以及与其订立合同的权利。

2）委托人有对工程规模、设计标准、规划设计、生产工艺设计和设计使用功能要求的认定权，以及对工程设计变更的审批权。

3）监理人调换总监理工程师需事先经委托人同意。

4）委托人有权要求监理人提供监理工作月报及监理业务范围内的专项报告。

5）当委托人发现监理人员不按监理合同履行监理职责，或与承包人串通给委托人或工程造成损失的，委托人有权要求监理人更换监理人员，直到解除合同并要求监理人承担相应的赔偿责任或连带赔偿责任。

（2）监理人的权利

1）监理人在委托人委托的工程范围内，享有以下权利：

① 选择工程总承包人的建议权。

② 选择工程分包人的认可权。

③ 对工程建设有关事项，包括工程规模、设计标准、规划设计、生产工艺设计和使用功能要求，向委托人的建议权。

④ 对工程设计中的技术问题，按照安全和优化的原则，向设计人提出建议，如果提出的建议可能会提高工程造价，或延长工期，应当事先征得委托人的同意。当发现工程设计不符合国家颁布的设计工程质量标准或设计合同约定的质量标准时，监理人应当书面报告委托人并要求设计人更正。

⑤ 审批工程施工组织设计和技术方案，按照保质量、保工期和降低成本的原则，向承包人提出建议，并向委托人提出书面报告。

⑥ 主持工程建设有关协作单位的组织协调，重要协调事项应当事先向委托人报告。

征得委托人同意，监理人有权发布开工令、停工令、复工令，但应当事先向委托人报告。如在紧急情况下不能事先报告时，则应在24小时内向委托人做出书面报告。

⑦ 工程上使用的材料和施工质量的检验权。对于不符合设计要求和合同约定及国家质量标准的材料、构配件、设备，有权通知承包人停止使用。对于不符合规范和质量标准的工序、分部、分项工程和不安全施工作业，有权通知承包人停工整改、返工。承包人得到监理机构复工令后才能复工。

⑧ 工程施工进度的检查、监督权，以及工程实际竣工日期提前或超过工程施工合同规定的竣工期限的签认权。

⑨ 在工程施工合同约定的工程价格范围内，工程款支付的审核和签认权，以及工程结算的复核确认权与否决权。未经总监理工程师签字确认，委托人不支付工程款。

2）监理人在委托人授权下可对任何承包人合同规定的义务提出变更。如果由此严重影响了工程费用、质量或进度，则这种变更须经委托人事先批准。在紧急情况下未能事先报委托人批准时，监理人所作的变更也应尽快通知委托人。在监理过程中如发现工程承包人员工作不力，监理机构可要求承包人调换有关人员。

3）在委托的工程范围内，委托人或承包人对对方的任何意见和要求（包括索赔要求），均必须首先向监理机构提出，由监理机构研究处置意见，再同双方协商确定。当委托人和承包人发生争执时，监理机构应根据自己的职能，以独立的身份判断，公正地进行调解。当双方的争议由政府建设行政主管部门调解或仲裁机构仲裁时，应当提供做证的事实材料。

3. 合同双方的责任

（1）监理人责任

1）责任期即合同有效期。

2）履行责任期内约定的义务，因过失使委托人受到损失应赔偿，赔偿累计总额不大于监理报酬的总额（税金之外）。

3）对承包人违反合同规定质量及完工时限不承担责任，对不可抗力导致监理合同不能履行不承担责任，对违反义务的应承担赔偿责任；向委托人索赔不成立时，由此引起委托人的费用，应给予补偿。

（2）委托人责任

1）履行监理委托合同，违约承担责任。

2）非监理方原因使监理方因业务工作受损失，可予补偿。

3）委托人索赔不成立时，应补偿因之引起的监理方有关费用支出。

4. 建设工程委托监理合同的订立和履行

（1）建设工程委托监理合同签订前的准备工作

在业主具备了与监理单位签订监理合同条件的情况下，业主方主要是针对监理单位的资格、资信和履约能力进行预审。预审的主要内容如下。

1）必须有经建设主管部门审查并签发的、具有承担建设监理合同内规定的建设工程资格的资质等级证书。

2）必须是经过工商行政管理机关审查注册、取得营业执照、具有独立法人资格的正式企业。

3）具有对拟委托的建设工程监理的实际能力，包括监理人员的素质、主要检测设备的情况。

4）财务情况，包括资金情况和近几年的经营效益。

5）社会信誉，包括已经承接的监理任务的完成情况，承担类似业务的监理业绩、经验及合同的履行情况。

业主只有经过上述几个方面的预审，对监理单位有了充分了解后，签订的监理合同才有可靠的保障。对监理单位的资格预审，可以通过招标预审进行，也可以通过社会调查进行。

（2）建设工程委托监理合同的谈判与签订

在谈判前，业主提出监理合同的各项条款，招标工程应将合同的主要条款包括在招标文件内作为要约。不论是直接委托还是招标中标，业主和监理方都要对监理合同的主要条款和应负责人具体谈判，如业主对工程的工期、质量的具体要求必须具体提出。在使用《示范文本》时，要依据"标准条件"结合"专用条件"逐条加以谈判，对"标准条件"的哪些条款要进行修改，哪些条款不采用，还应补充哪些条款，以及"标准条件"内需要在"专用条件"内加以具体规定的，如拟委托监理的工程范围、业主为监理单位提供的外部条件的具体内容、业主提供的工程资料及具体时间等，都要提出具体的要求或建议。在谈判时，合同内容要具体、责任要明确，对谈判内容双方达成一致意见的，要有准确的文字记载。作为业主，切忌以手中有工程的委托权，而以不平等的原则对待监理方。

经过谈判后，双方对监理合同内容取得完全一致意见后，即可正式签订监理合同文件。经双方签字、盖章后，监理合同即正式签订完毕。

（3）建设工程委托监理合同的履行

1）严格按照监理合同的规定履行应尽义务。监理合同内规定的应由业主方负责的工作是使合同最终实现的基础，如外部关系的协调，为监理工作提供外部条件，为监理单位提供获取本工程使用的原材料、构配件、机械设备等生产厂家名录等都是监理方做好工作的先决条件，业主方必须严格按照监理合同的规定，履行应尽的义务，才有权要求监理方履行合同。

2）按照监理合同的规定行使权利，即业主有权行使对设计、施工单位工程的发包权；对工程规模、设计标准的认定权及设计变更的审批权；对监理方履行合同的监督管理权。

3）业主的档案管理：在全部工程项目竣工后，业主应将全部合同文件，包括完整的工程竣工资料加以系统整理，按照我国《档案法》及有关规定，建档保管。为了保证监理合同档案的完整性，业主对合同文件及履行中与监理单位之间进行的签证、记录协议、补充合同备忘录、函件、电报、电传等都应系统地妥善保管，认真整理。

【案例 5-2】

一、背景

业主计划将拟建的建设工程项目在实施阶段委托某一家监理公司。业主在合同草案中提出的部分内容如下：

1. 除非因业主原因发生时间延误外，任何时间延误监理单位应付相当于施工单位罚款的 30% 给业主，如工期提前，监理单位可得到相当于施工单位工期提前奖励的 30% 的奖金。

2. 工程图纸出现设计质量问题，监理单位应付给业主相当于设计单位设计费的 5% 的赔偿。

3. 施工期间发生一起施工人员重伤事故，监理单位应受罚款 1.5 万元；发生一起死亡事故，监理单位应受罚款 3 万元。

4. 凡由于监理工程师发生差错、失误而造成重大的经济损失，监理单位应付给业主一定比例的赔偿费，如不发生差错、失误，则监理单位可得到全部监理费。

监理单位认为上述条款有不妥之处。

经过双方的商讨，对合同的全部内容进行了调整与完善，最后确定了建设工程监理合同的主要条款包括：监理的范围和内容、双方的权利和义务、监理费的计取与支付、违约责任和双方约定的其他事项等。

二、问题

1. 在该监理合同草案中拟定的部分条款中有哪些不妥？为什么？

2. 经过双方商讨后的监理合同是否已经包括了主要的条款内容？

3. 如果该合同是一个有效的经济合同，它应具备什么条件？

三、解析

1. 该监理合同草案中拟定的部分条款中不妥之处分析如下：

第1条和第2条均不妥。因为建设工程监理是监理单位接受项目业主的委托而开展的技术服务性活动，监理单位和监理工程师，不是也不能成为任何承包商的工程的承保人或保证人，将设计、施工出现的问题与监理单位直接挂钩，与监理工作的性质不适宜。这是一个原因。其次，监理单位是与项目业主和承包商相互独立、平等的第三方，为了保证其独立性和公正性，我国建设监理法规明文规定监理单位不得与施工、设备制造、材料供应等单位有隶属关系或经济效益关系，在合同中若写入背景材料中的条款，势必将监理单位的经济利益与承建商的利益联系起来，不利于监理工作的公正性。

第3条不妥。对于施工期间施工单位的施工人员的伤亡，业主方并不承担任何责任。因为监理单位的责权利主要来源于业主的委托与授权，业主并不承担的责任在合同中要求监理单位承担也是不妥的。

第4条不妥。虽然在《建设工程监理规范》中规定"监理单位在监理过程中因过错造成重大经济损大的，应承担一定的经济责任和法律责任"，但按合同规定，如果因监理人员过失而造成了委托人的经济损失，应当向委托人赔偿。累计赔偿总额不应超过监理报酬总额（除去税金）。

2. 在背景资料中给出，双方对合同内容商讨后，约定合同中包括了监理的范围和内容、双方的权利和义务、监理费的计取与支付、违约责任和双方约定的其他事项内容。根据《建设工程监理规范》中（第十一条）对监理合同内容的要求，该合同包括了应有的主要条款。

3. 若该合同是一个有效的经济合同，应满足以下基本条件：

① 主体资格合法。业主和监理单位作为合同双方当事人，应当具有合法的资格。

② 合同内容合法性。内容应符合国家法律、法规，真实表达双方当事人的意思。

本单元小结

本单元详细介绍了建设工程合同制度的相关内容，简要地介绍了监理合同法规。在学习本章内容时应注意无效合同和效力待定合同的规定以及合同的履行、变更、转让、撤销和终止在实际工作中的应用，还应注意建设工程合同和建设监理合同的区别及联系。

练习题

一、单项选择题

1. 在合同订立的原则中，能体现民事合同的基本特征，是民事法律关系区别于行政法律体系、刑事法律关系的特有原则是（　　）。

A. 平等原则　　　B. 自愿原则　　　C. 公平原则　　　D. 诚实信用原则

2. 不属于合同订立所需要遵循的原则是（　　）。

A. 平等自愿原则　　　　　　　B. 等价有偿原则

C. 诚实信用原则　　　　　　　D. 合法原则

3. 下列属于双务合同的是（　　）。

A. 买卖合同　　　B. 赠予合同　　　C. 租赁合同　　　D. 加工承揽合同

4. 根据合同的分类，下列合同属于无偿合同的是（　　）。

A. 买卖合同　　　B. 赠予合同　　　C. 租赁合同　　　D. 加工承揽合同

5. 下列选项中属于要约的是（　　）。

A. 投标书　　　B. 招标公告　　　C. 招股说明书　　　D. 商业广告

6. 工期是指发包人承包人在协议书中约定，按总（　　）计算的承包天数。

A. 阳历天数　　　　　　　　　B. 阴历天数

C. 含法定节假日日历天数　　　D. 除法定节假日以外的日历天数

7. 合同成立的根本标志是（　　）。

A. 存在订约当事人

B. 当事人具有相应民事权利能力和民事行为能力

C. 订约当事人对主要条款达成一致

D. 经历要约与承诺的阶段

8. 采用欺诈、威胁等手段订立的劳动合同为（　　）劳动合同。

A. 有效　　　B. 无效　　　C. 可变更　　　D. 可撤销

9. 《中华人民共和国建筑法》规定，实行监理的建筑工程，由建设单位委托（　　）的工程监理单位监理。

A. 具有相应资质条件　　　　　B. 信誉卓著

C. 具有法人资格　　　　　　　D. 专业化、社会化

10. 根据我国建筑法的规定，在建的建筑工程因故中止施工的，建设单位应当自中止施工之日起（　　）内，向发证机关报告。

A. 15日　　　B. 1个月　　　C. 2个月　　　D. 3个月

11. 根据我国工程建设监理程序规定，项目监理组织开展监理工作的第一步是（　　）。

A. 制定监理大纲　　　　　　　B. 制定监理规划

C. 确定项目总监理工程师　　　D. 签订监理合同

12. 按照《建筑法》的有关规定，凡应该公开招标的工程不公开招标的，建设行政主管部门不予颁发（　　）。

A. 建设用地许可证　　　　　　B. 规划许可证

C. 施工许可证　　　　　　　　D. 工程质量监督手续

13. 总承包单位依法将建设工程分包给其他单位的，下列叙述正确的是（　　）。

A. 分包工程现场的安全生产由建设单位负全面责任

B. 分包单位可以不接受总承包单位的安全生产管理

C. 总承包单位和分包单位对分包工程的安全生产承担连带责任

D. 分包工程的生产安全事故由分包单位独自承担责任

14. 安全生产的"三同时"制度是指（　　）。

A. 配套工程与主体工程同时设计、同时审查、同时施工

B. 同时施工、同时投入生产和使用

C. 消防设施与主体工程同时设计、同时施工、同时使用

D. 安全设施与主体工程同时设计、同时施工、同时验收

15. 在建设工程项目的整个建设过程中（　　）作为责任主体，负责对工程建设各个环节的综合管理工作。

A. 设计单位　　　B. 监理单位　　　C. 建设单位　　　D. 施工单位

二、多项选择题

1. 根据合同的分类，赠予合同属于（　　）。

A. 单务合同　　　B. 双务合同　　　C. 有偿合同　　　D. 无偿合同

E. 要式合同

2. 当事人订立合同，经历（　　）阶段。

A. 要约　　　　　B. 要约邀请　　　C. 承诺　　　　　D. 成立

E. 生效

3. 施工合同履行过程中的合同变更通常包括（　　）。

A. 工期改变　　　　　　　　　B. 承包人变更

C. 工程量的变更　　　　　　　D. 施工方法的改变

E. 工程技术规格改变

4. 合同权利转让的要件有（　　）。

A. 须有有效存在的合同权利，且转让不改变该权利的内容

B. 转让人与受让人须就合同权利的转让达成协议

C. 被转让的合同权利须具有让与性

D. 转让合同须采用书面合同形式

E. 按照法律、行政法规规定需要办理批准、登机等手续的，应该办妥这些手续

5. 合同解除的主要要件有（　　）。

A. 合同有效　　　　　　　　　B. 合同未曾履行

C. 合同未完全履行　　　　　　D. 合同具备解除的条件

E. 经对方当事人同意

6. 施工合同可撤销的情形有（　　）。

A. 在订立合同时显失公平

B. 施工单位以欺诈手段订立，且损害了国家利益

C. 违反了《建筑法》的强制性规定

D. 订立合同时，建设单位存在重大误解

E. 损害公共利

7. （　　）属于违约事实。

A. 迟延履行　　　　　　　　　　B. 不适当履行

C. 不完全履行　　　　　　　　　D. 因行使抗辩权而暂未履行

E. 因债务人原因不能履行

8. 监理单位的投标书由（　　）组成。

A. 技术标　　　　B. 监理规划　　　　C. 商务标　　　　D. 监理细则

E. 资质资格证书

9. 依据《建设工程质量管理条例》的规定，在实行监理的工程中，项目监理机构要对（　　）进行约束和协调，以使建设主体各尽其责。

A. 政府建设主管部门　　　　　　B. 建设单位

C. 勘察单位　　　　　　　　　　D. 施工单位

E. 设计单位

10. 我国《建筑法》规定，工程监理单位（　　）的，应当承担连带赔偿责任。

A. 与承包单位串通

B. 与建设单位串通，造成损失

C. 与施工单位串通，降低工程质量造成损失

D. 与建设单位串通，弄虚作假、降低工程质量造成损失

E. 转让监理业务

三、简答题

1. 怎样判断一个建设工程合同是否成立？

2. 哪些合同属于可撤销的合同和无效合同？其法律后果是什么？

3. 承包合同中常见的风险及施工合同的风险有哪些？

4. 简述建设工程合同的订立。

5. 简述建设工程合同的变更和解。

6. 简述 FIDIC《施工合同条件》的特点和文书文件组成。

7. 何谓建设工程监理？

8. 国家强制监理的范围是什么？

9. 工程建设委托监理合同示范文本的由哪几部分构成？

10. 合同订立双方的权利与义务是什么？

单元6

建设工程安全生产法律制度

【引言】

安全与生产的关系是一种辩证统一的关系。安全与生产的统一性表现在：安全是生产的前提，不安全就无法生产；安全可以促进生产，抓好安全，为员工创造一个安全、卫生、舒适的工作环境，可以更好地调动员工的积极性，提高劳动生产率和减少因事故带来的不必要损失。建筑工程施工安全直接关系到公众生命财产安全，关系到社会稳定、和谐发展。为了加强建筑施工安全生产管理，保障建筑职工及他人的人身安全和财产安全，国家加大了建筑安全生产管理方面的立法力度。本单元就安全生产方针、安全生产许可证、安全生产责任制、安全生产培训教育、安全生产事故应急救援预案机制及安全责任进行阐述，作为建筑施工管理人员必备的知识。

【学习目标】

通过本单元学习，你将能够：

√ 掌握安全生产管理方针、原则；

√ 了解安全生产许可证的要求；

√ 掌握安全生产责任制的制定、要求；

√ 了解生产事故应急救援预案机制；

√ 熟悉建筑施工项目建设中各参建单位的安全责任。

6.1 建设安全生产管理的方针和原则

6.1.1 建设安全生产管理的方针

《建筑法》第三十六条、《安全生产法》第三条和《建设工程安全生产管理条例》第三条规定，建筑安全生产管理的方针"安全第一、预防为主"，这是我国多年来安全生产工作经验的总结。安全生产关系到人民群众生命和财产安全，关系到社会稳定和经济健康发展，建设工程安全生产管理必须坚持"安全第一、预防为主"的方针。

安全第一，是从保护和发展生产力的角度，表明在生产范围内安全与生产的关系，肯定安全在建筑生产活动中的首要位置和重要性。

预防为主，指在建设工程生产活动中，针对建设工程生产的特点，对生产要素采取管理措施，有效地控制不安全因素的发展与扩大，把可能发生的事故消灭在萌芽状态，以保证生产活动中人的安全与健康。

安全第一还反映了当安全与生产发生矛盾的时候，应该服从安全，消灭隐患，保证建设工程在安全的条件下生产。预防为主则体现在事先策划、事中控制、事后总结。通过信息收集，归类分析，制定预案，控制防范。安全第一、预防为主的方针，体现了国家在建设工程安全生产过程中"以人为本"的思想，也体现了国家对保护劳动者权利、保护社会生产力的高度重视。

要做好安全生产工作必须做到：坚持"安全第一、预防为主"方针，树立以人为本的思想，不断提高安全生产素质；加强安全生产法制建设，有法可依，有法必依，执法必严，违法必究，严格落实安全生产责任制；加大安全生产投入，依靠科技进步，标本兼治，全面改善安全生产基础设施和提高管理水平，提高本质安全度；建立完善的安全生产管理体制，强化执法监察力度；突出重点，专项整治，遏制重特大事故。

6.1.2　建设安全生产管理的原则

建设安全生产管理原则虽然在《建筑法》中没有明确规定，但是在其具体条文中已经包含。在我国长期的安全生产管理中形成的、国务院有关规定中明确的建设安全生产管理原则主要是管生产必须管安全和谁主管谁负责。

（1）管生产必须管安全是指安全寓于生产之中，把安全和生产统一起来。

生产中人、物、环境都处于危险状态，则生产无法进行；有了安全保障，生产才能持续、稳定发展。安全管理是生产管理的重要组成部分，安全与生产在实施过程中，两者存在着密切的联系，有共同进行管理的基础。

（2）谁主管谁负责指主管建筑生产的单位和人员应对建筑生产的安全负责。

安全生产第一责任人制度正是这一原则的体现。各级建设行政主管部门的行政一把手是本地区建筑安全生产的第一责任人，对所辖区域建筑安全生产的行业管理负全面责任；企业法人代表人是本企业安全生产的第一责任人，对本企业的建筑安全生产负全面责任；项目经理是本项目的安全生产第一责任人，对项目施工中贯彻落实安全生产的法规、标准负全面责任。

这两项原则是建设安全生产应遵循的基本原则，是建设安全生产的重要保证。

6.2　施工安全生产许可证制度

6.2.1　申请领取安全生产许可证的条件

《安全生产许可证条例》规定，企业取得安全生产许可证，应当具备一系列安全生产条件。据此，原建设部 2004 年 7 月发布了《建筑施工企业安全生产许可证管理规定》。

该规定所称建筑施工企业，指从事土木工程、建筑工程、路线管道和设备安装工程及装修工程的新建、扩建、改建和拆除等有关活动的企业。

《建筑施工企业安全生产许可证管理规定》规定，建筑施工企业取得安全生产许可证，应当具备下列安全生产条件：

（1）建立、健全安全生产责任制，制定完备的安全生产规章制度和操作规程。

（2）保证本单位安全生产条件所需资金的投入。

（3）设置安全生产管理机构，按照国家有关规定配备专职安全生产管理人员。

（4）主要负责人、项目负责人、专职安全生产管理人员经建设主管部门或者其他有关部门考核合格。

（5）特种作业人员经有关业务主管部门考核合格，取得特种作业操作资格证书。

（6）管理人员和作业人员每年至少进行一次安全生产教育培训并考核合格。

（7）依法参加工伤保险，依法为施工现场从事危险作业的人员办理意外伤害保险，为从业人员缴纳保险费。

（8）施工现场的办公、生活区及作业场所和安全防护用具、机械设备、施工机具及配件符合有关安全生产法律、法规、标准和规程的要求。

（9）有职业危害防治措施，并未作业人员配备符合国家标准或者行业标准的安全防护用具和安全防护服装。

（10）对有危险性较大的分部分项工程及施工现场易发生重大事故的部位、环节的预防、监控措施和应急预案。

（11）有生产安全事故应急救援预案、应急救援组织或者应急救援人员，配备必要的应急救援器材、设备。

（12）法律、法规规定的其他条件。

6.2.2 安全生产许可证的有效期和政府监管的规定

1. 安全生产许可证的申请

建设施工企业从事建筑施工活动前，应当依照规定向省级以上建设主管部门申请领取安全生产许可证。

《建筑施工企业安全生产许可证管理规定》进一步明确，建筑施工企业申请安全生产许可证时，应当向建设主管部门提供下列材料：

（1）建筑施工企业安全生产许可申请表；

（2）企业法人营业执照；

（3）与申请安全生产许可证应当具备安全生产条件相关的文件、材料。

建设施工企业申请安全生产许可证，应当对申请材料实质内容的真实性负责，不得隐瞒有关情况或者提供虚假材料。

2. 安全生产许可证的有效期

（1）有效期

按照《安全生产许可证条例》的规定：安全生产许可证的有效期为 3 年。安全生产许可证有效期满需要延期的，企业应当于期满前 3 个月向原安全生产许可证颁发管理机构办理延期手续。企业在安全生产许可期内，严格遵守有关安全生产的法律法规，未发生死亡事故的，安全生产许可证有效期届满时，经原安全生产管理机关同意，不再审查，安全生产许可证有效期延期3年。

（2）变更与注销

建筑施工企业变更名称、地址、法定代表等，应当在变更后10日内，到原安全生产许可证颁发管理机关办理安全生产许可证变更手续。建筑施工企业破产、倒闭、撤销的，应当将安全生产许可证交回原安全生产许可证颁发管理机关予以注销。建筑施工企业遗失安全生产许可证，应当立即向原安全生产许可证颁发管理机关报告，并在公众媒体上声明作废后，方可申请补办。

（3）政府监管

根据《安全生产许可证条例》和《建筑施工企业安全生产许可证管理规定》，建筑施工企业未取得安全生产许可证的，不得从事建筑施工活动。

建设主管部门在审核发放施工许可证是，应当对已经确定的建设施工企业是否有安全生产许可证进行审查，对没有取得安全生产许可证的，不得颁发施工许可证。企业取得安全生产许可证后，不得降低安全生产条件，并应当加强日常安全生产管理，接受安全生产许可证颁发管理机关的监督检查。安全生产许可证颁发管理机关发现企业不再具备安全生产条件的，应当暂扣或者吊销安全生产许可证。企业不得转让、冒用安全生产许可证或者使用伪造的安全生产许可证。

安全生产许可证颁发管理机关或者其上级行政机关发现有下列情形之一的，可以撤销已经颁发的安全生产许可证：

① 安全生产许可证颁发管理机关工作人员滥用职权、玩忽职守颁发安全生产许可证的；

② 超越法定职权颁发安全生产许可证的；

③ 违法反法定程序颁发安全生许许可证的；

④ 对不具备安全生产条件的建设施工企业颁发安全生产许可证的；

⑤ 依法可以撤销已经颁发的安全生产可证的其他情形。

【案例 6-1】

一、背景

某建筑公司在城市市区承担一商厦工程施工，在施工现场周边设置2米高的围挡但因施工日久失管，有几处已破损成洞。某日，有2个男孩淘气从洞口钻入工地现场玩耍，不小心被堆放的钢筋等材料碰伤，引起了孩子家长与该建筑公司的赔偿纠纷。

二、问题

1. 本案中的建筑公司是否存在违法行为？

2. 该违法行为应承担哪些法律责任？

三、解析

1.《建设工程安全生产管理条例》第30条第3款规定："在城市市区内建设工程，施工单位应当对施工现场实行封闭围挡。"本案中某建筑公司虽然对施工现场设置了围挡，但由于疏于管理和维护，使围挡出现多处孔洞而未能真正形成封闭，违反了上述规定。

2.《建设工程安全生产管理条例》第64条规定："施工单位有下列行为之一的，责令限期改正；逾期未改正的，责令停业整顿，并处5万元以上的罚款；造成重大安全事故，构成犯罪的，对直接责任人员，依照刑法有关规定追究刑事责任；……（2）……在城市市区内的建设工程的施工现场未实行封闭围挡的；……（4）施工现场临时搭建的建筑物不符合安全使用要求的；（5）未对因建设工程施工可能造成损害的毗邻建筑物、构筑物和地下管线等采取专项防护措施的。施工单位有前款规定第（4）项、第（5）项行为，造成损失的，依法承担赔偿责任。"据此，政府主管部门应当依法对施工单位责令限期改正；逾期未改正的，责令停业整顿，并处5万元以上10万元以下的罚款。至于孩子家长所提出的赔偿问题，在《建设工程安全生产管理条例》中并未就此作出规定，《民法通则》中也无相应的明确规定。孩子擅入施工现场而受伤，孩子家长作为监护人未能尽到监护责任，是有重大过失的；施工单位管理不到位，致使施工现场的围挡没有真正形成封闭，也是有一定责任的。双方如不能协商解决，可以诉之法院裁决。

6.3　施工安全生产责任和安全生产教育培训制度

6.3.1　施工单位的安全生产责任

施工单位是建设工程施工活动的主体，必须加强对施工安全生产的管理，落实施工安全生产的主体责任。

《建筑法》规定，建筑施工企业必须依法加强对建筑安全生产的管理，执行安全生产责任制度，采取有效措施，防止伤亡和其他安全生产事故的发生。

《国务院关于坚持科学发展安全发展促进安全生产形势持续稳定好转的意见》指出，认真落实企业安全生产主体责任。企业必须严格遵守和执行安全生产法律法规、规章制度与技术标准，依法依规加强安全生产，加大安全投入，健全安全管理机构，加强班组安全建设，保持安全设备实施完好有效。

1. 施工单位的安全生产责任制度

（1）施工单位主要负责人对安全生产工作全面负责

《建筑法》规定，建设施工企业的法定代表人对本企业的安全生产负责。《建设工程安全生产管理条例》也规定，施工单位主要负责人依法对本单位的安全生产的安全生产工作全面负责。

施工单位主要负责人，通常是指对施工单位全面负责，有生产经营决策权的人。具体说，可以是施工企业的董事长，也可以是总经理或总裁等。

施工单位的主要负责人在本单位安全生产工作的主要职责包括：

1）建立、健全本单位安全生产责任制。

2）组织制定本单位安全生产规章制度和操作规程。

3）保证本单位安全生产投入的有效措施。

4）督促本单位的安全生产工作，及时消除生产安全事故隐患。

5）组织制定并实施本单位的生产安全事故应急救援方案。

6）及时、如实报告生产安全事故。

（2）施工单位安全生产管理机构和专职安全生产管理人员的职责

《建设工程安全生产管理条例》规定，施工单位应当设立安全生产管理机构，配备专职安全生产管理人员。专职安全生产管理人员负责对安全生产进行现场监督检查。发现安全事故隐患，应当及时向项目负责人和安全生产管理机构报告；对违章指挥、违章操作的，应当立即制止。

2008年5月住房和城乡建设部经修改后发布的《建筑施工企业安全生产管理机构设置及专职安全生产管理人员配备办法》规定，建筑施工企业应当依法是指安全生产管理机构，在企业主要负责人的领导下开展本企业的安全生产管理工作。建筑施工企业安全生产管理机构具有以下职责：

1）宣传和贯彻国家有关安全生产法律法规和标准。

2）编制并适时更新安全生产管理制度并监督实施。

3）组织或参与企业生产安全事故应急救预案的编制及演练。

4）组织开展安全教育培训与交流。

5）协调配备项目专职安全生产管理人员。

6）制定企业安全生产检查计划并组织实施。

7）监督在建项目安全生产费用的使用。

8）参与危险性较大工程安全专项施工方案专家论证会。

9）通报在建项目违规违章查处情况。

10）组织开展安全生产评选表彰工作。

11）建立企业在建项目安全生产管理档案。

12）考核评价分包企业安全生产业绩及项目安全生产管理情况。

13）参加生产安全事故的调查和处理工作。

14）企业明确的其他安全生产管理职责。

（3）建设企业安全生产管理机构专职安全生产管理人员在施工现场检查过程中具有以下职责：

1）查阅在建项目安全生产有关资料、核实有关情况。

2）检查危险性较大工程安全专项施工方案落实情况。

3）监督项目专职安全生产管理人员履责情况。

4）监督作业人员安全防护用品的配备及使用情况。

5）对发现的安全生产违章违规行为或安全隐患，有权当场作出查封的处理决定。

6）对不符合安全生产条件的设施、设备、器材，有权当场作出查封的处理决定。

7）对施工现场存在的重大安全隐患有权越级报告或直接向建设主管部门报告。

8）企业明确的其他安全生产管理职责。

（4）施工单位专职安全生产管理人员的配备要求

建设施工企业安全生产管理机构专职安全生产管理人员的配备应满足下列要求，并应根据企业经营规模、设备管理和生产需要予以增加：

1）建设施工总承包资质序列企业：特级资质不少于6人；一级资质不少于4人；二级和二级以下资质企业不少于3人。

2）建设施工专业承包资质序列企业：一级资质不少于 3 人；二级和二级以下资质企业不少于 2 人。

3）建设施工劳务分包资质序列企业：不少于 2 人。

4）建设施工企业的分公司、区域公司等较大的分支机构应依据实际生产情况配备不少于 2 人的专职安全生产管理人员。

2. 施工单位负责人施工现场带班制度

国务院于 2010 年 7 月颁发的《国务院关于进一步加强企业安全生产工作的通知》（国发〔2010〕23 号）规定，强化生产过程管理的领导责任。企业主要负责人和领导班子成员要轮流现场带班。

2011 年 7 月住房和城乡建设部发布的《建筑施工企业负责人及项目负责人施工现场带班暂行办法》进一步规定，企业负责人带班检查是指由建筑施工企业负责人带队实施对工程项目质量安全生产状况及项目负责人带班生产情况的检查。

建筑施工企业负责人要定期带班检查，每月检查时间不少于其工作日的 25％。建筑施工企业负责人带班检查是，应认真做好检查记录，并分别在企业和工程项目存档备查。工程项目进行超过一定规模的危险性较大的分部分项工程施工时，建筑施工企业负责人应到施工现场进行带班检查。工程项目出现险情或发生重大隐患时，建筑施工企业负责人应到施工现场带班检查，督促工程项目进行整改，及时消除险情和隐患。

对于有分公司（非独立法人）的企业集团，集团负责人因故不能到现场的，可书面委托工程所在地的分公司负责人对施工现场进行带班检查。

3. 重大隐患治理挂牌督办制度

在施工活动那些可能导致事故发生的物的不安全状态、人的不安全行为和管理上的缺陷，都是事故隐患。《国务院关于进一步加强企业安全生产工作的通知》规定，对重大安全隐患治理实行逐级挂牌督办、公告制度。

2011 年 10 月住房和城乡建设部发布的《房屋市政工程生产安全重大隐患排查治理挂牌督办暂行办法》进一步规定，重大隐患是指在房屋建筑和市政工程施工过程中，存在的危害程度较大、可能导致群死群伤或造成重大经济损失的生产安全隐患。

建筑施工企业应及时将工程项目重大隐患排查治理的有关情况向建设单位报告。建设单位应积极协调勘察、设计、施工、监理、监测等单位，并在资金、人员等方面积极配合做好重大隐患排查治理工作。

4. 建立健全群防群治制度

群防群治制度，是《建筑法》中所规定的建设工程安全生产管理的一项重要法律制度。它是施工企业进行民主管理的重要内容，也是群众路线在安全生产管理工作中的具体体现。广大职工群众在施工生产活动中既要遵守有关法律、法规和规章制度，不得违章作业，还拥有对于危及生命安全和身体健康的行为提出批评、检举和控告的权利。

6.3.2　施工项目的安全生产责任

1. 施工项目负责人的安全生产责任

施工项目负责人是指建设工程项目的项目经理。《建设工程安全生产管理条例》规定，施工单位的项目负责人应当由取得相应执业资格的人员担任，对建设工程项目的安全施工负责，落实安全生产责任制度、安全生产规章制度和操作规程，确保安全生产费用的有效使用，并根据工程的特点组织制定安全施工措施，消除安全事故隐患，及时、如实报告生产安全事故。

（1）施工项目负责人的职业资格和安全生产责任

施工项目负责人经施工单位法定代表人的授权，要配备技术、生产、材料、成本等管理人员组成项目管理班子，代表施工单位在本建设工程项目上履行管理职责。《建造师执业资格制度暂行规定》中规定，建造师经注册后，有权以建造师名义担任建设工程项目施工的项目经理及从事其他施工活动的管理。施工项目负责人的安全生产责任主要是：

1）对建设工程项目的安全施工负责；

2）落实安全生产责任制度、安全生产规章制度和操作规程；

3）确保安全生产费用的有效使用；

4）根据工程的特点组织制度安全施工措施，消除安全事故隐患；

5）及时、如实报告生产安全施工情况。

（2）施工单位项目负责人施工现场带班制度

《建筑施工企业负责人及项目负责人施工现场带班暂行办法》规定，项目负责人是工程项目质量安全管理的第一责任人，应对工程项目落实带班制度负责。项目负责人带班生产是指项目负责人在施工现场组织协调工程项目的质量安全生产活动。

项目负责人在同一时期只能承担一个工程项目的管理工作。项目负责人带班生产时，要全面掌握工程项目质量安全生产状况，加强对重点部位、关键环节的控制，及时消除隐患。要认真做好带班生产记录并签字存档备查。项目负责人每月带班生产时间不得少于本月施工时间的80%。因其他事务需离开施工现场时，应向工程项目的建设单位请假，经批准后方可离开。离开期间应委托项目相关负责人负责其外出时的日常工作。

2. 施工总承包和分包单位的安全生产责任

《建筑法》规定，施工现场安全由建筑施工企业全面负责。实行施工总承包的，由总承包单位负责。分包单位向总包单位负责，服从总承包单位对施工现场的安全生产管理。

（1）分包合同应当明确总分包双方的安全生产责任

《建设工程安全生产管理条例》规定，总承包单位依法将建设工程分包给其他单位的，分包合同中应当明确各自的安全生产方面的权利、义务。

施工总承包单位与分包单位的安全生产责任，可分为法定责任和约定责任。所谓法定责任，既法律法规中明确规定的总承包单位、分包单位各自的安全生产责任。所谓约定责任，既总承包单位与分包单位通过协商，在分包合同中约定各自应当承担的安全生产责任。但是，安全生产的约定责任不能与法定责任相抵触。

（2）统一组织编制建设工程生产安全应急救援预案

《建设工程安全生产管理条例》规定，施工单位应当根据建设工程施工的特点、范围，对施工现场易发生重大事故的部位、环节进行监控，制定施工现场生产安全事故应急救援预案。实行施工总承包的，由总承包单位统一组织编制建设工程生产安全事故应急救援预案，工程总承包单位和分包单位按照应急救援预案，各自建立应急救援组织或者配备应急救援人员，配备救援器材、设备，并定期组织演练。

（3）负责上报施工生产安全事故

《建设工程安全生产管理条例》规定，实行施工总承包的建设工程，由总承包单位负责上报事故。据此，一旦发生施工生产安全事故，施工总承包单位应当依法向有关主管部门报告事故的基本情况。

（4）自行完成建设工程主体结构的施工

《建设工程安全生产管理条例》规定，总承包单位应当自行完成建设工程主体结构的施工。这是为了落实施工总承包单位的安全生产责任，防止因转包和违法分包等行为导致施工生产安全事故的发生。

（5）承担连带责任

《建设工程安全生产管理条例》规定，总承包单位和分包单位对分包工程的安全生产承担连带责任。

（6）分包单位应承担的法定安全生产责任

《建筑法》规定，分包单位向总承包单位负责，服从总承包单位对施工现场的安全生产管理。《建设工程安全生产管理条例》进一步规定，分包单位应当服从总承包单位的安全生产管理，分包单位不服从管理导致生产安全事故的，由分包单位承担主要责任。

3. 施工作业人员安全生产的权利和义务

（1）施工作业人员应当享有的安全生产权利

1）施工安全生产的知情权和建议权

2002 年 6 月颁布的《安全生产法》规定，生产经营单位的从业人员有权了解其作业场所和工作岗位存在的危险因素、防范措施及事故应急措施，有权对本单位的安全生产工作提出建议。《建筑法》还规定，作业人员有权对影响人身健康的作业程序和作业条件提出改进意见。《建设工程安全生产管理条例》则进一步规定，施工单位应当向作业人员提供安全防护用具和安全防护服装，并书面告知危险岗位的操作规程和违章操作的危害。

施工作业人员是施工单位运行和施工生产活动的主体。充分发挥施工作业人员在企业中的主人翁作用，是搞好施工安全生产的重要保障。因此，施工作业人员对施工安全生产拥有知情权，并享有改进安全生产工作的建议权。

2）施工安全防护用品的获得权

《建筑法》规定，作业人员有权获得安全生产所需的防护用品。《安全生产法》还规定，生产经营单位必须为从业人员提供符合国家标准或者行业标准的劳动防护用品，并监督、教育从业人员按照使用规则佩戴、使用。《建设工程安全生产管理条例》进一步规定，施工单位应当向作业人员提供安全防护用具和安全方和服装。施工防护用品，一般包括安全帽、安全网、安全绳及其他个人防护用品（如防护鞋、防护服装、防尘口罩）等。

3）批评、检举、控告权及拒绝违章指挥权

《建筑法》规定，作业人员对危及生命安全和人身健康的行为有权提出批评、检举和控告。《安全生产法》还规定，从业人员有权对本单位安全生产工作中存在的问题提出批评、检举、控告，有权拒绝违章指挥和强令冒险作业。生产经营单位不得因从业人员对本单位安全生产工作提出批评、检举、控告或者拒绝违章指挥、强令冒险作业从而减低其工资、福利等待遇或者解除与其订立的劳动合同。《建设工程安全生产管理条例》进一步规定，作业人员有权对施工现场的作业条件、作业程序和作业方式中存在的安全问题提出批评、检举和控告，有权拒绝违章指挥和强令冒险作业。

4）紧急避险权

《安全生产法》规定，从业人员发现直接危及人身安全的紧急情况时，有权停止作业或者在采取可能的应急措施后撤离作业场所。生产经营单位不得因从业人员在前款紧急情况下停止作业或者采取紧急撤离措施而降低其工资、福利等待遇或者解除与其订立的劳动合同。《建设工程安全生产管理条例》也规定，在施工中发生危及人身安全的紧急情况时，作业人员有权立即停止作业或者在采取必要的应急措施后撤离危险区域。

5）获得工伤保险和意外伤害保险赔偿的权利

2011年4月经修订后颁布的《建筑法》规定，建筑施工企业应当依法为职工参加工伤保险缴纳工伤保险费。鼓励企业为从事危险作业的职工办理意外伤害保险，支付保险费。据此，施工作业人员除依法享有工伤保险的各项权利外，从事危险作业的施工人员还可以依法享有意外伤害保险的各项权利。

6）请求民事赔偿权

《安全生产法》规定，因生产安全事故受到损伤的从业人员，除依法享有工伤社会保险外，依照有关民事法律尚有获得赔偿的权利的，有权向本单位提出赔偿要求。

（2）施工作业人员应当履行的安全生产义务

1）守法遵章和正确使用安全防护用具等的义务

《建筑法》规定，建筑施工企业和作业人员在施工过程中，应当遵守有关安全生产的法律、法规和建筑行业安全规章、规程，不得违章指挥违章作业。《安全生产法》规定，从业人员在作业过程中，应当遵守本单位的安全生产规章制度和操作规程，服从管理，正确佩戴和使用劳动防护用品。《建设工程安全生产管理条例》进一步规定，作业人员应当遵守安全施工的强制性标准、规章制度和操作规程，正确使用安全防护用具、机械设备等。

2）接受安全生产教育培训的义务

《安全生产法》规定，从业人员应当接受安全生产教育和培训，掌握本职工作所需的安全生产知识，提高安全生产技能，增强事故预防和应急处理能力。《建设工程安全生产管理条例》也规定，作业人员进入新的岗位或者新的施工现场前，应当接受安全生产教育培训。未经教育培训或者教育培训考核不合格的人员，不得上岗作业。劳务派遣单位要加强劳务派遣工基本安全知识培训，劳务使用单位确保劳务派遣工与本企业职工接受同等安全培训。

3）施工安全施工隐患报告的义务

《安全生产法》规定，从业人员发现事故隐患或者其他不安全因素，应当立即向现场安全生产管理人员或者本单位负责人报告，接到报告的人员应当及时予以处理。

6.3.3 施工管理人员、作业人员安全生产教育培训的规定

1. 三类管理人员与三项岗位人员的培训考核

（1）三类管理人员的培训考核

《建筑工程安全生产管理条例》规定，施工单位的主要负责人、项目负责人、专职安

全生产管理人员应当经建设行政主管部门或者其他部门考核合格后方可任职。

这三类人员的施工安全知识水平和管理能力直接关系到本单位、本项目的安全生产管理水平。如果这三类人员缺乏基本的施工安全生产知识，施工安全生产管理和组织能力不强，甚至违章指挥，将很可能会导致施工生产安全事故的发生。因此，他们必须经安全生产知识和管理能力考核合格后方可任职。

（2）"三项岗位"人员的培训考核

矿山、建筑施工单位和危险物品生产、经营、储存等高危行业企业主要负责人、安全管理人员和生产经营单位特种作业人员称为"三项岗位"人员。

《国务院关于坚持科学发展安全生产发展促进安全生产形势持续稳定好转的意见》规定，"三项岗位"一律经严格考核、持证上岗。《国务院安委会关于进一步加强安全培训工作的决定》进一步指出，严格落实"三项岗位"人员持证上岗制度。企业新任用或者招录"三项岗位"人员，要组织其参加安全培训，经考核合格持证后上岗。对发生人员死亡事故负有责任"三项岗位"人员要重新参加安全培训考试。

对于特种作业人员，因其从事直接对本人或他人及其周围实施安全有着重大危害因素的作业，必须经专门的安全作业培训，并取得特种作业操作资格证书后，方可上岗作业。建筑施工特种作业包括：①建筑电工；②建筑架子工；③建筑起重信号司索工；④建筑起重机械司机；⑤建筑起重机械安装拆卸工；⑥高处作业吊篮安装拆卸工；⑦经省级以上人民政府建设主管部门认定的其他特种作业。

2. 施工单位全员的安全生产教育培训

《建设工程安全生产管理条例》规定，施工单位应当对管理人员和作业人员每年至少进行一次安全生产教育培训，其教育培训情况记入个人工作档案。安全生产教育培训考核不合格的人员，不得上岗。

安全教育培训可采取多种形式，包括安全形势报告会、事故案例分析会、安全法制教育、安全技术交流、安全竞赛、师傅带徒弟等。

3. 进入新岗位或者新施工现场前的安全生产教育培训

由于新岗位、新工地往往各有特殊性，施工单位须对新录用或转场的职工进行安全教育培训，包括施工安全生产法律法规、施工工地危险源识别、安全技术操作规程、机械设备电气及高处作业安全知识、防火防毒防尘防爆知识、紧急情况安全处置与安全疏散知识、安全防护用品使用知识以及发生事故时自救排险、抢救伤员、保护现场和及时报告等。

《建设工程安全生产管理条例》规定，作业人员进入新的岗位或新的施工现场前，应当接受安全生产教育培训。未经教育培训或者教育培训考核不合格的人员，不得上岗作业。建筑企业要对新职工进行至少 32 学时的安全培训，每年进行至少 20 学时的再培训。

强化现场安全培训。高危企业要严格班前安全培训制度，有针对地讲述岗位安全生产与应急救援知识、安全隐患和注意事项等，使班前安全培训成为安全生产第一道防线。要大力推广"手指口述"等安全确认法，帮助员工通过心想、眼看、手指、口述，确保按规程作业。要加强班组长培训，提高班组长现场安全管理水平和现场安全风险管控能力。

4. 采用新技术、新工艺、新设备、新材料前的安全生产教育培训

《建设工程安全生产管理条例》规定，施工单位在采用新技术、新工艺、新设备、新材料是，应当对作业人员进行相应的安全生产教育培训。《国务院安委会关于进一步加强安全培训工作的决定》指出，企业调整职工岗位或者采用新工艺、新技术、新设备、新材料的，要进行专门的安全培训。

5. 安全教育培训方式

《国务院安委会关于进一步加强安全培训工作的决定》指出，完善和落实师傅带徒弟制度。高危企业新职工安全培训合格后，要在经验丰富的工人师傅带领下，实习至少2个月后方可独立上岗。工人师傅一般应当具备中级工以上技能等级，3年以上相应工作经历，成绩突出，善于"传、帮、带"，没有发生过"三违"行为等条件。要组织签订师徒协议，建立师傅带徒弟激励约束机制。

支持大中型企业和欠发达地区建立安全培训机构，重点建设一批具有仿真、体感、实操特色的示范培训机构。加强远程安全培训。开发国家安全培训网和有关行业网络学习平台，实现优质资源共享。实行网络培训学时学分制，将学时和学分结果与继续教育、再培训挂钩。利用视频、电视、收集等拓展远程培训形式。

【案例6-2】

一、背景

在某高层建筑的外墙装饰施工工地，某施工单位为赶在雨季来前完成施工，又从其他工地调配来一批工人，但未经安全培训教育就安排到有关岗位开始作业。2名工人被安排上高处作业吊篮到6层处从事外墙装饰作业。他们在作业完成后为图省事，直接从高处作业吊篮的悬吊平台向6窗口爬去，结果失足从10多米高处坠落在地，造成1死1重伤。

二、问题

1. 本案中，施工单位有何违法行为？

2. 该违法行为应当承担哪些法律责任？

三、解析

1.《安全生产法》第21条规定："生产经营单位应当对从业人员进行安全生产教育和培训，保证从业人员具备必要的安全生产知识，熟悉有关的安全生产规章制度和安全操作规程，掌握本岗位的安全操作技能。未经安全生产教育和培训合格的从业人员，不得上岗作业。"《建设工程安全生产管理条例》第37条进一步规定："作业人员进入新的岗位或者新的施工现场前，应当接受安全生产教育培训。未经教育培训或者教育培训考核不合格的人员，不得上岗作业。"本案中，施工单位违法未对新进场的工人进行有针对性的安全培训教育，使2名作业人员违反了"操作人员必须从地面进出悬吊平台。在未采取安全保护措施的情况下，禁止从窗口、楼顶等其他位置进出悬吊平台"的安全操作规程，造成了伤亡事故的发生。

2. 按照《安全生产法》第82条规定："生产经营单位有下列行为之一的，责令限期改正；逾期未改正的，责令停产停业整顿，可以并处2万元以下的罚款：……（3）未按照本法第21条、第22条的规定对从业人员进行安全生产教育和培训，或者未按照本法第36条的规定如实告知从业人员有关的安全生产事项的；……"《建设工程安全生产管理

条例》第62条进一步规定："施工单位有下列行为之一的，责令限期改正；逾期未改正的，责令停业整顿，依照《中华人民共和国安全生产法》的有关规定处以罚款；造成重大安全事故，构成犯罪的，对直接责任人员，依照刑法有关规定追究刑事责任；……（2）施工单位的主要负责人、项目负责人、专职安全生产管理人员、作业人员或者特种作业人员，未经安全教育培训或者经考核不合格即从事相关工作的；……。"据此，该施工单位及其直接责任人员应当依法承担上述有关的法律责任。

6.4　施工现场安全防护制度

6.4.1　编制安全技术措施、专项施工方案和安全技术交底的规定

《建筑法》规定，施工企业在编制施工组织设计时，应当根据建筑工程的特点制定相应的安全技术措施；对专业性较强的工程项目，应当编制专项安全施工组织设计，并采取安全技术措施。

1. 编著安全技术措施和施工现场临时用电方案

《建设工程安全生产管理条例》规定，施工单位应当在施工组织设计中编制安全技术措施和施工现场临时用电方案。

临时用电方案不仅直接关系到用电人员的安全，也关系到施工进度和工程质量。《施工现场临时用电安全技术规范》JGJ 46—2005规定，施工现场临时用电设备在5台及以上或设备总容量在50kW及以上者，应编制用电组织设计。施工现场临时用电设备在5台以下或设备总容量在50kW以下者，应制定安全用电和电气防火措施。

2. 编制安全专项施工方案

《建设工程安全生产管理条例》规定，对下列达到一定规模的危险较大的分部分项工程编制专项施工方案，并附具安全验算结果，经施工单位技术负责人、总监理工程师签字后实施，由专职安全生产管理人员进行现场监督：①基坑支护与降水工程；②土方开挖工程；③模板工程；④起重吊装工程；⑤脚手架工程；⑥拆除、爆破工程；⑦国务院建设行政主管部门或者其他有关部门规定的其他危险性较大的工程。对以上所列工程中涉及深基坑、地下暗挖工程、高大模板工程的专项施工方案，施工单位还应当组织专家进行论证、审查。

所谓危险性较大的分部分项工程，是指建筑工程在施工过程中存在的、可能导致作业人员群死群伤或造成重大不良社会影响的分部分项工程。危险性较大的分部分项安全专项施工方案，是指施工单位在编制施工组织（总）设计的基础上，针对危险性较大的分部分项工程单独编制的安全技术措施文件。

3. 安全施工技术交底

《建设工程安全生产管理条例》规定，建设工程施工前，施工单位负责项目管理的技术人员应当对有关安全施工的技术要求向施工作业班组、作业人员作出详细说明，并由双方签字确认。

施工前对有关安全施工的技术要求作出详细说明，就是通常说的安全技术交底。它有助于作业班组和作业人员尽快了解工程概况、施工方法、安全技术措施等情况，掌握

操作方法和注意事项，以保护作业人员的人身安全。安全技术交底，通常有施工工作安全技术交底、分部分项施工安全技术交底、大型特殊工程单项安全技术交底、设备安装工程技术交底以及采用新工艺、新技术、新材料施工的安全技术交底等。

6.4.2 施工现场安全防护、安全费用和特种设备安全管理的规定

1. 施工现场安全防护

《建筑法》规定，建筑施工企业应当在施工现场采取维护安全、防范危险、预防火灾等措施；有条件的，应当对施工现场事项封闭管理。施工现场对毗邻的建筑物、构筑物和特殊作业环境可能造成损害的，建筑施工企业应当采取安全防护措施。

（1）危险部位设置安全警示标志

《建设工程安全生产管理条例》规定，施工单位应当在施工现场入口处、施工起重机械、临时用电设施、脚手架、出入通道口、楼梯口、电梯井口、孔洞口、桥梁口、隧道口、基坑边沿、爆破物及有害危险气体和液体存放处等，通常都是容易出现生产安全施工的危险部位。

安全警示标志，指提醒人们注意的各种标牌、文章、符号以及灯光等，一般由安全色、几何图形和图形符号构成。安全警示标志须符合国家标准《安全标志及其使用导则》GB 2894—2008 的有关规定。

（2）不同施工阶段和暂停施工应采取的安全施工措施

《建设工程安全生产管理条例》规定，施工单位应当根据不如施工阶段和周围环境及季节、气候的变化，在施工现场采取相应的安全施工措施。施工现场暂时停止施工的，施工单位应当做好现场防护，所需费用有责任方承担，或者按照合同约定执行。由于施工作业的风险性较大，在地下施工、高出施工等不同的施工阶段要采取相应安全措施，并应当根据周围环境和季节、气候变化，加强季节性安全防护措施。

（3）施工现场临时设施的安全卫生要求

《建设工程安全生产管理条例》规定，施工单位应当将施工现场的办公、生活区与作业区分开设置，并保持安全距离；办公、生活区的选址应当符合安全性要求。职工的膳食、饮水、休息场所等应当符合卫生标准。施工单位不得在尚未竣工的建筑物内设置员工集体宿舍。施工现场临时搭建的建筑物应当符合安全使用要求。施工现场使用的装配式活动房屋应当具有产品合格证。

（4）对施工现场周边的安全防护措施

《建设工程安全生产管理条例》规定，施工单位对因建设工程施工可能造成损害的毗邻建筑物、构筑物和地下管线等，应当采取专项防护措施。在城市市区内的建设工程，施工单位应当对施工现场实行封闭式围挡。

（5）危险作业的施工现场安全管理

《安全生产法》规定，生产经营单位进行爆破、吊装等危险作业，应当安排专门人员进行现场安全管理，确保操作规程的遵守和安全措施的落实。

2013 年 12 月经修改后颁布的《危险化学品安全管理条例》还规定，进行可能危及危险化学品管道安全的施工作业，施工单位应当在开工的 7 日前书面通知管道所属单位，并与管道所属单位共同制定应急预案，采取相应的安全防护措施。管道所属单位应当指派

专门人员到现场进行管道安全保护指导。

（6）安全防护设备、机械设备等的安全管理

《建设工程安全生产管理条例》规定，施工单位采购、租赁的安全防护用具、机械设备、施工机具及配件，应当具有生产（制造）许可证、产品合格证，并在进入施工现场前进行查验。施工现场的安全防护用具、机械设备、施工机具及配件必须由专人管理，定期进行检查、维修和保养，建立相应的资料档案，并按照国家有关规定及时报废。

（7）施工起重机机械设备等的安全使用管理

《建设工程安全生产管理条例》规定，施工单位在使用施工起重机械和整体提升脚手架、模板等自升式架设设施前，应当组织有关部门进行验收，也可以委托具有相应资质的检验检测机构进行验收；使用承租的机械设备和施工机具及配件的，由施工总承包单位、分包单位、出租单位和安装单位共同进行验收。验收合格的方可使用。

2. 施工单位安全生产费用的提取和使用管理

施工单位安全生产费用（简称安全费用），指施工单位按照规定标准提取在成本中列支，专门用于完善和改进企业或者施工项目安全生产条件的资金。

《建设工程安全生产管理条例》规定，施工单位对列入建设工程概算的按作业环境健全施工措施所需费用，应当用于施工安全防护用具及设施的采购和更新、安全施工措施的落实、安全生产条件的改善，不得挪作他用。《国务院关于坚持科学发展安全发展促进安全生产形势持续稳定好转的意见》中指出，企业在年度财务预算中必须确定必要的安全投入，提足用好安全生产费用。

（1）施工单位安全费用的提取管理

建设工程施工企业以建筑安装工程造价为计提依据，各建设工程类别安全费用提取标准如下：①矿山工程为2.5%；②房屋建筑工程、水利水电工程、电力工程、铁路工程、城市轨道交通工程2.0%；③市政公用工程、冶炼工程、机电安装工程、化工石油工程、港口与航道工程、公路工程、通信工程为1.5%。建设工程施工企业提取的安全费用列入工程造价，在竞标时，不得删减，列入标外管理。国家对基本建设投资概算另有规定的，从其规定。总包单位应当将安全费用按比例直接支付分包单位并监督使用，分包单位不再重复提取。

（2）施工单位安全费用的使用管理

《企业安全生产费用提取和使用管理办法》中规定，建设工程施工企业安全费用应当按照以下范围使用：①完善、改造和维护安全防护设施设备支出（不含"三同时"要求初期投入的安全设施），包括施工现场临时用电系统、洞口、临边、机械设备、高处作业防护、交叉作业防护、防火、防爆、防尘、防毒、防雷、防台风、防地质灾害、地下工程有害气体监测、通风、临时安全防护等设施设备支出；②配备、维护、保养应急救援器材、设备支出和应急演练支出；③开展重大危险源和事故隐患评估、监控和整改支出；④安全生产检查、评价（不包括新建、改建、扩建项目安全评价）、咨询和标准化建设支出；⑤配备和更新现场作业人员安全防护用品支出；⑥安全生产宣传、教育、培训支出；⑦安全生产适用的新技术、新标准、新工艺、新装备的推广应用支出；⑧安全实施及特种设备检测检验支出；⑨其他与安全生产直接相关的支出。

3. 特种设备安全管理

2013 年 6 月颁布的《中华人民共和国特种设备安全法》(《特种设备法》) 规定, 本法所称特种设备, 指对人身和财产安全有较大危险性的锅炉、压力容器(含气瓶)、压力管道、电梯、起重机械、客运索道、大型游乐设施、场(厂)内专用机动车辆, 以及法律、行政法规规定适用本法的其他特种设备。

特种设备安全工作应当坚持安全第一、预防为主、节能环保、综合治理的原则。特种设备生产、经营、使用单位应当按照国家有关规定配备特种设备安全管理人员、检测人员和作业人员, 并对其进行必要的安全教育和技能培训。

6.4.3 施工现场消防安全职责和应采取的消防安全措施

1. 施工单位消防安全责任人和消防安全职责

2011 年 12 月颁布的《国务院关于加强和改进消防工作的意见》中规定, 机关、团体、企事业单位法定代表人是本单位消防安全第一责任人。

《消防法》规定, 机关、团体、企事业单位应当履行下列消防安全职责: ①落实消防安全责任制, 制定本单位的消防安全制度、消防安全操作规程, 制定灭火和应急疏散预案; ②按照国家标准、行业标准配置消防设施、器材、设置消防安全标志, 并定期组织检验、维修、确保完好有效; ③对建筑消防设施每年至少进行一次全面检测, 确保完好有效, 检测记录应当完整准确、存档备查; ④保障疏散通道、安全出口、消防车通道畅通, 保证防火防烟分区、防火间距符合消防技术标准; ⑤组织防火检查, 及时消除火灾隐患; ⑥组织进行有针对性的消防演练; ⑦法律、法规规定的其他消防安全职责。单位的主要负责人是本单位的消防安全责任人。

按照《消防法》规定, 重点工程的施工现场多为定位消防安全重点单位还应当履行下列消防安全职责: ①确定消防安全管理人, 组织实施本单位的消防安全管理工作; ②建立消防档案, 确定消防安全重点部位, 设置防火标志, 实行严格管理; ③实行每日防火巡查, 并建立巡查记录; ④对职工进行岗前消防安全培训, 定期组织消防安全培训和消防演练。

2. 施工现场的消防安全要求

《国务院关于加强和改进消防工作的意见》规定, 公共建筑在营业、使用期间不得进行外保温材料施工作业, 居住建筑进行节能改造作业期间应撤离居住人员, 并设消防安全巡逻人员, 严格分离用火用焊作业与保温施工作业, 严禁在施工建筑内安排人员住宿。新建、改建、扩建工程的外保温材料一律不得使用易燃材料, 严格限制使用可燃材料。建筑室内装饰装修材料必须符合国家、行业标准和消防安全要求。

公安部、住房和城乡建设部 2009 年 3 月发布的《关于进一步加强建设工程施工现场消防安全工作的通知》中规定, 施工单位应当在施工组织设计中编制消防安全技术措施和专项施工方案, 并由专职安全管理人员进行现场监督。

施工现场要设置消防通道并确保畅通, 施工现场要按有关规定设置消防水源, 动用明火必须实行严格的消防安全管理, 施工现场的办公、生活区与作业区应当分开设置, 并保持安全距离; 施工单位不得在尚未竣工的建筑物内设置员工集体宿舍。

3. 施工单位消防安全自我评估和防火检查

《国务院关于加强和改进消防工作的意见》中指出，要建立消防安全自我评估机制，消防安全重点单位每季度、其他单位每半年自行或委托有资质的机构对本单位进行一次消防安全检查评估，做到安全自查、隐患自除、责任自负。

《关于进一步加强建设工程施工现场消防安全工作的通知》中规定，施工单位应及时纠正违章操作行为，及时发现火灾隐患并采取防范、整改措施。国家、省级等重点工程的施工现场应当进行每日防火巡查，其他施工现场也应根据需要组织防火巡查。

4. 建设工程消防施工的质量和安全责任

施工单位应当承担下列消防施工的质量和安全责任：

（1）按照国家工程建设消防技术标准和经消防设计审核合格或者备案的消防设计文件组织施工，不得擅自改变消防设计进行施工，降低消防施工质量；

（2）查验消防产品和具有防火性能要求的建筑构件、建筑材料及装修材料的质量，使用合格产品，保证消防施工质量；

（3）建立施工现场消防安全责任制度，确定消防安全负责人。加强对施工人员的消防教育培训，落实动火、用电、易燃可燃材料等消防管理制度和操作规程。保证在建工程竣工验收前消防通道、消防水源、消防设施和器材、消防安全标志等完好有效。

5. 施工单位的消防安全教育培训和消防演练

公安部、住房和城乡建设部等九部委2009年5月发布的《社会消防安全教育培训规定》中规定，在建工程的施工单位应当开展下列消防安全教育工作：

（1）建设工程施工前应当对施工人员进行消防安全教育；

（2）在建设工地醒目位置、施工人员集中住宿场所设置消防安全宣传栏，悬挂消防安全挂图和消防安全警示标识；

（3）对明火作业人员进行经常性的消防安全教育；

（4）组织灭火和应急疏散演练。

6.4.4 工伤保险和意外伤害保险的规定

《建筑法》规定，建筑施工企业应当依法为职工参加工伤保险缴纳工伤保险费。鼓励企业为从事危险作业的职工办理意外伤害保险，支付保险费。

据此，工伤保险是强制性保险。意外伤害保险则属于法定的鼓励性保险，其适用范围是施工现场从事危险作业的特殊职工群体，即在施工现场从事高处作业、深基坑作业、爆破作业等危险性较大的施工人员，尽管这部分人员可能已参加了工伤保险，但法律鼓励建筑施工企业再为其办理意外伤害保险，使他们能够比其他职工依法获得更多的权益保障。

1. 工伤保险的规定

2010年12月经修订后颁布的《工伤保险条例》规定，中华人民共和国境内的企业、事业单位、社会团体、民办非企业单位、基金会、律师事务所、会计师事务所等组织和有雇工的个体工商户（以下称用人单位）应当依照本条例规定参加工伤保险，为本单位全部职工或者雇工（以下称职工）缴纳工伤保险费。

（1）工伤保险基金

工伤保险基金由用人单位缴纳的工伤保险费、工伤保险基金的利息和依法纳入工伤保险基金的其他资金构成。工伤保险费根据以支定收、收支平衡的原则，确定费率。国家根据不同行业的工伤风险程度确定行业的差别费率，并根据工伤保险费使用、工伤发生率等情况在每个行业内确定若干费率档次。用人单位应当按时缴纳工伤保险费。职工个人不缴纳工伤保险费。

（2）工伤认定

职工有下列情形之一的，应当认定为工伤：①在工作时间和工作场所内，因工作原因受到事故伤害的；②工作时间前后在工作场所内，从事与工作有关的预备性或者收尾性工作受到事故伤害的；③在工作时间和工作场所内，因履行工作职责受到暴力等意外伤害的；④患职业病的；⑤因工外出期间，由于工作原因受到伤害或者发生事故下落不明的；⑥在上下班途中，受到非本人主要责任的交通事故或者城市轨道交通、客运轮渡、火车事故伤害的；⑦法律、行政法规规定应当认定为工伤的其他情形。

职工有下列情形之一的，视同工伤：①在工作时间和工作岗位，突发疾病死亡或者在48小时之内经抢救无效死亡的；②在抢险救灾等维护国家利益、公共利益活动中受到伤害的；③职工原在军队服役，因战、因公负伤致残，已取得革命伤残军人证，到用人单位后旧伤复发的。职工有以上第①项、第②项情形的，按照《工伤保险条例》的有关规定享受工伤保险待遇；职工有以上第③项情形的，按照《工伤保险条例》的有关规定享受除一次性伤残补助金以外的工伤保险待遇。

职工符合以上的规定，但是有下列情形之一的，不得认定为工伤或者视同工伤：①故意犯罪的；②醉酒或者吸毒的；③自残或者自杀的。

（3）劳动能力鉴定

职工发生工伤，经治疗伤情相对稳定后存在残疾、影响劳动能力的，应当进行劳动能力鉴定。劳动能力鉴定是指劳动功能障碍程度和生活自理障碍程度的等级鉴定。劳动功能障碍分为10个伤残等级，最重的为1级，最轻的为10级。生活自理障碍分为3个等级：生活完全不能自理、生活大部分不能自理和生活部分不能自理。

劳动能力鉴定由用人单位、工伤职工或者其近亲属向设区的市级劳动能力鉴定委员会提出申请，并提供工伤认定决定和职工工伤医疗的有关资料。

（4）工伤保险待遇

职工因工致残被鉴定为一级至四级伤残的，保留劳动关系，退出工作岗位，享受以下待遇：①从工伤保险基金按伤残等级支付一次性伤残补助金，标准为：一级伤残为27个月的本人工资，二级伤残为25个月的本人工资，三级伤残为23个月的本人工资，四级伤残为21个月的本人工资；②从工伤保险基金按月支付伤残津贴，标准为：一级伤残为本人工资的90%，二级伤残为本人工资的85%，三级伤残为本人工资的80%，四级伤残为本人工资的75%。伤残津贴实际金额低于当地最低工资标准的，由工伤保险基金补足差额；③工伤职工达到退休年龄并办理退休手续后，停发伤残津贴，按照国家有关规定享受基本养老保险待遇。基本养老保险待遇低于伤残津贴的，由工伤保险基金补足差额。职工因工致残被鉴定为一级至四级伤残的，由用人单位和职工个人以伤残津贴为基数，缴纳基本医疗保险费。

职工因工致残被鉴定为五级、六级伤残的，享受以下待遇：①从工伤保险基金按伤残等级支付一次性伤残补助金，标准为：五级伤残为 18 个月的本人工资，六级伤残为 16 个月的本人工资；②保留与用人单位的劳动关系，由用人单位安排适当工作。难以安排工作的，由用人单位按月发给伤残津贴，标准为：五级伤残为本人工资的 70%，六级伤残为本人工资的 60%，并由用人单位按照规定为其缴纳应缴纳的各项社会保险费。伤残津贴实际金额低于当地最低工资标准的，由用人单位补足差额。经工伤职工本人提出，该职工可以与用人单位解除或者终止劳动关系，由工伤保险基金支付一次性工伤医疗补助金，由用人单位支付一次性伤残就业补助金。

职工因无致残被鉴定为七级至十级伤残的，享受以下待遇：①从工伤保险基金按伤残等级支付一次性伤残补助金，标准为：七级伤残为 13 个月的本人工资，八级伤残为 11 个月的本人工资，九级伤残为 9 个月的本人工资，十级伤残为 7 个月的本人工资；②劳动、聘用合同期满终止，或者职工本人提出解除劳动、聘用合同的，由工伤保险基金支付一次性工伤医疗补助金，由用人单位支付一次性伤残就业补助金。

职工因工死亡，其近亲属按照下列规定从工伤保险基金领取丧葬补助金、供养亲属抚恤金和一次性伤亡补助金：①丧葬补助金为 6 个月的统筹地区上年度职工月平均工资；②供养亲属抚恤金按照职工本人工资的一定比例发给由因工死亡职工生前提供主要生活来源、无劳动能力的亲属。标准为：配偶每月 40%，其他亲属每人每月 30%，孤寡老人或者孤儿每人每月在上述标准的基础上增加 10%。核定的各供养亲属的抚恤金之和不应高于因工死亡职工生前的工资；③一次性工亡补助金标准为上一年度全国城镇居民人均可支配收入的 20 倍。伤残职工在停工留薪期内因工伤导致死亡的，其近亲属享受以上规定的待遇。一级至四级伤残职工在停工留薪期满后死亡的，其近亲属可以享受以上第①项、第②项规定的待遇。

职工因工外出期间发生事故或者在抢险救灾中下落不明的，从事故发生当月起 3 个月内照发工资，从第 4 个月起停发工资，由工伤保险基金向其供养亲属按月支付供养亲属抚恤金。生活困难的，可以预支一次性工亡补助金的 50%。职工被人民法院宣告死亡的，按照职工因工死亡的规定处理。

工伤职工有下列情形之一的，停止享受工伤保险待遇：①丧失享受待遇条件的；②拒不接受劳动能力鉴定的；③拒绝治疗的。

2. 建筑意外伤害保险的规定

《建筑法》规定，鼓励企业为从事危险作业的职工办理意外伤害保险，支付保险费。《建设工程安全生产管理条例》则规定，施工单位应当未施工现场从事危险作业的人员办理意外伤害保险。意外伤害保险费由施工单位支付。实行施工总承包的，由总承包单位支付意外伤害保险费。意外伤害保险期限子建设工程开工之日起至竣工验收合格止。

工伤保险与建筑意外伤害保险有着很大不同。工伤保险是社会保险的一种，实行实名制，并按工作总额计提保险费，较适用于企业的固定职工。建筑意外伤害保险则是一种法定的非强制性商业保险，通常是按照施工合同额或建筑面积计提保险费，投保实行不记名和不计人数的方式，针对施工现场从事危险作业的特殊群体，较适合施工现场作业人员流动性大的行业特点。

【案例 6-3】

一、背景

某建筑公司在城市市区承担一商厦工程施工,在施工现场周边设置 2 米高的围挡,但因施工日久失管,有几处已破损成洞。某日,有 2 个男孩淘气从洞处钻入工地现场玩耍,不小心被堆放的钢筋等材料碰伤,引起了孩子家长与该建筑公司的赔偿纠纷。

二、问题

1. 本案中的建筑公司是否存在违法行为?

2. 该违法行为应当承担哪些法律责任?

三、解析

1.《建设工程安全生产管理条例》第 30 条第 3 款规定:"在城市市区内的建设工程,施工单位应当对施工现场实行封闭围挡。"本案中的某建筑公司虽然对施工现场设置了围挡,但由于疏于管理和维护,使围挡出现多处孔洞而未能真正形成封闭,违反了上述规定。

2.《建设工程安全生产管理条例》第 64 条规定:"施工单位有下列行为之一的,责令限期改正;逾期未改正的,责令停业整顿,并处 5 万元以上 10 万元以下的罚款;造成重大安全事故,构成犯罪的,对直接责任人员,依照刑法有关规定追究刑事责任;……(2)……在城市市区内的建设工程的施工现场未实行封闭围挡的;……(4)施工现场临时搭建的建筑物不符合安全使用要求的;(5)未对因建设工程施工可能造成损害的毗邻建筑物、构筑物和地下管线等采取专项防护措施的。施工单位有前款规定第(4)项、第(5)项行为,造成损失的,依法承担赔偿责任。"据此,政府主管部门应当依法对施工单位责令限期改正;逾期未改正的,责令停业整顿,并处 5 万元以上 10 万元以下的罚款。至于孩子家长所提出的赔偿问题,在《建设工程安全生产管理条例》中并未就此作出规定,《民法通则》中也无相应的明确规定。孩子擅入施工现场而受伤,孩子家长作为监护人未能尽到监护责任,是有重大过失的;施工单位管理不到位,致使施工现场的围挡没有真正形成封闭,也是有一定责任的。双方如不能协商解决,可以诉之法院裁决。

6.5 施工安全事故的应急救援与调查处理

6.5.1 生产安全事故的等级划分标准

2007 年 4 月颁布的《生产安全事故报告和调查处理条例》规定,根据生产安全事故(以下简称事故)造成的人员伤亡或者直接经济损失,事故一般分为以下等级:

(1)特别重大事故,是指造成 30 人以上死亡,或者 100 人以上重伤(包括急性工业中毒,下同)或者 1 亿元以上直接经济损失的事故。

(2)重大事故,是指造成 10 人以上 30 人以下死亡,或者 50 人以上 100 人以下重伤,或者 5000 万元以上 1 亿元以下直接经济损失的事故。

(3)较大事故,是指造成 3 人以上 10 人以下死亡,或者 10 人以上 50 人以下重伤,或者 1000 万元以上 5000 万元以下直接经济损失的事故。

(4)一般事故,是指造成 3 人以下死亡,或者 10 人以下重伤,或者 1000 万元以下直接经济损失的事故。所称的"以上"包括本数，所称的"以下"不包括本数。

6.5.2　施工生产安全事故应急救援预案的规定

1. 施工生产安全施工应急救援预案的编制

2007 年 8 月颁布的《中华人民共和国突发事件应对法》（以下简称《突发事件应对法》）规定，应急预案应当根据本法和其他有关法律、法规的规定，针对突发事件的性质、特点和可能造成的社会危害，具体规定突发事件应急管理工作的组织指挥体系与职责和突发事件的预防与预警机制、处置程序、应急保障措施以及事后恢复与重建措施等内容。

《建设工程安全生产管理条例》规定，施工单位应当根据建设工程施工的特点、范围，对施工现场易发生重大事故的部位、环节进行监控，制定施工现场生产安全事故应急救援预案。

国家安全生产监督管理总局 2009 年 4 月发布的《生产安全事故应急预案管理办法》进一步规定，生产经营单位的应急预案按照针对情况的不同，分为综合应急预案、专项应急预案和现场处置方案。生产经营单位编制的综合应急预案、专项应急预案和现场处置方案之间应当相互衔接，并与所涉及的其他单位的应急预案相互衔接。

综合应急预案，应当包括本单位的应急组织机构及其职责、预案体系及响应程序、事故预防及应急保障、应急培训及预案演练等主要内容；专项应急预案，应当包括危险性分析、可能发生的事故特征、应急组织机构与职责、预防措施、应急处置程序和应急保障等内容；现场处置方案，应当包括危险性分析、可能发生的事故特征、应急处置程序、应急处置要点和注意事项等内容。

应急预案的编制应当符合下列基本要求：

（1）符合有关法律、法规、规章和标准的规定；

（2）结合本地区、本部门、本单位的安全生产实际情况；

（3）结合本地区、本部门、本单位的危险性分析情况；

（4）应急组织和人员的职责分工明确，并有具体的落实措施；

（5）有明确、具体的事故预防措施和应急程序，并与其应急能力相适应；

（6）有明确的应急保障措施，并能满足本地区、本部门、本单位的应急工作要求；

（7）预案基本要素齐全、完整，预案附件提供的信息准确；

（8）预案内容与相关应急预案相互衔接。应急预案应当包括应急组织机构和人员的联系方式、应急物资储备清单等附件信息。

《消防法》、《职业病防治法》、《特种设备安全监察条例》、《使用有毒物品作业场所劳动保护条例》等法规都规定了应当制定应急救援预案，并能根据实际情况变化对应急救援预案适时进行修订，定期组织演练。

2. 施工生产安全施工应急救援预案的评审

《生产安全事故应急预案管理办法》规定，建筑施工单位应当组织专家对本单位编制的应急预案进行评审。评审应当形成书面纪要并附有专家名单。应急预案的评审应当注重应急预案的实用性、基本要素的完整性、预防措施的针对性、组织体系的科学性、响应程序的操作性、应急保障措施的可行性、应急预案的衔接性等内容。施工单位的应急预案经评审后，由施工单位主要负责人签署公布。

3. 施工总分包单位的职责分工

《建设工程安全生产管理条例》规定，实行施工总承包的，由总承包单位统一组织编制建设工程生产安全事故应急救援预案，工程总承包单位和分包单位按照应急救援预案，各自建立应急救援组织或者配备应急救援人员，配备救援器材、设备，并定期组织演练。

6.5.3 施工生产安全事故报告及采取相应措施的规定

《建筑法》规定，施工中发生事故时，建筑施工企业应当采取紧急措施减少人员伤亡和事故损失，并按照国家有关规定及时向有关部门报告。

《建设工程安全生产管理条例》进一步规定，施工单位发生生产安全事故，应当按照国家有关伤亡事故报告和调查处理的规定，及时、如实地向负责安全生产监督管理的部门、建设行政主管部门或者其他有关部门报告；特种设备发生事故的，还应当同时向特种设备安全监督管理部门报告。实行施工总承包的建设工程，由总承包单位负责上报事故。

1. 事故报告的基本要求

《安全生产法》规定，生产经营单位发生生产安全事故后，事故现场有关人员应当立即报告本单位负责人。单位负责人接到事故报告后，应当迅速采取有效措施，组织抢救，防止事故扩大，减少人员伤亡和财产损失，并按照国家有关规定立即如实报告当地负有安全生产监督管理职责的部门，不得隐瞒不报、谎报或者拖延不报，不得故意破坏事故现场、毁灭有关证据。

《特种设备安全法》进一步规定，特种设备发生事故后，事故发生单位应当按照应急预案采取措施，组织抢救，防止事故扩大，减少人员伤亡和财产损失，保护事故现场和有关证据，并及时向事故发生地县级以上人民政府负责特种设备安全监督管理的部门和有关部门报告。与事故相关的单位和人员不得迟报、谎报或者瞒报事故情况，不得隐匿、毁灭有关证据或者故意破坏事故现场。

（1）事故报告的时间要求

《生产安全事故报告和调查处理条例》规定，事故发生后，事故现场有关人员应当立即向本单位负责人报告；单位负责人接到报告后，应当于1小时内向事故发生地县级以上人民政府安全生产监督管理部门和负有安全生产监督管理职责的有关部门报告。情况紧急时，事故现场有关人员可以直接向事故发生地县级以上人民政府安全生产监督管理部门和负有安全生产监督管理职责的有关部门报告。

所谓事故现场，是指事故具体发生地点及事故能够影响和波及的区域，以及该区域内的物品、痕迹等所处的状态。所谓有关人员，主要是指事故发生单位在事故现场的有关工作人员，可以是事故的负伤者，或者是在事故现场的其他工作人员。所谓立即报告，是指在事故发生后的第一时间用最快捷的报告方式进行报告。所谓单位负责人，可以是事故发生单位的主要负责人，也可以是事故发生单位主要负责人以外的其他分管安全生产工作的副职领导或其他负责人。

（2）事故报告的内容要求

《生产安全事故报告和调查处理条例》规定，报告事故应当包括下列内容：

1）事故发生单位概况；

　　2）事故发生的时间、地点以及事故现场情况；

　　3）事故的简要经过；

　　4）事故已经造成或者可能造成的伤亡人数（包括下落不明的人数）和初步估计的直接经济损失；

　　5）已经采取的措施；

　　6）其他应当报告的情况。

　　2. 发生施工后应采取的相应措施

　　《建设工程安全生产管理条例》规定，发生生产安全事故后，施工单位应当采取措施防止事故扩大，保护事故现场。需要移动现场物品时，应当做出标记和书面记录，妥善保管有关证物。

　　（1）组织应急抢救工作

　　《生产安全事故报告和调查处理条例》规定，事故发生单位负责人接到事故报告后，应当立即启动事故相应应急预案，或者采取有效措施，组织抢救，防止事故扩大，减少人员伤亡和财产损失。

　　（2）妥善保护事故现场

　　《生产安全事故报告和调查处理条例》规定，事故发生后，有关单位和人员应当妥善保护事故现场以及相关证据，任何单位和个人不得破坏事故现场、毁灭相关证据。因抢救人员、防止事故扩大以及疏通交通等原因，需要移动事故现场物件的，应当做出标志，绘制现场简图并做出书面记录，妥善保存现场重要痕迹、物证。

　　确因特殊情况需要移动事故现场物件的，须同时满足以下条件：①抢救人员、防止事故扩大以及疏通交通的需要；②经事故单位负责人或者组织事故调查的安全生产监督管理部门和负有安全生产监督管理职责的有关部门同意；③做出标志，绘制现场简图拍摄现场照片，对被移动物件贴上标签，并做出书面记录；④尽量使现场少受破坏。

　　3. 事故的调查

　　《安全生产法》规定，事故调查处理应当按照实事求是、尊重科学的原则，及时、准确地查清事故原因，查明事故性质和责任，总结事故教训，提出整改措施，并对事故责任者提出处理意见。

　　（1）事故调查的管辖

　　《生产安全事故报告和调查处理条例》规定，特别重大事故由国务院或者国务院授权有关部门组织事故调查组进行调查。

　　重大事故、较大事故、一般事故分别由事故发生地省级人民政府、设区的市级人民政府、县级人民政府负责调查。省级人民政府、设区的市级人民政府、县级人民政府可以直接组织事故调查组进行调查，也可以授权或者委托有关部门组织事故调查组进行调查。未造成人员伤亡的一般事故，县级人民政府也可以委托事故发生单位组织事故调查组进行调查。上级人民政府认为必要时，可以调查由下级人民政府负责调查的事故。

　　特别重大事故以下等级事故，事故发生地与事故发生单位不在同一个县级以上行政区域的，由事故发生地人民政府负责调查，事故发生单位所在地人民政府应当派人参加。

（2）事故调查组的组成与职责

事故调查组的组成应当遵循精简、高效的原则。根据事故的具体情况，事故调查组由有关人民政府、安全生产监督管理部门、负有安全生产监督管理职责的有关部门、监察机关、公安机关以及工会派人组成，并应当邀请人民检察院派人参加。事故调查组可以聘请有关专家参与调查。

事故调查组成员应当具有事故调查所需要的知识和专长，并与所调查的事故没有直接利害关系。事故调查组组长由负责事故调查的人民政府指定。事故调查组组长主持事故调查组的工作。

事故调查组履行下列职责：①查明事故发生的经过、原因、人员伤亡情况及直接经济损失；②认定事故的性质和事故责任；③提出对事故责任者的处理建议；④总结事故教训，提出防范和整改措施；⑤提交事故调查报告。

（3）事故调查报告的期限与内容

事故调查组应当自事故发生之日起 60 日内提交事故调查报告；特殊情况下，经负责事故调查的人民政府批准，提交事故调查报告的期限可以适当延长，但延长的期限最长不超过 60 日。

事故调查报告应当包括下列内容：①事故发生单位概况；②事故发生经过和事故救援情况；③事故造成的人员伤亡和直接经济损失；④事故发生的原因和事故性质；⑤事故责任的认定以及对事故责任者的处理建议；⑥事故防范和整改措施。事故调查报告应当附具有关证据材料。事故调查组成员应当在事故调查报告上签名。

4. 事故的处理

《生产安全事故报告和调查处理条例》规定，重大事故、较大事故、一般事故，负有事故调查的人民政府应当自收到事故调查报告之日起 15 日内做出批复；特别重大事故，30 日内做出批复，特殊情况下，批复时间可以适当延长，但延长的时间最长不超过30 日。

有关机关应当按照人民政府的批复，依照法律、行政法规规定的权限和程序，对事故发生单位和有关人员进行行政处罚，对负有事故责任的国家工作人员进行处分。事故发生单位应当按照负责事故调查的人民政府的批复，对本单位负有事故责任的人员进行处理。

负有事故责任的人员涉嫌犯罪的，依法追究刑事责任。

事故处理的情况由负责事故调查的人民政府或者其授权的有关部门、机构向社会公布，依法应当保密的除外。

【案例 6-4】

一、背景

某住宅小区工地上，一载满作业工人的施工升降机在上升过程中突然失控冲顶，从100 米高处坠落，造成施工升降机上的 9 名施工人员全部随机坠落而遇难的惨剧。

二、问题

1. 本案中的事故应当定为何等级？

2. 在事故发生后，施工单位应当依法采取哪些措施？

三、解析

1.《生产安全事故报告和调查处理条例》第 3 条规定："较大事故，是指造成 3 人以上 10 人以下死亡，或者 10 人以上 50 人以下重伤，或者 1000 万元以上 5000 万元以下直接经济损失的事故。"据此，本案中的事故应当定为较大事故。

2. 在事故发生后，施工单位应当按照《生产安全事故报告和调查处理条例》第 9 条、第 14 条、第 16 条和《建设工程安全生产管理条例》第 50 条、第 51 条的规定，采取下列措施：①报告事故。事故发生后，事故现场有关人员应当立即向本单位负责人报告；单位负责人接到报告后，应当于 1 小时内向事故发生地县级以上人民政府安全生产监督管理部门、建设行政主管部门或者其他有关部门报告。特种设备发生事故的，还应当同时向特种设备安全监督管理部门报告。情况紧急时，事故现场有关人员可以直接向事故发生地县级以上人民政府安全生产监督管理部门、建设行政主管部门或者其他有关部门报告。实行施工总承包的建设工程，由总承包单位负责上报事故。②启动事故应急预案，组织抢救。事故发生单位负责人接到事故报告后，应当立即启动事故相应应急预案，或者采取有效措施，组织抢救，防止事故扩大，减少人员伤亡和财产损失。③事故现场保护。有关单位和人员应当妥善保护事故现场以及相关证据，任何单位和个人不得破坏事故现场、毁灭相关证据。因抢救人员、防止事故扩大以及疏通交通等原因，需要移动事故现场物件的，应当做出标志，绘制现场简图并做出书面记录，妥善保存现场重要痕迹、物证。

6.6　建设单位和相关单位的建设工程安全责任制度

6.6.1　建设单位相关的安全责任

建设单位是建设工程项目的投资主体或管理主体，在整个工程建设中居于主导地位。但长期以来，我国对建设单位的工程项目管理行为缺乏必要的法律约束，对其安全管理责任更没有明确规定，由于建设单位的某些工程项目管理行为不规范，直接或者间接导致施工生产安全事故的发生是有着不少惨痛教训的。为此，《建设工程安全生产管理条例》中明确规定，建设单位必须遵守安全生产法律、法规的规定，保证建设工程安全生产，依法承担建设工程安全生产责任。

1. 依法办理有关批准手续

《建筑法》规定，有下列情形之一的，建设单位应当按照国家有关规定办理申请批准手续：

（1）需要临时占用规划批准范围以外场地的；

（2）可能损坏道路、管线、电力、邮电通信等公共设施的；

（3）需要临时停水、停电、中断道路交通的；

（4）需要进行爆破作业的；

（5）法律、法规规定需要办理报批手续的其他情形。

2. 向施工单位提供真实、准确和完整的有关资料

《建筑法》规定，建设单位应当向建筑施工企业提供与施工现场相关的地下管线资料，建筑施工企业应当采取措施加以保护。

《建设工程安全生产管理条例》进一步规定，建设单位应当向施工单位提供施工现场及毗邻区域内供水、排水、供电、供气、供热、通信、广播电视等地下管线资料，气象和水文观测资料，相邻建筑物和构筑物、地下工程的有关资料，并保证资料的真实、准确、完整。

3. 不得提出违法要求和随意压缩合同工期

《建设工程安全生产管理条例》规定，建设单位不得对勘察、设计、施工、工程监理等单位提出不符合建设工程安全生产法律、法规和强制性标准规定的要求，不得压缩合同约定的工期。

合同约定的工期是建设单位与施工单位在工期定额的基础上，根据施工条件、技术水平等，经过双方平等协商而共同约定的工期。建设单位不能片面为了早日发挥建设项目的效益，迫使施工单位大量增加人力、物力投入，或者是简化施工程序，随意压缩合同约定的工期。

4. 确定建设工程安全作业环境及安全施工措施所需费用

《建设工程安全生产管理条例》规定，建设单位在编制工程概算时，应当确定建设工程安全作业环境及安全施工措施所需费用。

多年的实践表明，要保障施工安全生产，必须有合理的安全投入。因此，建设单位在编制工程概算时，就应当合理确定保障建设工程施工安全所需的费用，并依法足额向施工单位提供。

5. 不得要求购买、租赁和使用不符合安全施工要求的用具设备等

《建设工程安全生产管理条例》规定，建设单位不得明示或者暗示施工单位购买、租赁、使用不符合安全施工要求的安全防护用具、机械设备、施工机具及配件、消防设施和器材。

6. 申领施工许可证应当提供有关安全施工措施的资料

按照《建筑法》的规定，申请领取施工许可证应当具备的条件之一，就是"有保证工程质量和安全的具体措施"。

《建设工程安全生产管理条例》进一步规定，建设单位在领取施工许可证时，应当提供建设工程有关安全施工措施的资料。依法批准开工报告的建设工程，建设单位应当自开工报告批准之日起15日内，将保证安全施工的措施报送建设工程所在地的县级以上地方人民政府建设行政主管部门或者其他有关部门备案。

7. 装修工程和拆除工程的规定

《建筑法》规定，涉及建筑主体和承重结构变动的装修工程，建设单位应当在施工前委托原设计单位或者具有相应资质条件的设计单位提出设计方案；没有设计方案的，不得施工。《建筑法》还规定，房屋拆除应当由具备保证安全条件的建筑施工单位承担。

《建设工程安全生产管理条例》进一步规定，建设单位应当将拆除工程发包给具有相应资质等级的施工单位。建设单位应当在拆除工程施工15日前，将下列资料报送建设工程所在地的县级以上地方人民政府建设行政主管部门或者其他有关部门备案：

（1）施工单位资质等级证明；

（2）拟拆除建筑物、构筑物及可能危及毗邻建筑的说明；

（3）拆除施工组织方案；

（4）堆放、清除废弃物的措施。

实施爆破作业的，应当遵守国家有关民用爆炸物品管理的规定。

8. 建设单位违法行为应承担的法律责任

《建设工程安全生产管理条例》规定，建设单位未提供建设工程安全生产作业环境及安全施工措施所需费用的，责令限期改正；逾期未改正的，责令该建设工程停止施工。

建设单位未将保证安全施工的措施或者拆除工程的有关资料报送有关部门备案的，责令限期改正，给予警告。

建设单位有下列行为之一的，责令限期改正，处 20 万元以上 50 万元以下的罚款；造成重大安全事故，构成犯罪的，对直接责任人员，依照刑法有关规定追究刑事责任；造成损失的，依法承担赔偿责任：

（1）对勘察、设计、施工、工程监理等单位提出不符合安全生产法律、法规和强制性标准规定的要求的；

（2）要求施工单位压缩合同约定的工期的；

（3）将拆除工程发包给不具有相应资质等级的施工单位的。

6.6.2　勘察、设计单位相关的安全责任

1. 勘察单位的安全责任

《建设工程安全生产管理条例》规定，勘察单位应当按照法律、法规和工程建设强制性标准进行勘察，提供的勘察文件应当真实、准确，满足建设工程安全生产的需要。勘察单位在勘察作业时，应当严格执行操作规程，采取措施保证各类管线、设施和周边建筑物、构筑物的安全。

2. 设计单位的安全责任

工程设计是工程建设的灵魂。在建设工程项目确定后，工程设计便成为工程建设中最重要、最关键的环节，对安全施工有着重要影响。

（1）按照法律、法规和工程建设强制性标准进行设计

《建设工程安全生产管理条例》规定，设计单位应当按照法律、法规和工程建设强制性标准进行设计，防止因设计不合理导致生产安全事故的发生。

（2）提出防范生产安全事故的指导意见和措施建议

《建设工程安全生产管理条例》规定，设计单位应当考虑施工安全操作和防护的需要，对涉及施工安全的重点部位和环节在设计文件中注明，并对防范生产安全事故提出指导意见。采用新结构、新材料、新工艺的建设工程和特殊结构的建设工程，设计单位应当在设计中提出保障施工作业人员安全和预防生产安全事故的措施建议。

（3）对设计成果承担责任

《建设工程安全生产管理条例》规定，设计单位和注册建筑师等注册执业人员应当对其设计负责。

"谁设计，谁负责"，这是国际通行做法。如果由于设计责任造成事故，设计单位就要承担法律责任，还应当对造成的损失进行赔偿。建筑师、结构工程师等注册执业人员应当在设计文件上签字盖章，对设计文件负责，并承担相应的法律责任。

3. 勘察、设计单位应承担的法律责任

《建设工程安全生产管理条例》规定，勘察单位、设计单位有下列行为之一的，责令限期改正，处 10 万元以上 30 万元以下的罚款；情节严重的，责令停业整顿，降低资质等级，直至吊销资质证书；造成重大安全事故，构成犯罪的，对直接责任人员，依照刑法有关规定追究刑事责任；造成损失的，依法承担赔偿责任：（1）未按照法律、法规和工程建设强制性标准进行勘察、设计的；（2）采用新结构、新材料、新工艺的建设工程和特殊结构的建设工程，设计单位未在设计中提出保障施工作业人员安全和预防生产安全事故的措施建议的。

注册执业人员未执行法律、法规和工程建设强制性标准的，责令停止执业 3 个月以上 1 年以下；情节严重的，吊销执业资格证书，5 年内不予注册；造成重大安全事故的，终身不予注册；构成犯罪的，依照刑法有关规定追究刑事责任。

6.6.3 工程监理、设备检验检测单位相关的安全责任

1. 工程监理单位的安全责任

工程监理是监理单位受建设单位的委托，依照法律、法规和建设工程监理规范的规定，对工程建设实施的监督管理。但在实践中，一些监理单位只注重对施工质量、进度和投资的监控，不重视对施工安全的监督管理，这就使得施工现场因违章指挥、违章作业而发生的伤亡事故局面未能得到有效控制。因此，须依法加强施工安全监理工作，进一步提高建设工程监理水平。

（1）对安全技术措施或专项施工方案进行审查

《建设工程安全生产管理条例》规定，工程监理单位应当审查施工组织设计中的安全技术措施或者专项施工方案是否符合工程建设强制性标准。

（2）依法对施工安全事故隐患进行处理

《建设工程安全生产管理条例》规定，工程监理单位在实施监理过程中，发现存在安全事故隐患的，应当要求施工单位整改；情况严重的，应当要求施工单位暂时停止施工，并及时报告建设单位。施工单位拒不整改或者不停止施工的，工程监理单位应当及时向有关主管部门报告。

（3）承担建设工程安全生产的监理责任

《建设工程安全生产管理条例》规定，工程监理单位和监理工程师应当按照法律、法规和工程建设强制性标准实施监理，并对建设工程安全生产承担监理责任。

工程监理单位有下列行为之一的，责令限期改正；逾期未改正的，责令停业整顿，并处 10 万元以上 30 万元以下的罚款；情节严重的，降低资质等级，直至吊销资质证书；造成重大安全事故，构成犯罪的，对直接责任人员，依照刑法有关规定追究刑事责任；造成损失的，依法承担赔偿责任：①未对施工组织设计中的安全技术措施或者专项施工方案进行审查的；②发现安全事故隐患未及时要求施工单位整改或者暂时停止施工的；③施工单位拒不整改或者不停止施工，未及时向有关主管部门报告的；④未依照法律、法规和工程建设强制性标准实施监理的。

2. 设备检验检测单位的安全责任

《建设工程安全生产管理条例》规定，检验检测机构对检测合格的施工起重机械和整

体提升脚手架、模板等自升式架设设施，应当出具安全合格证明文件，并对检测结果负责。

（1）特种设备检验检测单位的职责

《特种设备安全法》规定，特种设备产品、部件或者试制的特种设备新产品、新部件以及特种设备采用的新材料，按照安全技术规范的要求需要通过型式试验进行安全性验证的，应当经负责特种设备安全监督管理的部门核准的检验机构进行型式试验。

（2）特种设备检验检测单位违法行为应承担的法律责任

特种设备检验、检测机构及其检验、检测人员有下列行为之一的，责令改正，对机构处 5 万元以上 20 万元以下罚款，对直接负责的主管人员和其他直接责任人员处 5000 元以上 5 万元以下罚款；情节严重的，吊销机构资质和有关人员的资格：

① 未经核准或者超出核准范围、使用未取得相应资格的人员从事检验、检测的；

② 未按照安全技术规范的要求进行检验、检测的；

③ 出具虚假的检验、检测结果和鉴定结论或者检验、检测结果和鉴定结论严重失实的；

④ 发现特种设备存在严重事故隐患，未及时告知相关单位，并立即向负责特种设备安全监督管理的部门报告的；

⑤ 泄露检验、检测过程中知悉的商业秘密的；

⑥ 从事有关特种设备的生产、经营活动的；

⑦ 推荐或者监制、监销特种设备的；

⑧ 利用检验工作故意刁难相关单位的。

特种设备检验、检测机构拒不接受负责特种设备安全监督管理的部门依法实施的监督检查的，责令限期改正；逾期未改正的，责令停产停业整顿，处 2 万元以上 20 万元下罚款。

6.6.4　机械设备等单位相关的安全责任

1. 提供机械设备和配件单位的安全责任

《建设工程安全生产管理条例》规定，为建设工程提供机械设备和配件的单位，应当按照安全施工的要求配备齐全有效的保险、限位等安全设施和装置。

2. 出租机械设备和施工机具及配件单位的安全责任

《建设工程安全生产管理条例》规定，出租的机械设备和施工机具及配件，应当具有生产（制造）许可证、产品合格证。出租单位应当对出租的机械设备和施工机具及配件的安全性能进行检测，在签订租赁协议时，应当出具检测合格证明。禁止出租检测不合格的机械设备和施工机具及配件。

3. 施工起重机械和自升式架设设施安装、拆卸单位的安全责任

施工起重机械，是指施工中用于垂直升降或者垂直升降并水平移动重物的机械设备，如塔式起重机、施工外用电梯、物料提升机等。自升式架设设施，是指通过自有装置可将自身升高的架设设施，如整体提升脚手架、模板等。

（1）安装、拆卸施工起重机械和自升式架设设施必须具备相应的资质

《建设工程安全生产管理条例》规定，在施工现场安装、拆卸施工起重机械和整体提

升脚手架、模板等自升式架设设施，必须由具有相应资质的单位承担。

（2）编制安装、拆卸方案和现场监督

《建设工程安全生产管理条例》规定，安装、拆卸施工起重机械和整体提升脚手架、模板等自升式架设设施，应当编制拆装方案、制定安全施工措施，并由专业技术人员现场监督。

安装单位应当履行下列安全职责：①按照安全技术标准及建筑起重机械性能要求，编制建筑起重机械安装、拆卸工程专项施工方案，并由本单位技术负责人签字；②按照安全技术标准及安装使用说明书等检查建筑起重机械及现场施工条件；③组织安全施工技术交底并签字确认；④制定建筑起重机械安装、拆卸工程生产安全事故应急救援预案；⑤将建筑起重机械安装、拆卸工程专项施工方案，安装、拆卸人员名单，安装、拆卸时间等材料报施工总承包单位和监理单位审核后，告知工程所在地县级以上地方人民政府建设主管部门。

（3）出具自检合格证明、进行安全使用说明、办理验收手续的责任

《建设工程安全生产管理条例》规定，施工起重机械和整体提升脚手架、模板等自升式架设设施安装完毕后，安装单位应当自检，出具自检合格证明，并向施工单位进行安全使用说明，办理验收手续并签字。

（4）依法对施工起重机械和自升式架设设施进行检测

《建设工程安全生产管理条例》规定，施工起重机械和整体提升脚手架、模板等自升式架设设施的使用达到国家规定的检验检测期限的，必须经具有专业资质的检验检测机构检测。经检测不合格的，不得继续使用。

（5）机械设备等单位违法行为应承担的法律责任

《建设工程安全生产管理条例》规定，为建设工程提供机械设备和配件的单位，未按照安全施工的要求配备齐全有效的保险、限位等安全设施和装置的，责令限期改正，处合同价款1倍以上3倍以下的罚款；造成损失的，依法承担赔偿责任。

出租单位出租未经安全性能检测或者经检测不合格的机械设备和施工机具及配件的，责令停业整顿，并处5万元以上10万元以下的罚款；造成损失的，依法承担赔偿责任。

施工起重机械和整体提升脚手架、模板等自升式架设设施安装、拆卸单位有下列行为之一的，责令限期改正，处5万元以上10万元以下的罚款；情节严重的，责令停业整顿，降低资质等级，直至吊销资质证书；造成损失的，依法承担赔偿责任：①未编制拆装方案、制定安全施工措施的；②未由专业技术人员现场监督的；③未出具自检合格证明或者出具虚假证明的；④未向施工单位进行安全使用说明，办理移交手续的。

6.6.5　政府部门安全监督管理的相关规定

1. 建设工程安全生产的监督管理体制

《建设工程安全生产管理条例》规定，国务院负责安全生产监督管理的部门依照《中华人民共和国安全生产法》的规定，对全国安全生产工作实施综合监督管理。县级以上地方各级人民政府负责安全生产监督管理的部门，依照《中华人民共和国安全生产法》

的规定，对本行政区域内安全生产工作实施综合监督管理。

国务院建设行政主管部门对全国的建设工程安全生产实施监督管理。国务院铁路、交通、水利等有关部门按照国务院规定的职责分工，负责有关专业建设工程安全生产的监督管理。

县级以上地方人民政府建设行政主管部门对本行政区域内的建设工程安全生产实施监督管理。县级以上地方人民政府交通、水利等有关部门在各自的职责范围内，负责本行政区域内的专业建设工程安全生产的监督管理。

建设行政主管部门或者其他有关部门可以将施工现场的监督检查委托给建设工程安全监督机构具体实施。

2. 政府主管部门对安全施工措施的审查

建设行政主管部门在审核发放施工许可证时，应当对建设工程是否有安全施工措施进行审查，对没有安全施工措施的，不得颁发施工许可证。

建设行政主管部门或者其他有关部门对建设工程是否有安全施工措施进行审查时，不得收取费用。

3. 政府主管部门履行职责时有权采取的措施

县级以上人民政府负有建设工程安全生产监督管理职责的部门在各自的职责范围内履行安全监督检查职责时，有权采取下列措施：①要求被检查单位提供有关建设主程安全生产的文件和资料；②进入被检查单位施工现场进行检查；③纠正施工中违反安全生产要求的行为；④对检查中发现的安全事故隐患，责令立即排除，重大安全事故隐患排除前或者排除过程中无法保证安全的，责令从危险区域内撤出作业人员或者暂时停止施工。

《特种设备安全法》还规定，负责特种设备安全监督管理的部门在依法履行监督检查职责时，可以行使下列职权：①进入现场进行检查，向特种设备生产、经营、使用单位和检验、检测机构的主要负责人和其他有关人员调查、了解有关情况；②根据举报或者取得的涉嫌违法证据，查阅、复制特种设备生产、经营、使用单位和检验、检测机构的有关合同、发票、账簿以及其他有关资料；③对有证据表明不符合安全技术规范要求或者存在严重事故隐患的特种设备实施查封、扣押；④对流入市场的达到报废条件或者已经报废的特种设备实施查封、扣押；⑤对违反本法规定的行为作出行政处罚决定。

4. 组织制定特大事故应急救援预案和重大生产安全事故抢救

《安全生产法》规定，县级以上地方各级人民政府应当组织有关部门制定本行政区域内特大生产安全事故应急救援预案，建立应急救援体系。

有关地方人民政府和负有安全生产监督管理职责的部门负责人接到重大生产安全事故报告后，应当立即赶到事故现场，组织事故抢救。

5. 淘汰严重危及施工安全的工艺设备材料及受理检举、控告和投诉

《建设工程安全生产管理条例》规定，国家对严重危及施工安全的工艺、设备、材料实行淘汰制度。具体目录由国务院建设行政主管部门会同国务院其他有关部门制定并公布。

县级以上人民政府建设行政主管部门和其他有关部门应当及时受理对建设工程生产安全事故及安全事故隐患的检举、控告和投诉。

【案例6-5】

一、背景

某县招待所决定对2层砖混结构住宿楼进行局部拆除改建和重新装修，并将拆改和装修工程包给一无资质的劳务队。该工程未经有资质的单位设计，也没有办理相关手续，仅由劳务队队长口述了自己的施工方案，便开始组织施工。该劳务队队长在现场指挥4人在2楼干活，安排2人在1楼干活。当1名工人在修凿砖柱（剩余墙体）时，突然发生坍塌，导致屋面梁和整个屋面板全部倒塌，施工人员被埋压。

二、问题

1. 本案中建设单位有何违法行为？

2. 建设单位应当承担哪些法律责任？

三、解析

1. 本案中的建设单位主要有3项违法行为：①未依法委托设计。《建筑法》第49条规定："涉及建筑主体和承重结构变动的装修工程，建设单位应当在施工前委托原设计单位或者具有相应资质条件的设计单位提出设计方案；没有设计方案的，不得施工。"②将拆除工程发包给无施工资质的劳务队。《建设工程安全生产管理条例》第11条第1款规定："建设单位应当将拆除工程发包给具有相应资质等级的施工单位"。③未依法办理拆除工程施工前的备案手续。《建设工程安全生产管理条例》第11条第2款规定："建设单位应当在拆除工程施工15日前，将下列资料报送建设工程所在地的县级以上地方人民政府建设行政主管部门或者其他有关部门备案：（一）施工单位资质等级证明；（二）拟拆除建筑物、构筑物及可能危及毗邻建筑的说明；（三）拆除施工组织方案；（四）堆放、清除废弃物的措施。"

2. 《建筑法》第70条规定："涉及建筑主体或者承重结构变动的装修工程擅自施工的，责令改正，处以罚款；造成损失的，承担赔偿责任；构成犯罪的，依法追究刑事责任。"《建设工程安全生产管理条例》第54条第2款规定："建设单位未将保证安全施工的措施或者拆除工程的有关资料报送有关部门备案的，责令限期改正，给予警告"。第55条规定："建设单位有下列行为之一的，责令限期改正，处20万元以上50万元以下的罚款；造成重大安全事故，构成犯罪的，对直接责任人员，依照刑法有关规定追究刑事责任；造成损失的，依法承担赔偿责任；……（3）将拆除工程发包给不具有相应资质等级的施工单位的。"据此，对建设单位应当责令改正，处以罚款，并依据事故等级和所造成损失，依法追究直接责任人员的刑事责任，依法承担赔偿责任。

本单元小结

本单元详细介绍了建筑安全生产管理的方针和原则，施工安全生产许可证的申领和监管，施工单位安全生产的责任及安全生产教育培训制度，施工现场的安全防护和意外伤害保险的规定，施工安全生产事故的应急救援和调查处理，建设单位和相关单位的建设工程安全责任制度。

练习题

一、单项选择题

1. 根据《建设工程安全生产管理条例》，建筑施工单位未取得安全生产许可证的，不得（　　）。

A. 项目开工　　　　　　　　　　　B. 从事建筑施工活动

C. 参加项目投标　　　　　　　　　D. 办理工程承竣工手续

2.《建设工程安全生产管理条例》规定，安全生产许可证的有效期为（　　）年。

A. 2 年　　　　　　　　　　　　　B. 3 年

C. 5 年　　　　　　　　　　　　　D. 因企业类型不同而不同

3. 某工程项目实行施工总承包的，则该项目的建设工程生产安全施工应急救援预案由（　　）统一组织编制。

A. 建设单位　　　　　　　　　　　B. 总承包单位

C. 监理单位　　　　　　　　　　　D. 总承包单位和专业分包单位

4. 关于建筑施工劳务分包企业专职安全生产管理人员配备，说法正确的是（　　）。

A. 无需配备　　　　　　　　　　　B. 不少于 2 人

C. 单位安全职能部门　　　　　　　D. 单位项目负责人

5. 建筑职工意外伤害险的投保人（　　）。

A. 建设单位　　　B. 施工单位　　　C. 保险经纪公司　　　D. 保险公司

6. 按照《建设工程安全生产管理条例》的规定，分部分项工程的专项施工方案实施时，由（　　）进行现场监督。

A. 专职安全生产管理人员　　　　　B. 项目技术负责人

C. 监理工程师　　　　　　　　　　D. 总监理工程师

7. 某高层建筑在地下桩基施工中，基坑发生坍塌，造成 10 人死亡，直接经济损失 900 余万元，本次施工属于（　　）。

A. 重大事故　　　B. 特别重大事故　　　C. 较大事故　　　　D. 一般事故

8. 某工地发生火灾事故，总包单位及时报告后发现伤亡人数又有增加，则（　　）。

A. 自事故发生之日起 15 日内补报　　B. 自事故发生之日起 30 日内补报

C. 自事故发生之日起 10 日内补报　　D. 自事故发生之日起 7 日内补报

9. 下列对工程监理安全责任的表述中，正确的是（　　）。

A. 监理单位应当以监理合同为依据对施工进行监管

B. 建立单位负责施工的质量、进度、费用控制，不负责安全监管

C. 监理单位安全人员可有质量工程师兼任

D. 施工合同签订前，主要是协助建设单位做好施工招标准备的各项工作

10. 依法批准开工报告的建设工程，建设单位应当（　　），将保证安全施工的措施报送建设工程所在地的县级以上地方人民政府建设行政主管部门或者其他有关部门备案。

A. 在开工报告批准同时　　　　　　B. 自开工报告批准之日起 10 日内

C. 自开工报告批准之日起 15 日内　　D. 自开工报告批准之日起 20 日内

二、多项选择题

1. 根据《建筑施工企业安全生产许可证管理规定》要求，建筑施工企业取得安全生产许可证应当具备的条件包括（　　）。

A. 有保证本单位安全生产条件所需资金的投入

B. 特种作业人员经有关部门考核合格并取得资格证书

C. 全员参加意外伤害保险

D. 设置安全生产管理机构

E. 有生产安全施工应急救援预案

2. 建筑施工企业如发生下列（　　）行为，将受到主管部门责令其在建项目停止施工的处罚。

A. 未取得安全生产许可证从事建筑施工活动

B. 安全生产许可证有效期满未办理延期手续继续从事施工活动

C. 转让安全生产许可证施工的

D. 冒用他人安全生产许可证的

E. 使用伪造安全生产许可证的

3. 施工作业人员享有的安全生产权利包括（　　）。

A. 获得安全生产所需的防护用品

B. 了解其作业场所和工作岗位存在的危险因素、防范措施及事故应急措施

C. 安全事故隐患报告

D. 拒绝加班连续作业

E. 获得意外伤害保险赔偿

4. 下列事项中属于建筑施工企业安全管理机构和专职安全生产管理人员职责的是（　　）。

A. 及时、如实报告生产安全事故情况

B. 组织开展安全生产评优先表彰工作

C. 检查专项方案的落实情况

D. 监督作业人员安全防护用品的使用

E. 现场重大安全隐患越级报告

5. 按照《生产安全施工应急预案管理办法》规定，生产经营单位应急预案应当及时修订的情形包括（　　）。

A. 单位应急组织指挥体系已调整

B. 编制所依据的行政规章发生变化

C. 单位转制导致法定代表人变化

D. 单位生产工艺变化

E. 应当报告已经采取的措施

6. 工程建立单位在实施工程监理的过程中，发现安全事故隐患，其能够采取的措施有（　　）。

A. 编制安全生产技术措施的责任

B. 统一协调总、分包单位安全生产的责任

C. 对拆除工程进行备案的责任

D. 确定建设工程安全作业环境具安全施工措施所需费用的责任

E. 需要进行爆破作业的办理报批手续的责任

三、简答题

1. 简述建筑安全生产管理的方针和原则。

2. 安全生产许可证违法行为主要有哪些?

3. 施工现场安全防护都有哪些内容?

4. 简述生产安全事故的等级划分标准。

5. 简述施工生产安全施工应急救援预案的主要作用和施工报告的主要内容。

6. 工程监理单位的安全责任有哪些?

单元 7
建设工程质量法律制度

【引言】

　　建设工程作为一种特殊产品，是人们日常生活和生产、经营、工作等的主要场所，是人类赖以生存和发展的重要物质基础。建设工程一旦发生质量事故，特别是重大垮塌事故，将危及人民生命财产安全，甚至造成无可估量的损失。因此，"百年大计，质量第一"，必须进一步提高建设工程质量水平，确保建设工程的安全可靠。本单元着重针对《建筑法》、《建设工程质量管理条例》、《建设项目（工程）竣工验收办法》等法律法规中关于建筑工程主体质量责任制、工程竣工验收制度及工程质量保修制度有关规定进行的阐述，这些规定对保护工程项目参与方及消费者合法权益可起到重要的保障作用。

【学习目标】

　　通过本单元学习，你将能够：

　　√　了解工程建设标准强制性条文的实施；

　　√　掌握施工单位的质量责任和义务；

　　√　掌握建设单位、勘察设计单位、工程监理单位的质量责任和义务；

　　√　了解政府部门工程质量监督管理的相关规定；

　　√　掌握建设工程竣工验收制度；

　　√　了解建设工程质量保修制度。

7.1　工程建设标准

7.1.1　工程建设标准的分类

　　按照1988年12月颁布的《标准化法》规定，我国的标准分为国家标准、行业准、地方标准和企业标准。国家标准、行业标准分为强制性标准和推荐性标准。

保障人体健康，人身、财产安全的标准和法律、行政法规规定强制执行的标准是强制性标准，其他标准是推荐性标准。强制性标准一经颁布，必须贯彻执行，对造成恶劣后果和重大损失的单位和个人，要受到经济制裁或承担法律责任。

1. 工程建设国家标准

《标准化法》规定，对需要在全国范围内统一的技术要求，应当制定国家标准。

（1）工程建设国家标准的范围和类型

1992 年 12 月建设部发布的《工程建设国家标准管理办法》规定，对需要在全国范围内统一的下列技术要求，应当制定国家标准：

1）工程建设勘察、规划、设计、施工（包括安装）及验收等通用的质量要求；

2）工程建设通用的有关安全、卫生和环境保护的技术要求；

3）工程建设通用的术语、符号、代号、量与单位、建筑模数和制图方法；

4）工程建设通用的试验、检验和评定等方法；

5）工程建设通用的信息技术要求；

6）国家需要控制的其他工程建设通用的技术要求。

工程建设国家标准分为强制性标准和推荐性标准。下列标准属于强制性标准：

1）工程建设勘察、规划、设计、施工（包括安装）及验收等通用的综合标准和重要的通用的质量标准；

2）工程建设通用的有关安全、卫生和环境保护的标准；

3）工程建设重要的通用的术语、符号、代号、量与单位、建筑模数和制图方法标准；

4）工程建设重要的通用的试验、检验和评定方法等标准；

5）工程建设重要的通用的信息技术标准；

6）国家需要控制的其他工程建设通用的标准。

强制性标准以外的标准是推荐性标准。

（2）工程建设国家标准的制订原则和程序

制订国家标准应当遵循下列原则：①必须贯彻执行国家的有关法律、法规和方针、政策，密切结合自然条件，合理利用资源，充分考虑使用和维修的要求，做到安全适用、技术先进、经济合理；②对需要进行科学试验或测试验证的项目，应当纳入各级主管部门的科研计划，认真组织实施，写出成果报告；③纳入国家标准的新技术、新工艺、新设备、新材料，应当经有关主管部门或受委托单位鉴定，且经实践检验行之有效；④积极采用国际标准和国外先进标准，并经认真分析论证或测试验证，符合我国国情；⑤国家标准条文规定应当严谨明确，文句简练，不得模棱两可，其内容深度、术语、符号、计量单位等应当前后一致；⑥必须做好与现行相关标准之间的协调工作。

工程建设国家标准的制订程序分为准备、征求意见、送审和报批四个阶段。

（3）工程建设国家标准的审批发布和编号

工程建设国家标准由国务院工程建设行政主管部门审查批准，由国务院标准化行政主管部门统一编号，由国务院标准化行政主管部门和国务院工程建设行政主管部门联合发布。

工程建设国家标准的编号由国家标准代号、发布标准的顺序号和发布标准的年号组成。强制性国家标准的代号为"GB"，推荐性国家标准的代号为"GB/T"。例如：《建筑工程施工质量验收统一标准》GB 50300—2013，其中 GB 表示为强制性国家标准，50300 表示标准发布顺序号，2013 表示是 2013 年批准发布；《工程建设施工企业质量管理规范》GB/T 50430—2007，其中 GB/T 表示为推荐性国家标准，50430 表示标准发布顺序号，2007 表示是 2007 年批准发布。

（4）国家标准的复审与修订

国家标准实施后，应当根据科学技术的发展和工程建设的需要，由该国家标准的管理部门适时组织有关单位进行复审。复审一般在国家标准实施后 5 年进行 1 次。复审可以采取函审或会议审查，一般由参加过该标准编制或审查的单位或个人参加。

国家标准复审后，标准管理单位应当提出其继续有效或者予以修订、废止的意见，经该国家标准的主管部门确认后报国务院工程建设行政主管部门批准。凡属下列情况之一的国家标准，应当进行局部修订：①国家标准的部分规定已制约了科学技术新成果的推广应用；②国家标准的部分规定经修订后可取得明显的经济效益、社会效益、环境效益；③国家标准的部分规定有明显缺陷或与相关的国家标准相抵触；④需要对现行的国家标准做局部补充规定。

2. 工程建设行业标准

《标准化法》规定，对没有国家标准而又需要在全国某个行业范围内统一的技术要求，可以制定行业标准。在公布国家标准之后，该项行业标准即行废止。

（1）工程建设行业标准的范围和类型

1992 年 12 月建设部发布的《工程建设行业标准管理办法》规定，对没有国家标准而需要在全国某个行业范围内统一的下列技术要求，可以制定行业标准：①工程建设勘察、规划、设计、施工（包括安装）及验收等行业专用的质量要求；②工程建设行业专用的有关安全、卫生和环境保护的技术要求；③工程建设行业专用的术语、符号、代号、量与单位和制图方法；④工程建设行业专用的试验、检验和评定等方法；⑤工程建设行业专用的信息技术要求；⑥其他工程建设行业专用的技术要求。

工程建设行业标准也分为强制性标准和推荐性标准。下列标准属于强制性标准：①工程建设勘察、规划、设计、施工（包括安装）及验收等行业专用的综合性标准和重要的行业专用的质量标准；②工程建设行业专用的有关安全、卫生和环境保护的标准；③工程建设重要的行业专用的术语、符号、代号、量与单位和制图方法标准；④工程建设重要的行业专用的试验、检验和评定方法等标准；⑤工程建设重要的行业专的信息技术标准；⑥行业需要控制的其他工程建设标准。

强制性标准以外的标准是推荐性标准。

（2）工程建设行业标准的制订、修订程序与复审

工程建设行业标准的制订、修订程序，也可以按准备、征求意见、送审和报批四个阶段进行。

工程建设行业标准实施后，根据科学技术的发展和工程建设的实际需要，该标准的批准部门应当适时进行复审，确认其继续有效或予以修订、废止。一般也是 5 年复审

1次。

3. 工程建设地方标准

《标准化法》规定，对没有国家标准和行业标准而又需要在省、自治区、直辖市范围内统一的工业产品的安全、卫生要求，可以制定地方标准。在公布国家标准或者行业标准之后，该项地方标准即行废止。

（1）工程建设地方标准制定的范围和权限

2004年2月建设部发布的《工程建设地方标准化工作管理规定》中规定，工程建设地方标准项目的确定，应当从本行政区域工程建设的需要出发，并应体现本行政区域的气候、地理、技术等特点。对没有国家标准、行业标准或国家标准、行业标准规定不具体，且需要在本行政区域内作出统一规定的工程建设技术要求，可制定相应的工程建设地方标准。

工程建设地方标准在省、自治区、直辖市范围内由省、自治区、直辖市建设行政主管部门统一计划、统一审批、统一发布、统一管理。

（2）工程建设地方标准的实施和复审

工程建设地方标准不得与国家标准和行业标准相抵触。对与国家标准或行业标准相抵触的工程建设地方标准的规定，应当自行废止。工程建设地方标准应报国务院建设行政主管部门备案。未经备案的工程建设地方标准，不得在建设活动中使用。

工程建设地方标准中，对直接涉及人民生命财产安全、人体健康、环境保护和公共利益的条文，经国务院建设行政主管部门确定后，可作为强制性条文。在不违反国家标准和行业标准的前提下，工程建设地方标准可以独立实施。

工程建设地方标准实施后，应根据科学技术的发展、本行政区域工程建设的需要以及工程建设国家标准、行业标准的制定、修订情况，适时进行复审，复审周期一般不超过5年。对复审后需要修订或局部修订的工程建设地方标准，应当及时进行修订或局部修订。

4. 工程建设企业标准

《标准化法》规定，企业生产的产品没有国家标准和行业标准的，应当制定企业标准，作为组织生产的依据。已有国家标准或者行业标准的，国家鼓励企业制定严于国家标准或者行业标准的企业标准，在企业内部适用。

1995年6月建设部发布的《关于加强工程建设企业标准化工作的若干意见》指出，工程建设企业标准一般包括企业的技术标准、管理标准和工作标准。

企业技术标准，是指对本企业范围内需要协调和统一的技术要求所制定的标准。如施工过程中的质量、方法或工艺的要求，安全、卫生和环境保护的技术要求以及试验、检验和评定方法等作出规定。对已有国家标准、行业标准或地方标准的，企业可以按照国家标准、行业标准或地方标准的规定执行，也可以根据本企业的技术特点和实际需要制定优于国家标准、行业标准或地方标准的企业标准；对没有国家标准、行业标准或地方标准的，企业应当制定企业标准。国家鼓励企业积极采用国际标准或国外先进标准。

企业管理标准，是指对本企业范围内需要协调和统一的管理要求所制定的标准。如企业的组织管理、计划管理、技术管理、质量管理和财务管理等。

企业工作标准，是指对本企业范围内需要协调和统一的工作事项要求所制定的标准。重点应围绕工作岗位的要求，对企业各个工作岗位的任务、职责、权限、技能、方法、程序、评定等作出规定。如施工企业的泥工工作标准、木工翻样工工作标准、钢筋翻样工工作标准、钢筋工工作标准、混凝土工工作标准、架子工工作标准、防水工工作标准、油漆玻璃工工作标准、中心试验室试验工工作标准、安装电工工作标准、吊装起重工工作标准等。

需要说明的是，标准、规范、规程都是标准的表现方式，习惯上统称为标准。此外，在实践中还有推荐性的工程建设协会标准。

7.1.2 工程建设强制性标准实施的规定

工程建设标准制定的目的在于实施。否则，再好的标准也是一纸空文。我国工程建设领域所出现的各类工程质量事故，大都是没有贯彻或没有严格贯彻强制性标准的结果。因此，《标准化法》规定，强制性标准，必须执行。《建筑法》规定，建筑活动应当确保建筑工程质量和安全，符合国家的建设工程安全标准。

1. 工程建设各方主体实施强制性标准的法律规定

《建筑法》和2000年1月颁布的《建设工程质量管理条例》规定，建设单位不得以任何理由，要求建筑设计单位或者建筑施工企业在工程设计或者施工作业中，违反法律、行政法规和建筑工程质量、安全标准，降低工程质量。建设单位不得明示或者暗示设计单位或者施工单位违反工程建设强制性标准，降低建设工程质量。建筑设计单位和建筑施工企业对建设单位违反规定提出的降低工程质量的要求，应当予以拒绝。

勘察、设计单位必须按照工程建设强制性标准进行勘察、设计，并对其勘察、设计的质量负责。建筑工程设计应当符合按照国家规定制定的建筑安全规程和技术规范，保证工程的安全性能。勘察、设计文件应当符合有关法律、行政法规的规定和建筑工程质量、安全标准、建筑工程勘察、设计技术规范以及合同的约定。设计文件选用的建筑材料、建筑构配件和设备，应当注明其规格、型号、性能等技术指标，其质量要求必须符合国家规定的标准。

施工单位必须按照工程设计图纸和施工技术标准施工，不得擅自修改工程设计，不得偷工减料。施工单位必须按照工程设计要求、施工技术标准和合同约定，对建筑材料、建筑构配件、设备和商品混凝土进行检验，检验应当有书面记录和专人签字；未经检验或者检验不合格的，不得使用。

建筑工程监理应当依照法律、行政法规及有关的技术标准、设计文件和建筑工程承包合同，对承包单位在施工质量、建设工期和建设资金使用等方面，代表建设单位实施监督。工程监理人员认为工程施工不符合工程设计要求、施工技术标准和合同约定的，有权要求建筑施工企业改正。工程监理人员发现工程设计不符合建筑工程质量标准或者合同约定的质量要求的，应当报告建设单位要求设计单位改正。

2. 工程建设标准强制性条文的实施

在工程建设标准的条文中，使用"必须"、"严禁"、"应"、"不应"、"不得"等属于强制性标准的用词，而使用"宜"、"不宜"、"可"等一般不是强制性标准的规定。但在工作实践中，强制性标准与推荐性标准的划分仍然存在一些困难。

2000 年 8 月建设部发布的《实施工程建设强制性标准监督规定》中规定，在中华人民共和国境内从事新建、扩建、改建等工程建设活动，必须执行工程建设强制性标准。工程建设强制性标准是指直接涉及工程质量、安全、卫生及环境保护等方面的工程建设标准强制性条文。国家工程建设标准强制性条文由国务院建设行政主管部门会同国务院有关行政主管部门确定。

在对工程建设强制性标准实施改革后，我国目前实行的强制性标准包含三部分：

（1）批准发布时已明确为强制性标准的；

（2）批准发布时虽未明确为强制性标准，但其编号中不带"/T"的，仍为强制性标准；

（3）自 2000 年后批准发布的标准，批准时虽未明确为强制性标准，但其中有必须严格执行的强制性条文（黑体字），编号也不带"/T"的，也应视为强制性标准。

3. 对工程建设强制性标准的监督检查

（1）监督管理机构

《实施工程建设强制性标准监督规定》规定，国务院建设行政主管部门负责全国实施工程建设强制性标准的监督管理工作。国务院有关行政主管部门按照国务院的职能分工负责实施工程建设强制性标准的监督管理工作。县级以上地方人民政府建设行政主管部门负责本行政区域内实施工程建设强制性标准的监督管理工作。

（2）监督检查的方式和内容

工程建设标准批准部门应当定期对建设项目规划审查机关、施工图设计文件审查单位、建筑安全监督管理机构、工程质量监督机构实施强制性标准的监督进行检查，对监督不力的单位和个人，给予通报批评，建议有关部门处理。

工程建设标准批准部门应当对工程项目执行强制性标准情况进行监督检查。强制性标准监督检查的内容包括：①工程技术人员是否熟悉、掌握强制性标准；②工程项目的规划、勘察、设计、施工、验收等是否符合强制性标准的规定；③工程项目采用的材料、设备是否符合强制性标准的规定；④工程项目的安全、质量是否符合强制性标准的规定；⑤工程项目采用的导则、指南、手册、计算机软件的内容是否符合强制性标准的规定。

【案例 7-1】

一、背景

2007 年 5 月 15 日，施工方某建筑工程有限责任公司（以下简称施工方）承包了某开发公司（以下简称建设方）的商务楼工程施工，同年 5 月 21 日双方签订了建设工程施工合同。2008 年 5 月该工程封顶时，建设方发现该商务楼的顶层 17 层和 15 层、16 层的混凝土凝固较慢。于是，建设方认为施工方使用的混凝土强度不够，要求施工方采取措施，对该三层重新施工。施工方则认为，混凝土强度符合相关的技术规范，不同意重新施工或者采取其他措施。双方协商未果，建设方将施工方起诉至某区法院，要求施工方对混凝土强度不足的三层重新施工或采取其他措施，并赔偿建设方的相应损失。

根据双方的请求，受诉法院委托某建筑工程质量检测中心按照两种建设规范对该工程结构混凝土实体强度进行检测，检测结果如下：根据原告即建设方的要求，检测中心按照行业协会推荐性标准《钻芯法检测混凝土强度技术规范》CECS03：2007 的检测结果是：第 15 层、16 层、17 层的结构混凝土实体强度达不到该技术规范的要求，其他各层的结构混凝土实体均达到该技术规范的要求。

根据被告即施工方的请求，检测中心按照地方推荐性标准《结构混凝土实体检测技术规程》DB/T 29—148—2005 的检测结果是：第 15 层、第 16 层、第 17 层及其他各层结构混凝土实体强度均达到该规范的要求。

二、问题

1. 本案中的检测中心按照两个推荐性标准分别进行了检测，法院应以哪个标准作为判案的依据？

2. 当事人若在合同中约定了推荐性标准，对国家强制性标准是否仍须执行？

三、解析

1. 本案中的协会标准、地方标准均为推荐性标准，且建设方、施工方未在合同中约定采用哪个标准。《标准化法》中规定，"推荐性标准，国家鼓励企业自愿采用。"在没有国家强制性标准的情况下，施工方有权自主选择采用地方标准。

2. 依据《标准化法》的规定，"强制性标准，必须执行。"因此，如果有国家强制性标准，即使双方当事人在合同中约定了采用某项推荐性标准，也必须执行国家强制性标准。

据此，受诉法院经过庭审作出如下判决：①驳回原告即建设方的诉讼请求；②案件受理费和检测费由原告建设方承担。

法院判决的主要理由是：目前尚无此方面的国家强制性标准，只有协会标准、地方标准，双方应当通过合同来约定施工过程中所要适用的技术规范。本案中的双方并没有在施工合同中具体约定适用哪个规范，因此施工方有权选择适用地方标准《结构混凝土实体检测技术规程》DB/T 29—148—2005。

7.2 施工单位的质量责任和义务

7.2.1 遵守执业资质等级制度的责任

施工单位必须在其资质等级许可的范围内承揽工程施工任务，不得超越本单位资质等级许可的业务范围或以其他施工单位的名义承揽工程。禁止施工单位允许其他单位或个人以本单位的名义承揽工程。施工单位也不得将自己承包的工程再进行转包或非法分包。

7.2.2 对施工质量负责和总分包单位的质量责任

1. 施工单位对施工质量负责

《建筑法》规定，建筑施工企业对工程的施工质量负责。《建设工程质量管理条例》进一步规定，施工单位对建设工程的施工质量负责。施工单位应当建立质量责任制，确定工程项目的项目经理、技术负责人和施工管理负责人。

施工单位的质量责任制，是其质量保证体系的一个重要组成部分，也是施工质量目标得以实现的重要保证。建立质量责任制，主要包括制定质量目标计划，建立考核标准，并层层分解落实到具体的责任单位和责任人，特别是工程项目的项目经理、技术负责人和施工管理负责人。落实质量责任制，不仅是为了在出现质量问题时可以追究责任，更重要的是通过层层落实质量责任制，做到事事有人管、人人有职责，加强对施工过程的全面质量控制，保证建设工程的施工质量。

2. 总分包单位的质量责任

《建筑法》规定，建筑工程实行总承包的，工程质量由工程总承包单位负责，总承包单位将建筑工程分包给其他单位的，应当对分包工程的质量与分包单位承担连带责任。分包单位应当接受总承包单位的质量管理。

《建设工程质量管理条例》进一步规定，建设工程实行总承包的，总承包单位应当对全部建设工程质量负责；建设工程勘察、设计、施工、设备采购的一项或者多项实行总承包的，总承包单位应当对其承包的建设工程或者采购的设备的质量负责。总承包单位依法将建设工程分包给其他单位的，分包单位应当按照分包合同的约定对其分包工程的质量向总承包单位负责，总承包单位与分包单位对分包工程的质量承担连带责任。

7.2.3　按照工程设计图纸和施工技术标准施工的规定

《建筑法》规定，建筑施工企业必须按照工程设计图纸和施工技术标准施工，不得偷工减料。工程设计的修改由原设计单位负责，建筑施工企业不得擅自修改工程设计。

《建设工程质量管理条例》进一步规定，施工单位必须按照工程设计图纸和施工技术标准施工，不得擅自修改工程设计，不得偷工减料。施工单位在施工过程中发现设计文件和图纸有差错的，应当及时提出意见和建议。

这是对施工单位的施工依据以及有义务对设计文件和图纸及时提出意见和建议的规定。

1. 按图施工，遵守标准

按图施工、不擅自修改设计，是施工单位保证工程质量的最基本要求。

施工技术标准是工程建设过程中规范施工行为的技术依据。如前所述，工程建设国家标准、行业标准均分为强制性标准和推荐性标准。施工单位只有按照施工技术标准，特别是强制性标准的要求施工，才能保证工程的施工质量。偷工减料属于一种非法牟利的行为。如果在工程的一般部位，施工工序不严格按照标准要求，减少工料投入，简化操作程序，将会产生一般性的质量通病，影响工程外观质量或一般使用功能；但在关键部位，如结构中使用劣质钢筋、水泥等，将给工程留下严重的结构隐患。

从法律的角度来看，工程设计图纸和施工技术标准都属于合同文件的组成部分，如果施工单位不按照工程设计图纸和施工技术标准施工，则属于违约行为，应该对建设单位承担违约责任。

2. 防止设计文件和图纸出现差错

工程项目的设计涉及多个专业，设计文件和图纸也有可能会出现差错。这些差错通常会在图纸会审或施工过程中被逐渐发现。施工人员特别是施工管理负责人、技术负责人以及项目经理等，均为有丰富实践经验的专业人员，对设文件和图纸中存在的差错是有能力发现的。如果施工单位在施工过程中发现设计文件和图纸中确实存在差错，是有义务及时向设计单位提出的，以免造成不必要的损失和质量问题。这是施工单位具备的职业道德，也是履行合同应尽的基本义务。

7.2.4 对建设材料、设备等进行检验检测的规定

《建筑法》规定，建筑施工企业必须按照工程设计要求、施工技术标准和合同的约定，对建筑材料、建筑构配件和设备进行检验，不合格的不得使用。

《建设工程质量管理条例》进一步规定，施工单位必须按照工程设计要求、施工技术标准和合同约定，对建筑材料、建筑构配件、设备和商品混凝土进行检验，检验应当有书面记录和专人签字；未经检验或者检验不合格的，不得使用。

1. 建筑材料、建筑构配件、设备和商品混凝土的检验制度

施工单位对进入施工现场的建筑材料、建筑构配件、设备和商品混凝土实行检验制度，是施工单位质量保证体系的重要组成部分，也是保证施工质量的重要提。施工单位应当严把两道关：一是谨慎选择生产供应厂商；二是实行进场二次检验。

对于未经检验或检验不合格的，不得在施工中用于工程上。否则，将是一种违法行为要追究擅自使用或批准使用人的责任。

2. 施工检测的见证取样和送检制度

《建设工程质量管理条例》规定，施工人员对涉及结构安全的试块、试件以及有关材料，应当在建设单位或者工程监理单位监督下现场取样，并送具有相应资质等级的质量检测单位进行检测。

（1）见证取样和送检

所谓见证取样和送检，是指在建设单位或工程监理单位人员的见证下，由施工单位的现场试验人员对工程中涉及结构安全的试块、试件和材料在现场取样，并送至具有法定资格的质量检测单位进行检测的活动。

2000年9月建设部发布的《房屋建筑工程和市政基础设施工程实行见证取样和送检的规定》中规定，涉及结构安全的试块、试件和材料见证取样和送检的比例不得低于有关技术标准中规定应取样数量的30％。下列试块、试件和材料必须实施见证取样和送检：①用于承重结构的混凝土试块；②用于承重墙体的砌筑砂浆试块；③用于承重结构的钢筋及连接接头试件；④用于承重墙的砖和混凝土小型砌块；⑤用于拌制混凝土和砌筑砂浆的水泥；⑥用于承重结构的混凝土中使用的掺加剂；⑦地下、屋面、厕浴间使用的防水材料；⑧国家规定必须实行见证取样和送检的其他试块、试件和材料。

见证人员应由建设单位或该工程的监理单位中具备施工试验知识的专业技术人员担任，并由建设单位或该工程的监理单位书面通知施工单位、检测单位和负责该项工程的质量监督机构。

在施工过程中，见证人员应按照见证取样和送检计划，对施工现场的取样和送检进行见证。取样人员应在试样或其包装上作出标识、封志。标识和封志应标明工程名称、取样部位、取样日期、样品名称和样品数量，并由见证人员和取样人员签字。见证人员和取样人员应对试样的代表性和真实性负责。

（2）工程质量检测单位的资质和检测规定

2005年9月建设部发布的《建设工程质量检测管理办法》规定，工程质量检测机构

是具有独立法人资格的中介机构。按照其承担的检测业务内容分为专项检测机构资质和见证取样检测机构资质。检测机构未取得相应的资质证书，不得承担本办法规定的质量检测业务。

质量检测业务由工程项目建设单位委托具有相应资质的检测机构进行检测。委托方与被委托方应当签订书面合同。

检测机构完成检测业务后，应当及时出具检测报告。检测报告经检测人员签字、检测机法定代表人或者其授权的签字人签署，并加盖检测机构公章或者检测专用章后方可生效。检测报告经建设单位或者工程监理单位确认后，由施工单位归档。任何单位和个人不得明示或者暗示检测机构出具虚假检测报告，不得篡改或者伪造检测报告。如果检测结果利害关系人对检测结果发生争议的，由双方共同认可的检测机构复检，复检结果由提出复检方报当地建设主管部门备案。

检测机构应当将检测过程中发现的建设单位、监理单位、施工单位违反有关法律、法规和工程建设强制性标准的情况，以及涉及结构安全检测结果的不合格情况，及时报告工程所在地建设主管部门。检测机构应当建立档案管理制度，并应当单独建立检测结果不合格项目台账。

检测人员不得同时受聘于两个或者两个以上的检测机构。检测机构和检测人员不得推荐或者监制建筑材料、构配件和设备。检测机构不得与行政机关，法律、法规授权的具有管理公共事务职能的组织以及所检测工程项目相的设计单位、施工单位、监理单位有隶属关系或者其他利害关系。

检测机构不得转包检测业务。检测机构应当对其检测数据和检测报告的真实性和准确性负责。检测机构违反法律、法规和工程建设强制性标准，给他人造成损失的，应当依法承担相应的赔偿责任。

7.2.5　施工质量检验和返修的规定

1. 施工质量检验制度

《建设工程质量管理条例》规定，施工单位必须建立、健全施工质量的检验制度，严格工序管理，做好隐蔽工程的质量检查和记录。隐蔽工程在隐蔽前，单位应当通知建设单位和建设工程质量监督机构。

施工质量检验，通常是指工程施工过程中工序质量检验（或称为过程检验），包括预检、自检、交接检、专职检、分部工程中间检验以及隐蔽工程检验等。

（1）严格工序质量检验和管理

施工工序也可以称为过程。各个工序或过程之间横向和纵向的联系形成了工序网络或过程网络。任何一项工程的施工，都是通过一个由许多工序或过程组成的工序（或过程）网络来实现的。网络上的关键工序或过程都有可能对工程最终的施工质量产生决定性的影响。如焊接节点的破坏，就可能引起桁架破坏，从而导致屋面坍塌。所以，施工单位要加强对施工工序或过程的质量控制，特别是要加强影响结构安全的地基和结构等关键施工过程的质量控制。

完善的检验制度和严格的工序管理是保证工序或过程质量的前提。只有工序或过程网络上的所有工序或过程的质量都受到严格控制，整个工程的质量才能得到保证。

（2）强化隐蔽工程质量检查

隐蔽工程，是指在施工过程中某一道工序所完成的工程实物，被后一工序形成的工程实物所隐蔽，而且不可以逆向作业的那部分工程。例如，钢筋混凝土工程施工中，钢筋为混凝土所覆盖，前者即为隐蔽工程。

由于隐蔽工程被后续工序隐蔽后，其施工质量就很难检验及认定。如果不去认真做好隐蔽工程的质量检查工作，便容易给工程留下隐患。所以，隐蔽工程在隐蔽前，施工单位除了要做好检查、检验并做好记录外，还应当及时通知建设单位（实施监理的工程为监理单位）和建设工程质量监督机构，以接受政府监督和向建设单位提供质量保证。

按照2013年4月住房和城乡建设部、工商总局经修改后发布的《建设工程施工合同文本》的要求，承包人应当对工程隐蔽部位进行自检，并经自检确认是否具备覆盖条件。除专用合同条款另有约定外，工程隐蔽部位经承包人自检确认具备覆盖条件的，承包人应在共同检查前48小时书面通知监理人检查，通知中应载明隐蔽检查的内容、时间和地点，并应附有自检记录和必要的检查资料。监理人应按时到场并对隐蔽工程及其施工工艺、材料和工程设备进行检查。经监理人检查确认质量符合隐蔽要求，并在验收记录上签字后，承包人才能进行覆盖。经监理人检查质量不合格的，承包人应在监理人指示的时间内完成修复，并由监理人重新检查，由此增加的费用和（或）延误的工期由承包人承担。

除专用合同条款另有约定外，监理人不能按时进行检查的，应在检查前24小时向承包人提交书面延期要求，但延期不能超过48小时，由此导致工期延误的，工期应予以顺延。监理人未按时进行检查，也未提出延期要求的，视为隐蔽工程检查合格，承包人可自行完成覆盖工作，并作相应记录报送监理人，监理人应签字确认。监理人事后对检查记录有疑问的，可按重新检查的约定重新检查。

2. 建设工程的返修

《建筑法》规定，对已发现的质量缺陷，建筑施工企业应当修复。《建设工程质量管理条例》进一步规定，施工单位对施工中出现质量问题的建设工程或者竣工验收不合格的建设工程，应当负责返修。

《合同法》也作了相应规定，因施工人的原因致使建设工程质量不符合约定的，发包人有权要求工人在合理期限内无偿修理或者返工、改建。

返修作为施工单位的法定义务，其返修包括施工过程中出现质量问题的建设工程和竣工验收不合格的建设工程两种情形。

所谓返工，是指工程质量不符合规定的质量标准，而又无法修理的情况下重新进行施工；修理则是指工程质量不符合标准，而又有可能修复的情况下，对工程进行修补，使其达到质量标准的要求。不论是施工过程中出现质量问题的建设工程，还是竣工验收时发现质量问题的工程，施工单位都要负责返修。

对于非施工单位原因造成的质量问题，施工单位也应当负责返修，但是因此而造成的损失及返修费用由责任方负责。

7.2.6 建立健全职工教育培训度的规定

《建设工程质量管理条例》规定，施工单位应当建立、健全教育培训制度，加强对职工的教育培训；未经教育培训或者考核不合格的人员，不得上岗作业。

施工单位建立健全教育培训制度，加强对职工的教育培训，是企业重要的基础工作之一。由于施工单位从事一线施工活动的人员大多来自农村，教育培训的任务十分艰巨。施工单位的教育培训通常包括各类质量教育和岗位技能培训等。

先培训、后上岗，特别是与质量工作有关的人员，如总工程师、项目经理、质量体系内审员、质量检查员、施工人员、材料试验及检测人员，关键技术工种如焊工、钢筋工、混凝土工等，未经培训或者培训考核不合格的人员，不得上岗工作或作业。

【案例 7-2】

一、背景

2000 年 10 月，承包商甲通过招投标获得了某单位家属楼工程，后经发包单位同意，承包商甲将该家属楼的附属工程分包给杨某负责的工程队，并签订了分包合同。1 年后，工程按期完成。但是，经工程质量监督机构检验发现，该家属楼附属工程存在严重的质量问题。发包单位便要求承包商甲承担责任。承包商甲却称该附属工程系经发包单位同意后分包给杨某负责的工程队，所以与己无关。发包单位又找到分包人杨某，杨某亦以种种理由拒绝承担工程的质量责任。

二、问题

1. 承包商甲是否应该对该家属楼附属工程的质量负责？

2. 该质量问题应该如何解决？

三、解析

1. 根据《建筑法》、《建设工程质量管理条例》的规定，总承包单位应当对承包工程的质量负责，分包单位应当就分包工程的质量向总承包单位负责，总承包单位与分包单位对分包工程的质量承担连带责任。据此，承包商甲作为总承包单位，应该对该家属楼附属工程的质量负责，即使是分包人的质量问题，也要依法与其承担连带责任。

2. 分包人杨某分包的该家属楼附属工程完工后，经检验发现存在严重的质量问题，根据《合同法》、《建设工程质量管理条例》的规定，应当负责返修。本案中的发包人有权要求杨某的工程队或承包商甲对该家属楼附属工程履行返修义务。如果是承包商甲进行返修，在返修后有权向杨某的工程队进行追偿。此外，如果因为返修而造成逾期交付的，依据《合同法》的规定，承包商甲与杨某的工程队还应当向发包人承担违约的连带责任。

对本案中杨某的工程队还应当查有无相应的资质证书；如无，应依据《建筑法》等定为违法分包，由政府主管部门依法作出处罚。

7.3　建设单位及相关单位的质量责任和义务

7.3.1　建设单位相关的质量责任和义务

建设单位作为建设工程的投资人，是建设工程的重要责任主体。建设单位有权选择承包单位，有权对建设过程进行检查、控制，对建设工程进行验收，并要按时支付工程款和费用等，在整个建设活动中居于主导地位。因此，要确保建设工程的质量，首先就要对建设单位的行为进行规范，对其质量责任予以明确。

1. 依法发包工程

《建设工程质量管理条例》规定，建设单位应当将工程发包给具有相应资质等级的单位。建设单位不得将建设工程肢解发包。建设单位应当依法对工程建设项目的勘察、设计、施工、监理以及与工程建设有关的重要设备、材料等的采购进行招标。

工程建设活动不同于一般的经济活动，从业单位的素质高低直接影响着建设工程质量。企业资质等级反映了企业从事某项工程建设活动的资格和能力，是国家对建设市场准入管理的重要手段。将工程发包给具有相应资质等级的单位来承担，是保证建设工程质量的基本前提。因此，从事工程建设活动必须符合严格的资质条件。2007年6月建设部发布的《建设工程勘察设计资质管理规定》、2007年6月发布的《建筑业企业资质管理规定》、2007年6月发布的《工程监理企业资质管理规定》等，对工程勘察单位、工程设计单位、施工企业和工程监理单位的资质等级、资质标准、业务范围等做出了明确规定。如果建设单位将工程发包给没有资质等级或资质等级不符合条件的单位，不仅扰乱了建设市场秩序，更重要的将会因为承包单位不具备完成建设工程的技术能力、专业人员和资金，造成工程质量低劣，甚至使工程项目半途而废。

建设单位发包工程时，应该根据工程特点，以有利于工程的质量、进度、成本控制为原则，合理划分标段，但不得肢解发包工程。如果将应当由一个承包单位完成的工程肢解成若干部分，分别发包给不同的承包单位，将使整个工程建设在管理和技术上缺乏应有的统筹协调，从而造成施工现场秩序的混乱，责任不清，严重影响建设工程质量，一旦出现问题也很难找到责任方。

建设单位还要依照《招标投标法》等有关规定，对必须实行招标的工程项目进行招标，择优选定工程勘察、设计、施工、监理单位以及采购重要设备、材料等。

2. 依法向有关单位提供原始资料

《建设工程质量管理条例》规定，建设单位必须向有关的勘察、设计、施工、工程监理等单位提供与建设工程有关的原始资料。原始资料必须真实、准确、齐全。

原始资料是工程勘察、设计、施工、监理等单位赖以进行相关工程建设的基础性材料。建设单位作为建设活动的总负责方，向有关单位提供原始资料，并保证这些资料的真实、准确、齐全，是其基本的责任和义务。

在工程实践中，建设单位根据委托任务必须向勘察单位提供如勘察任务书、项目规划总平面图、地下管线、地形地貌等在内的基础资料；向设计单位提供政府有关部门批准的项目建议书、可行性研究报告等立项文件，设计任务书，有关城市规划、专业规划设计条件，勘察成果及其他基础资料；向施工单位提供概算批准文件，建设项目正式列入国家、部门或地方的年度固定资产投资计划，建设用地的征用资料，施工图纸及技术资料，建设资金和主要建筑材料、设备的来源落实资料，建设项目所在地规划部门批准文件，施工现场完成"三通一平"的平面图等资料；向工程监理单位提供的原始资料，除包括给施工单位的资料外，还要有建设单位与施工单位签订的承包合同文本。

3. 限制不合理的干预行为

《建筑法》规定，建设单位不得以任何理由，要求建筑设计单位或者建筑施工企业在工程设计或者施工作业中，违反法律、行政法规和建筑工程质量、安全标准，降低工程质量。

《建设工程质量管理条例》进一步规定，建设工程发包单位，不得迫使承包方以低于成本的价格竞标，不得任意压缩合理工期。建设单位不得明示或者暗示设计单位或者施工单位违反工程建设强制性标准，降低建设工程质量。

成本是构成价格的主要部分，是承包方估算投标价格的依据和最低的经济底线。如果建设单位一味强调降低成本，迫使承包方互相压价，以低于成本的价格中标，势必会导致中标单位在承包工程后，为了减少开支、降低成本而采取偷工减料、以次充好、粗制滥造等手段，最终导致建设工程出现质量问题，影响投资效益的发挥。

建设单位也不得任意压缩合理工期。因为，合理工期是指在正常建设条件下，采取科学合理的施工工艺和管理方法，以现行的工期定额为基础，结合工程项目建设的实际，经合理测算和平等协商而确定的使参与各方均获满意的经济效益的工期。如果盲目要求赶工期，势必会简化工序，不按规程操作，从而导致建设工程出现质量等诸多问题。

建设单位更不得以任何理由，诸如建设资金不足、工期紧等，违反强制性标准的规定，要求设计单位降低设计标准，或者要求施工单位采用建设单位采购的不合格材料设备等。这种行为是法律决不允许的。因为，强制性标准是保证建设工程结构安全可靠的基础性要求，违反了这类标准，必然会给建设工程带来重大质量隐患。

4. 依法报审施工图设计文件

《建设工程质量管理条例》规定，建设单位应当将施工图设计文件报县级以上人民政府建设行政主管部门或者其他有关部门审查。施工图设计文件未经审查批准的，不得使用。

施工图设计文件是设计文件的重要内容，是编制施工图预算、安排材料、设备订货和非标准设备制作，进行施工、安装和工程验收等工作的依据。施工图设计文件一经完成，建设工程最终所要达到的质量，尤其是地基基础和结构的安全性就有了约束。因此，施工图设计文件的质量直接影响建设工程的质量。

建立和实施施工图设计文件审查制度，是许多发达国家确保建设工程质量的成功做法。我国于1998年开始进行建筑工程项目施工图设计文件审查试点工作，在节约投资、发现设计质量隐患和避免违法违规行为等方面都有明显的成效。通过开展对施工图设计文件的审查，既可以对设计单位的成果进行质量控制，也能纠正参与建设活动各方特别是建设单位的不规范行为。

5. 依法实行工程监理

《建设工程质量管理条例》规定，实行监理的建设工程，建设单位应当委托具有相应资质等级的工程监理单位进行监理，也可以委托具有工程监理相应资质等级并与被监理工程的施工承包单位没有隶属关系或者其他利害关系的该工程的设计单位进行监理。

监理工作要求监理人员具有较高的技术水平和较丰富的工程经验，因此国家对开展工程监理工作的单位实行资质许可。工程监理单位的资质反映了该单位从事某项监理工作的资格和能力。为了保证监理工作的质量，建设单位必须将需要监理的工程委托给具有相应资质等级的工程监理单位进行监理。

目前，我国的工程监理主要是对工程的施工过程进行监督，而该工程的设计人员对设计意图比较理解，对设计中各专业如结构、设备等在施工中可能发生的问题也比较清楚，因此由具有监理资质的设计单位对自己设计的工程进行监理，对保证工程质量是十分有利的。但是，设计单位与承包该工程的施工单位不得有行政隶属关系，也不得存在可能直接影响设计单位实施监理公正性的非常明显的经济或其他利益关系。

《建设工程质量管理》还规定，下列建设工程必须实行监理：①国家重点建设工程；②大中型公用事业工程；③成片开发建设的住宅小区工程；④利用外国政府或者国际组织贷款、援助资金的工程；⑤国家规定必须实行监理的其他工程。

6. 依法办理工程质量监督手续

《建设工程质量管理条例》规定，建设单位在领取施工许可证或者开工报告前，应当按照国家有关规定办理工程质量监督手续。

办理工程质量监督手续是法定程序，不办理质量监督手续的，不发施工许可证，工程不得开工。因此，建设单位在领取施工许可证或者开工报告之前，应当依法到建设行政主管部门或铁路、交通、水利等有关管理部门，或其委托的工程质量监督机构办理工程质量监督手续，接受政府主管部门的工程质量监督。

建设单位办理工程质量监督手续，应提供以下文件和资料：①工程规划许可证；②设计单位资质等级证书；③监理单位资质等级证书，监理合同及《工程项目监理登记表》；④施工单位资质等级证书及营业执照副本；⑤工程勘察设计文件；⑥中标通知书及施工承包合同等。

7. 依法保证建筑材料等符合要求

《建设工程质量管理条例》规定，按照合同约定，由建设单位采购建筑材料、建筑构配件和设备的，建设单位应当保证建筑材料、建筑构配件和设备符合设计文件和合同要求。建设单位不得明示或者暗示施工单位使用不合格的建筑材料、建筑构配件和设备。

在工程实践中，根据工程项目设计文件和合同要求的质量标准，哪些材料和设备由建设单位采购，哪些材料和设备由施工单位采购，应该在合同中明确约定，并且是谁采购、谁负责。所以，由建设单位采购建筑材料、建筑构配件和设备的，建设单位必须保证建筑材料、建筑构配件和设备符合设计文件和合同要求。对于建设单位负责供应的材料设备，在使用前施工单位应当按照规定对其进行检验和试验，如果不合格，不得在工程上使用，并应通知建设单位予以退换。

有些建设单位为了赶进度或降低采购成本，常常以各种明示或暗示的方式，要求施工单位降低标准而在工程上使用不合格的建筑材料、建筑构配件和设备。此类行为不仅严重违法，而且危害极大。

8. 依法进行装修工程

随意拆改建筑主体结构和承重结构等，会危及建设工程安全和人民生命财产安全。因此，《建设工程质量管理条例》规定，涉及建筑主体和承重结构变动的装修工程，建设单位应当在施工前委托原设计单位或者具有相应资质等级的设计单位提出设计方案；没有设计方案的，不得施工。房屋建筑使用者在装修过程中，不得擅自变动房屋建筑主体和承重结构。

建筑设计方案是根据建筑物的功能要求，具体确定建筑标准、结构形式、建筑物的空间和平面布置以及建筑群体的安排。对于涉及建筑主体和承重结构变动的装修工程，设计单位会根据结构形式和特点，对结构受力进行分析，对构件的尺寸、位置、配筋等重新进行计算和设计。因此，建设单位应当委托该建筑工程的原设计单位或者具有相应资质条件的设计单位提出装修工程的设计方案。如果没有设计方案就擅自施工，则将留下质量隐患甚至造成质量事故，后果严重。

房屋使用者在装修过程中，也不得擅自变动房屋建筑主体和承重结构，如窗洞改门洞等，都是不允许的。

9. 建设单位质量违法行为应承担的法律责任

《建筑法》规定，建设单位违反本法规定，要求建筑设计单位或者建筑施工企业违反建筑工程质量、安全标准，降低工程质量的，责令改正，可以处以罚款；构成犯罪的，依法追究刑事责任。

《建设工程质量管理条例》规定，建设单位有下列行为之一的，责令改正，处 20 万元以上 50 万元以下的罚款：①迫使承包方以低于成本的价格竞标的；②任意压缩合理工期的；③明示或者暗示设计单位或者施工单位违反工程建设强制性标准，降低工程质量的；④施工图设计文件未经审查或者审查不合格，擅自施工的；⑤建设项目必须实行工程监理而未实行工程监理的；⑥未按照国家规定办理工程质量监督手续的；⑦明示或者暗示施工单位使用不合格的建筑材料、建筑构配件和设备的；⑧未按照国家规定将竣工验收报告、有关认可文件或者准许使用文件报送备案的。

7.3.2 勘察、设计单位相关的质量责任和义务

《建筑法》规定，建筑工程的勘察、设计单位必须对其勘察、设计的质量负责。勘察、设计文件应当符合有关法律、行政法规的规定和建筑工程质量、安全标准、建筑工程勘察、设计技术规范以及合同的约定。

《建设工程质量管理条例》进一步规定，勘察、设计单位必须按照工程建设强制性标准进行勘察、设计，并对其勘察、设计的质量负责。注册建筑师、注册结构工程师等注册执业人员应当在设计文件上签字，对设计文件负责。

谁勘察设计谁负责，谁施工谁负责，这是国际上通行的做法。勘察、设计单位和执业注册人员是勘察设计质量的责任主体，也是整个工程质量的责任主体之一。勘察、设计质量实行单位与执业注册人员双重责任，即勘察、设计单位对其勘察、设计的质量负责，注册建筑师、注册结构工程师等专业人士对其签字的设计文件负责。

1. 依法承揽工程的勘察、设计业务

《建设工程质量管理条例》规定，从事建设工程勘察、设计的单位应当依法取得相应等级的资质证书，并在其资质等级许可的范围内承揽工程。禁止勘察、设计单位超越其资质等级许可的范围或者以其他勘察、设计单位的名义承揽工程。禁止勘察、设计单位允许其他单位或者个人以本单位的名义承揽工程。勘察、设计单位不得转包或者违法分包所承揽的工程。

勘察、设计作为一个特殊行业，有着严格的市场准入条件。勘察、设计单位只有具备了相应的资质条件，才有能力保证勘察、设计质量。如果超越资质等级许可的范围承

揽工程，就超越了其勘察设计能力，也就不能保证勘察设计的质量。在实践中，超越资质等级许可范围承接工程的行为，大多是通过借用、有偿使用其他有资质单位的资质证书、图鉴来进行的，因而被借用者、出卖者也负有不可推卸的责任。此外，与施工一样，勘察、设计也不允许转包和违法分包。

2. 勘察、设计必须执行强制性标准

《建设工程质量管理条例》规定，勘察、设计单位必须按照工程建设强制性标准进行勘察、设计，并对其勘察、设计的质量负责。

强制性标准是工程建设技术和经验的积累，是勘察、设计工作的技术依据。只有满足工程建设强制性标准才能保证质量，才能满足工程对安全、卫生、环保等多方商的质量要求，因而勘察、设计单位必须严格执行。

3. 勘察单位提供的勘察成果必须真实、准确

《建设工程质量管理条例》规定，勘察单位提供的地质、测量、水文等勘察成果必须真实、准确。

工程勘察工作是建设工作的基础工作，工程勘察成果文件是设计和施工的基础资料和重要依据。其真实准确与否直接影响到设计、施工质量，因而工程勘察成果必须真实准确、安全可靠。

4. 设计依据和设计深度

《建设工程质量管理条例》规定，设计单位应当根据勘察成果文件进行建设工程设计。设计文件应当符合国家规定的设计深度要求，注明工程合理使用年限。

勘察成果文件是设计的基础资料，是设计的依据。因此，先勘察、后设计是工程建设的基本做法，也是基本建设程序的要求。我国对各类设计文件的编制深度都有规定，在实践中应当贯彻执行。工程合理使用年限是指从工程竣工验收合格之日起，工程的地基基础、主体结构能保证在正常情况下安全使用的年限。它与《建筑法》中的"建筑物合理寿命年限"、《合同法》中的"工程合理使用期限"等在概念上是一致的。

5. 依法规范设计对建筑材料等的选用

《建筑法》、《建设工程质量管理条例》都规定，设计单位在设计文件中选用的建筑材料、建筑构配件和设备，应当注明规格、型号、性能等技术指标，其质量要求必须符合国家规定的标准。除有特殊要求的建筑材料、专用设备、工艺生产线等外，设计单位不得指定生产厂、供应商。

为了使建设工程的施工能准确满足设计意图，设计文件中必须注明所选用的建筑材料、建筑构配件和设备的规格、型号、性能等技术指标。这也是设计文件编制深度的要求。但是，在通用产品能保证工程质量的前提下，设计单位不可故意选用特殊要求的产品，也不能滥用权力限制建设单位或施工单位在材料等采购上的自主权。

6. 依法对设计文件进行技术交底

《建设工程质量管理条例》规定，设计单位应当就审查合格的施工图设计文件向施工单位作出详细说明。设计文件的技术交底，通常的做法是设计文件完成后，通过建设单位发给施工单位，再由设计单位将设计的意图、特殊的工艺要求，以及建筑、结构、设备等各专业在施工中的难点、疑点和容易发生的问题等向施工单位作详细说明，并负责

解释施工单位对设计图纸的疑问。

对设计文件进行技术交底是设计单位的重要义务，对确保工程质量有重要的意义。

7. 依法参与建设工程质量事故分析

《建设工程质量管理条例》规定，设计单位应当参与建设工程质量事故分析，并对因设计造成的质量事故，提出相应的技术处理方案。

工程质量的好坏，在一定程度上取决于工程建设是否准确贯彻了设计意图。因此，一旦发生了质量事故，该工程的设计单位最有可能在短时间内发现存在的问题，对事故的分析具有权威性。这对及时进行事故处理十分有利。对因设计造成的质量事故，原设计单位必须提出相应的技术处理方案，这是设计单位的法定义务。

8. 勘察、设计单位质量违法行为应承担的法律责任

《建设法》规定，建筑设计单位不按照建筑工程质量、安全标准进行设计的，责令改正，处以罚款；造成工程质量事故的，责令停业整顿，降低资质等级或者吊销资质证书，没收违法所得，并处罚款；造成损失的，承担赔偿责任；构成犯罪的，依法追究刑事责任。

《建设工程质量管理条例》规定，有下列行为之一的，责令改正，处 10 万元以上 30 万元以下的罚款：①勘察单位未按照工程建设强制性标准进行勘察的；②设计单位未根据勘察成果文件进行工程设计的；③设计单位指定建筑材料、建筑构配件的生产厂、供应商的；④设计单位未按照工程建设强制性标准进行设计的。有以上所列行为，造成工程质量事故的，责令停业整顿，降低资质等级；情节严重的，吊销资质证书；造成损失的，依法承担赔偿责任。

7.3.3　监理单位相关的质量责任和义务

工程监理单位接受建设单位的委托，代表建设单位，对建设工程进行管理。因此，工程监理单位也是建设工程质量的责任主体之一。

1. 依法承担工程监理业务

《建筑法》规定，工程监理单位应当在其资质等级许可的监理范围内，承担工程监理业务。工程监理单位不得转让工程监理业务。

《建设工程质量管理条例》进一步规定，工程监理单位应当依法取得相应等级的资质证书，并在其资质等级许可的范围内承担工程监理业务。禁止工程监理单位超越本单位资质等级许可的范围或者以其他工程监理单位的名义承担工程监理业务。禁止工程监理单位允许其他单位或者个人以本单位的名义承担工程监理业务。工程监理单位不得转让工程监理业务。

监理单位按照资质等级承担工程监理业务，是保证监理工作质量的前提。越级监理、允许其他单位或者个人以本单位的名义承担监理业务等，将使工程监理变得有名无实，最终会对工程质量造成危害。监理单位转让工程监理业务，与施工单位转包工程有着同样的危害性。

2. 对有隶属关系或其他利害关系的回避

《建筑法》、《建设工程质量管理条例》都规定，工程监理单位与被监理工程的施工承包单位以及建筑材料、建筑构配件和设备供应单位有隶属关系或者其他利害关系的，不

得承担该项建设工程的监理业务。

由于工程监理单位与被监理工程的承包单位以及建筑材料、建筑构配件和设备供应单位之间，是一种监督与被监督的关系，为了保证客观、公正执行监理任务，工程监理单位与上述单位不能有隶属关系或者其他利害关系。如果有这种关系，工程监理单位在接受监理委托前，应当自行回避；对于没有回避而被发现的，建设单位可以依法解除委托关系。

3．监理工作的依据和监理责任

《建设工程质量管理条例》规定，工程监理单位应当依照法律、法规以及有技术标准、设计文件和建设工程承包合同，代表建设单位对施工质量实施监理，并对施工质量承担监理责任。

工程监理的依据是：①有关法律法规，如《建筑法》、《合同法》、《建设工程质量管理条例》等；②有关技术标准，如《工程建设标准强制性条文》以及建设工程承包合同中确认采用的推荐性标准等；③设计文件，施工图设计等设计文件既是施工的依据，也是监理单位对施工活动进行监督管理的依据；④建设工程承包合同，监理单位据此监督施工单位是否全面履行合同约定的义务。

监理单位对施工质量承担监理责任，包括违约责任和违法责任两个方面：①违约责任。如果监理单位不按照监理合同约定履行监理义务，给建设单位或其他单位造成损失的，应当承担相应的赔偿责任。②违法责任。如果监理单位违法监理，或者降低工程质量标准，造成质量事故的，要承担相应的法律责任。

4．工程监理的职责和权限

《建设工程质量管理条例》规定，工程监理单位应当选派具备相应资格的总监理工程师和监理工程师进驻施工现场。未经监理工程师签字，建筑材料、建筑构配件和设备不得在工程上使用或者安装，施工单位不得进行下一道工序的施工。未经总监理工程师签字，建设单位不拨付工程款，不进行竣工验收。

监理单位应根据所承担的监理任务，组建驻工地监理机构。监理机构一般由总监理工程师、监理工程师和其他监理人员组成。监理工程师拥有对建筑材料、建筑构配件和设备以及每道施工工序的检查权，对检查不合格的，有权决定是否允许在工程上使用或进行下一道工序的施工。工程监理实行总监理工程师负责制。总监理工程师依法和在授权范围内可以发布有关指令，全面负责受委托的监理工程。

5．工程监理的形式

《建设工程质量管理条例》规定，监理工程师应当按照工程监理规范的要求，采取旁站、巡视和平行检验等形式，对建设工程实施监理。

所谓旁站，是指对工程中有关地基和结构安全的关键工序和关键施工过程，进行连续不断地监督检查或检验的监理活动，有时甚至要连续跟班监理。所谓巡视，主要是强调除了关键点的质量控制外，监理工程师还应对施工现场进行面上的巡查监理。所谓平行检验，主要是强调监理单位对施工单位已经检验的工程应及时进行检验。对于关键性、体量较大的工程实物，采取分段后平行检验的方式，有利于及时发现质量问题，及时采取措施予以纠正。

6. 工程监理单位质量违法行为应承担的法律责任

《建筑法》规定，工程监理单位与建设单位或者建筑施工企业串通，弄虚作假、降低工程质量的，责令改正，处以罚款，降低资质等级或者吊销资质证书；有违法所得的，予以没收；造成损失的，承担连带赔偿责任；构成犯罪的，依法追究刑事责任。

《建设工程质量管理条例》规定，工程监理单位有下列行为之一的，责令改正，处50万元以上100万元以下的罚款，降低资质等级或者吊销资质证书；有违法所得的，予以没收；造成损失的，承担连带赔偿责任：①与建设单位或者施工单位串通、弄虚作假、降低工程质量的；②将不合格的建设工程、建筑材料、建筑构配件和设备按照合格签字的。

7.3.4　政府部门工程质量监督管理的相关规定

为了确保建设工程质量，保障公共安全和人民生命财产安全，政府必须加强对建设工程质量的监督管理。因此，《建设工程质量管理条例》规定，国家实行建设工程质量监督管理制度。

1. 我国的建设工程质量监督管理体制

《建设工程质量管理条例》规定，国务院建设行政主管部门对全国的建设工程质量实施统一监督管理。国务院铁路、交通、水利等有关部门按照国务院规定的职责分工，负责对全国的有关专业建设工程质量的监督管理。

国务院发展计划部门按照国务院规定的职责，组织稽查特派员，对国家出资的重大建设项目实施监督检查。国务院经济贸易主管部门按照国务院规定的职责，对国家重大技术改造项目实施监督检查。

县级以上地方人民政府建设行政主管部门对本行政区域内的建设工程质量实施监督管理。县级以上地方人民政府交通、水利等有关部门在各自的职责范围内，负责对本行政区域内的专业建设工程质量的监督管理。

建设工程质量监督管理，可以由建设行政主管部门或者其他有关部门委托的建设工程质量监督机构具体实施。从事房屋建筑工程和市政基础设施工程质量监督的机构，必须按照国家有关规定经国务院建设行政主管部门或者省、自治区、直辖市人民政府建设行政主管部门考核；从事专业建设工程质量监督的机构，必须按照国家有关规定经国务院有关部门或者省、自治区、直辖市人民政府有关部门考核。经考核合格后，方可实施质量监督。

在政府加强监督的同时，还要发挥社会监督的巨大作用，即任何单位和个人对建设工程的质量事故、质量缺陷都有权检举、控告、投诉。

2. 政府监督检查的内容和有权采取的措施

《建设工程质量管理条例》规定，国务院建设行政主管部门和国务院铁路、交通、水利等有关部门以及县级以上地方人民政府建设行政主管部门和其他有关部门，应当加强对有关建设工程质量的法律、法规和强制性标准执行情况的监督检查。

县级以上人民政府建设行政主管部门和其他有关部门履行监督检查职责时，有权采取下列措施：①要求被检查的单位提供有关工程质量的文件和资料；②进入被检查单位的施工现场进行检查；③发现有影响工程质量的问题时，责令改正。

有关单位和个人对县级以上人民政府建设行政主管部门和其他有关部门进行的监督

检查应当支持与配合，不得拒绝或者阻碍建设工程质量监督检查人员依法执行职务。

3. 禁止滥用权力的行为

《建设工程质量管理条例》规定，供水、供电、供气、公安消防等部门或者单位不得明示或者暗示建设单位、施工单位购买其指定的生产供应单位的建筑材料、建筑构配件和设备。

目前，有关部门或单位利用其管理职能或垄断地位指定生产厂家或产品的现象较多，如果建设单位或施工单位不采用，就在竣工验收时故意刁难或不予验收，不准投入使用。政府有关部门这种滥用职权的行为，是法律所不允许的。

4. 建设工程质量事故报告制度

《建设工程质量管理条例》规定，建设工程发生质量事故，有关单位应当在24小时内向当地建设行政主管部门和其他有关部门报告。对重大质量事故，事故发生地的建设行政主管部门和其他有关部门应当按照事故类别和等级向当地人民政府和上级建设行政主管部门和其他有关部门报告。特别重大质量事故的调查程序按照国务院有关规定办理。

《生产安全事故报告和调查处理条例》规定，特别重大事故，是指造成30人以上死亡，或者100人以上重伤，或者1亿元以上直接经济损失的事故。特别重大事故、重大事故逐级上报至国务院安全生产监督管理部门和负有安全生产监督管理职责的有关部门。每级上报的时间不得超过2小时。必要时，安全生产监督管理部门和负有安全生产监督管理职责的有关部门可以越级上报事故情况。

5. 有关质量违法行为应承担的法律责任

《建设工程质量管理条例》规定，发生重大工程质量事故隐瞒不报、谎报或者拖延报告期限的，对直接负责的主管人员和其他责任人员依法给予行政处分。

供水、供电、供气、公安消防等部门或者单位明示或者暗示建设单位或者施工单位购买其指定的生产供应单位的建筑材料、建筑构配件和设备的，责令改正。

国家机关工作人员在建设工程质量监督管理工作中玩忽职守、滥用职权、徇私舞弊，构成犯罪的，依法追究刑事责任；尚不构成犯罪的，依法给予行政处分。

【案例 7-3】

一、背景

某化工厂在同一厂区建设第二个大型厂房时，为了节省投资，决定不做勘察，便将4年前为第一个大型厂房做的勘察成果提供给设计院作为设计依据，让其设计新厂房。设计院不同意。但是，在该化工厂的一再坚持下最终设计院妥协，答应使用旧的勘察成果。厂房建成后使用一年多就发现其北墙墙体多处开裂。该化工厂一纸诉状将施工单位告上法庭，请求判定施工单位承担工程质量责任。

二、问题

1. 本案中的质量责任应当由谁承担？

2. 工程中设计方是否有过错，违反了什么规定？

三、解析

1. 本案中的墙体开裂，经检测系设计对地基处理不当引起厂房不均匀沉陷所致。《建筑法》第54条规定，"建设单位不得以任何理由，要求建筑设计单位或者建筑施工企业在工程设计或者施工作业中，违反法律、行政法规和建筑工程质量、安全标准，降低工程质量。"该化工厂为节省投资，坚持不做勘察，向设计单位提供了旧的勘察成果，违反了法律规定，对该工程的质量应该承担主要责任。

2. 设计方也有过错。《建筑法》第54条还规定，"建筑设计单位和建筑施工企业对建设单位违反规定提出的降低工程质量的要求，应当予以拒绝。"《建设工程质量管理条例》第21条规定："设计单位应当根据勘察成果文件进行建设工程设计。"因此，设计单位尽管开始不同意建设单位的做法，但后来没有坚持原则作了妥协，也应该对工程设计承担质量责任。

法庭经审理，认定该工程的质量责任由该化工厂承担主要责任，由设计方承担次要责任。

7.4 建设工程竣工验收制度

7.4.1 竣工验收的主体和法定条件

1. 建设工程竣工验收的主体

《建设工程质量管理条例》规定，建设单位收到建设工程竣工报告后，应当组织设计、施工、工程监理等有关单位进行竣工验收。

对工程进行竣工检查和验收，是建设单位法定的权利和义务。在建设工程完工后，承包单位应当向建设单位提供完整的竣工资料和竣工验收报告，提请建设单位组织竣工验收。建设单位收到竣工验收报告后，应及时组织有设计、施工、工程监理等有关单位参加的竣工验收，检查整个工程项目是否已按照设计要求和合同约定全部建设完成，并符合竣工验收条件。

2. 竣工验收应当具备的法定条件

《建筑法》规定，交付竣工验收的建筑工程，必须符合规定的建筑工程质量标准，有完整的工程技术经济资料和经签署的工程保修书，并具备国家规定的其他竣工条件。建筑工程竣工经验收合格后，方可交付使用；未经验收或验收不合格的，不得交付使用。

《建设工程质量管理条例》进一步规定，建设工程竣工验收应当具备下列条件：①完成建设工程设计和合同约定的各项内容；②有完整的技术档案和施工管理资料；③有工程使用的主要建筑材料、建筑构配件和设备的进场试验报告；④有勘察、设计、施工、工程监理等单位分别签署的质量合格文件；⑤有施工单位签署的工程保修书。建设工程验收合格的，方可交付使用。

7.4.2 工程竣工验收的程序

根据《建设项目（工程）竣工验收方法》、《工程建设监理规定》和《建设工程质量监督管理规定》及其他相关法律的规定，建筑工程竣工验收的具体程序如下：

（1）施工单位作竣工预验。竣工预验是指工程项目完工后，要求监理工程师验收前，由施工单位自行组织的内部模拟验收。预验是顺利通过正式验收的可靠保证，一般也邀请监理工程师参加。

（2）施工单位提交验收申请报告。施工单位决定正式提请验收后向监理单位送交验收申请报告，监理工程师收到验收申请报告后参照工程合同要求、验收标准等进行仔细审查。

（3）根据申请报告做现场实验。监理工程师审查完验收申请报告后，若认为可以验收，则应由监理人员组成验收班子对竣工的工程项目进行初验，在初验中发现的质量问题，应及时以书面或备忘录的形式通知施工单位，并令其按照有关的质量要求进行修理甚至返工。

（4）正式竣工验收。在监理工程师初验合格的基础上，应由建设单位牵头，组织设计、施工、监理单位及质量监督站、消防、环保等行政部门参加，在规定的时间内正式验收，正式的竣工验收书必须有建设单位、施工单位、监理单位等各方签字方为有效。

（5）工程竣工验收合格后，建设单位应当及时提出工程竣工验收报告。工程竣工验收报告主要包括工程概况，建设单位执行基本建设程序情况，对工程勘察、设计、施工、监理等方面的评价，工程竣工验收时间、程序、内容和组织形式，工程竣工验收意见等内容。同时，竣工验收报告还应附有施工许可证、施工图设计文件审查意见、验收组人员签署的工程竣工验收意见、必要的质量检测和功能性试验资料、施工单位签署的工程质量保修书等文件。

7.4.3 施工单位应提交的档案资料

《建设工程质量管理条例》规定，建设单位应当严格按照国家有关档案管理的规定，及时收集、整理建设项目各环节的文件资料，建立、健全建设项目档案，并在建设工程竣工验收后，及时向建设行政主管部门或者其他有关部门移交建设项目档案。

建设工程是百年大计。一般的建筑物设计年限都在 $50\sim70$ 年之间，重要的建筑物达百年以上。在建设工程投入使用之后，还要进行检查、维修、管理，还可能会遇到改建、扩建或拆除活动，以及在其周围进行建设活动。这些都需要参考原始的勘察、设计、施工等资料。建设单位是建设活动的总负责方，应当在合同中明确要求勘察、设计、施工、监理等单位分别提供工程建设各环节的文件资料，及时收集整理，建立健全建设项目档案。

《城市建设档案管理规定》中规定，建设单位应当在工程竣工验收后 3 个月内，向城建档案馆报送一套符合规定的建设工程档案。凡建设工程档案不齐全的，应当限期补充。对改建、扩建和重要部位维修的工程，建设单位应当组织设计、施工单位据实修改、补充和完善原建设工程档案。

施工单位应当按照归档要求制定统一目录，有专业分包工程的，分包单位要按照总承包单位的总体安排做好各项资料整理工作，最后再由总承包单位进行审核、汇总。施工单位一般应当提交的档案资料是：①工程技术档案资料；②工程质量保证资料；③工程检验评定资料；④竣工图等。

7.4.4 竣工结算、质量争议的规定

竣工验收是工程建设活动的最后阶段。在此阶段，建设单位与施工单位容易就合同价款结算、质量缺陷等引起纠纷，导致建设工程不能及时办理竣工验收或完成竣工验收。

1. 工程竣工结算

《合同法》规定，建设工程竣工后，发包人应当根据施工图纸及说明书、国家颁发的

施工验收规范和质量检验标准及时进行验收。验收合格的，发包人应当按照约定支付价款，并接收该建设工程。《建筑法》也规定，发包单位应当按照合同的约定，及时拨付工程款项。

（1）工程竣工结算方式与编审

《建设工程价款结算暂行办法》规定，工程完工后，双方应按照约定的合同价款及合同价款调整内容以及索赔事项，进行工程竣工结算。工程竣工结算分为单位工程竣工结算、单项工程竣工结算和建设项目竣工总结算。

单位工程竣工结算由承包人编制，发包人审查；实行总承包的工程，由具体承包人编制，在总包人审查的基础上，发包人审查。

单项工程竣工结算或建设项目竣工总结算由总（承）包人编制，发包人可直接进行审查，也可以委托具有相应资质的工程造价咨询机构进行审查。政府投资项目，由同级财政部门审查。单项工程竣工结算或建设项目竣工总结算经发、承包人签字盖章后有效。

承包人应在合同约定期限内完成项目竣工结算编制工作，未在规定期限内完成的并且提不出正当理由延期的，责任自负。

（2）工程竣工结算审查期限

单项工程竣工后，承包人应在提交竣工验收报告的同时，向发包人递交竣工结算报告及完整的结算资料，发包人应按以下规定时限进行核对（审查）并提出审查意见：①500万元以下，从接到竣工结算报告和完整的竣工结算资料之日起 20 天；②500 万元～2000 万元，从接到竣工结算报告和完整的竣工结算资料之日起 30 天；③2000 万元～5000 万元，从接到竣工结算报告和完整的竣工结算资料之日起 45 天；④5000 万元以上，从接到竣工结算报告和完整的竣工结算资料之日起 60 天。

建设项目竣工总结算在最后一个单项工程竣工结算审查确认后 15 天内汇总，送发包人后 30 天内审查完成。

（3）工程竣工价款结算

发包人收到承包人递交的竣工结算报告及完整的结算资料后，应按以上规定的期限（合同约定有期限的，从其约定）进行核实，给予确认或者提出修改意见。

发包人根据确认的竣工结算报告向承包人支付工程竣工结算价款，保留 5% 左右的质量保证（保修）金，待工程交付使用 1 年质保期到期后清算（合同另有约定的，从其约定），质保期内如有返修，发生费用应在质量保证（保修）金内扣除。

工程竣工结算以合同工期为准，实际施工工期比合同工期提前或延后，发、承包双方应按合同约定的奖惩办法执行。

（4）索赔及合同以外零星项目工程价款结算

发承包人未能按合同约定履行自己的各项义务或发生错误，给另一方造成经济损失的，由受损方按合同约定提出索赔，索赔金额按合同约定支付。

发包人要求承包人完成合同以外零星项目，承包人应在接受发包人要求的 7 天内就用工数量和单价、机械台班数量和单价、使用材料和金额等向发包人提出施工签证，发包人签证后施工，如发包人未签证，承包人施工后发生争议的，责任由承包人自负。

发包人和承包人要加强施工现场的造价控制，及时对工程合同外的事项如实记录并履行书面手续。凡由发、承包双方授权的现场代表签字的现场签证以及发、承包双方协商确定的索赔等费用，应在工程竣工结算中如实办理，不得因发、承包双方现场代表的中途变更改变其有效性。

（5）未按规定时限办理事项的处理

发包人收到竣工结算报告及完整的结算资料后，在《建设工程价款结算暂行办法》规定或合同约定期限内，对结算报告及资料没有提出意见，则视同认可。

承包人如未在规定时间内提供完整的工程竣工结算资料，经发包人催促后14天内仍未提供或没有明确答复，发包人有权根据已有资料进行审查，责任由承包人自负。

根据确认的竣工结算报告，承包人向发包人申请支付工程竣工结算款。发包人应在收到申请后15天内支付结算款，到期没有支付的应承担违约责任。承包人可以催告发包人支付结算价款，如达成延期支付协议，发包人应按同期银行贷款利率支付拖欠工程价款的利息。如未达成延期支付协议，承包人可以与发包人协商将该工程折价，或申请人民法院将该工程依法拍卖，承包人就该工程折价或者拍卖的价款优先受偿。

（6）工程价款结算争议处理

工程造价咨询机构接受发包人或承包人委托，编审工程竣工结算，应按合同约定和实际履约事项认真办理，出具的竣工结算报告经发、承包双方签字后生效。当事人一方对报告有异议的，可对工程结算中有异议部分，向有关部门申请咨询后协商处理，若不能达成一致的，双方可按合同约定的争议或纠纷解决程序办理。

发包人对工程质量有异议，已竣工验收或已竣工未验收但实际投入使用的工程，其质量争议按该工程保修合同执行；已竣工未验收且未实际投入使用的工程以及停工、停建工程的质量争议，应当就有争议部分的竣工结算暂缓办理，双方可就有争议的工程委托有资质的检测鉴定机构进行检测，根据检测结果确定解决方案，或按工程质量监督机构的处理决定执行，其余部分的竣工结算依照约定办。

当事人对工程造价发生合同纠纷时，可通过下列办法解决：①双方协商确定；②按合同条款约定的办法提请调解；③向有关仲裁机构申请仲裁或向人民法院起诉。

2004年10月发布的《最高人民法院关于审理建设工程施工合同纠纷案件适用法律问题的解释》第16条规定，当事人对建设工程的计价标准或者计价方法有约定的，按照约定结算工程价款。因设计变更导致建设工程的工程量或质量标准发生变化，当事人对该部分工程价款不能协商一致的，可以参照签订建设工程施工合同时当地建设行政主管部门发布的计价方法或者计价标准结算工程价款。

（7）工程价款结算管理

《建设工程价款结算暂行办法》规定，工程竣工后，发、承包双方应及时办理完成工程竣工结算。否则，工程不得交付使用，有关部门不予办理权属登记。

2. 竣工工程质量争议的处理

《建筑法》规定，建筑工程竣工时，屋顶、墙面不得留有渗漏、开裂等质量缺陷；对已发现的质量缺陷，建筑施工企业应当修复。《建设工程质量管理条例》规定，施工单位对施工中出现质量问题的建设工程或者竣工验收不合格的建设工程，应当负责返修。

据此，建设工程竣工时发现的质量问题或者质量缺陷，无论是建设单位的责任还是施工单位的责任，施工单位都有义务进行修复或返修。但是，对于非施工单位原因出现的质量问题或质量缺陷，其返修的费用和造成的损失是应由责任方承担的。

（1）承包方责任的处理

《合同法》规定，因施工人的原因致使建设工程质量不符合约定的，发包人有权要求施工人在合理期限内无偿修理或者返工、改建。

如果承包人拒绝修理、返工或改建的，《最高人民法院关于审理建设工程施工合同纠纷案件适用法律问题的解释》第 11 条规定，因承包人的过错造成建设工程质量不符合约定，承包人拒绝修理、返工或者改建，发包人请求减少支付工程价款的，应予支持。

（2）发包方责任的处理

《建筑法》规定，建设单位不得以任何理由，要求建筑设计单位或者建筑施工企业在工程设计或者施工作业中，违反法律、行政法规和建筑质量、安全标准，降低工程质量。

《最高人民法院关于审理建设工程施工合同纠纷案件适用法律问题的解释》第 12 条规定，发包人具有下列情形之一，造成建设工程质量缺陷，应当承担过错责任：①提供的设计有缺陷；②提供或者指定购买的建筑材料、建筑构配件、设备不符合强制性标准；③直接指定分包人分包专业工程。

（3）未经竣工验收擅自使用的处理

《建筑法》、《合同法》、《建设工程质量管理条例》均规定，建设工程竣工经验收合格后，方可交付使用；未经验收或验收不合格的，不得交付使用。

在实践中，一些建设单位出于各种原因，往往未经验收就擅自提前占有使用建设工程。为此，《最高人民法院关于审理建设工程施工合同纠纷案件适用法律问题的解释》第 13 条规定，建设工程未经竣工验收，发包人擅自使用后，又以使用部分质量不符合约定为由主张权利的，不予支持；但是承包人应当在建设工程的合理使用寿命内对地基基础工程和主体结构质量承担民事责任。

7.4.5　竣工验收报告备案的规定

《建设工程质量管理条例》规定，建设单位应当自建设工程竣工验收合格之日起 15 日内，将建设工程竣工验收报告和规划、公安消防、环保等部门出具的认可文件或者准许使用文件报建设行政主管部门或者其他有关部门备案。建设行政主管部门或者其他有关部门发现建设单位在竣工验收过程中有违反国家有关建设工程质量管理规定行为的，责令停止使用，重新组织竣工验收。

1．竣工验收备案的时间及须提交的文件

2009 年 10 月住房和城乡建设部经修改后发布的《房屋建筑和市政基础设施工程竣工验收备案管理办法》规定，建设单位应当自工程竣工验收合格之日起 15 日内，依照本办法规定，向工程所在地的县级以上地方人民政府建设主管部门（以下简称备案机关）备案。

建设单位办理工程竣工验收备案应当提交下列文件：

（1）工程竣工验收备案表；

（2）工程竣工验收报告。竣工验收报告应当包括工程报建日期，施工许可证号，施工图设计文件审查意见，勘察、设计、施工、工程监理等单位分别签署的质量合格文件及验收人员签署的竣工验收原始文件，市政基础设施的有关质量检测和功能性试验资料以及备案机关认为需要提供的有关资料；

（3）法律、行政法规规定应当由规划、环保等部门出具的认可文件或者准许使用文件；

（4）法律规定应当由公安消防部门出具的对大型的人员密集场所和其他特殊建设工程验收合格的证明文件；

（5）施工单位签署的工程质量保修书；

（6）法规、规章规定必须提供的其他文件。住宅工程还应当提交《住宅质量保证书》和《住宅使用说明书》。

2011年1月住房和城乡建设部经修改后发布的《城市地下管线工程档案管理办法》还规定，建设单位在地下管线工程竣工验收备案前，应当向城建档案管理机构移交下列档案资料：

（1）地下管线工程项目准备阶段文件、监理文件、施工文件、竣工验收文件和竣工图；

（2）地下管线竣工测量成果；

（3）其他应当归档的文件资料（电子文件、工程照片、录像等）。建设单位向城建档案管理机构移交的档案资料应当符合《建设工程文件归档规范》GB/T 50328—2014 的要求。

2. 竣工验收备案文件的签收和处理

《房屋建筑和市政基础设施工程竣工验收备案管理办法》规定，备案机关收到建设单位报送的竣工验收备案文件，验证文件齐全后，应当在工程竣工验收备案表上签署文件收讫。工程竣工验收备案表一式两份，1份由建设单位保存，1份留备案机关存档。

工程质量监督机构应当在工程竣工验收之日起5日内，向备案机关提交工程质量监督报告。

备案机关发现建设单位在竣工验收过程中有违反国家有关建设工程质量管理规定行为的，应当在收讫竣工验收备案文件15日内，责令停止使用，重新组织竣工验收。

3. 竣工验收备案违反规定的处罚

《房屋建筑和市政基础设施工程竣工验收备案管理办法》规定，建设单位在工程竣工验收合格之日起15日内未办理工程竣工验收备案的，备案机关责令限期改正，处20万以上50万元以下罚款。

建设单位将备案机关决定重新组织竣工验收的工程，在重新组织竣工验收前，擅自使用的，备案机关责令停止使用，处工程合同价款2%以上4%以下罚款。

建设单位采用虚假证明文件办理工程竣工验收备案的，工程竣工验收无效，备案机关责令停止使用，重新组织竣工验收，处20万元以上50万元以下罚款；构成犯罪的，依法追究刑事责任。

备案机关决定重新组织竣工验收并责令停止使用的工程，建设单位在备案之前已投入使用或者建设单位擅自继续使用造成使用人损失的，由建设单位依法承担赔偿责任。

《城市地下管线工程档案管理办法》规定，因建设单位未移交地下管线工程档案，造成施工单位在施工中损坏地下管线的，建设单位依法承担相应的责任。

【案例7-4】

一、背景

2003年，甲建筑公司与乙开发公司签订了《施工合同》，约定由该建筑公司承建其贸易大厦工程。合同签订后，建筑公司积极组织人员、材料进行施工。但是，由于开发公司资金不足及分包项目进度缓慢迟迟不能完工，主体工程完工后工程停滞。2005年，甲乙双方约定共同委托审价部门对已完工的主体工程进行了审价，确认工程价款为1800万元。2006年2月，乙公司以销售需要为由，占据使用了大厦大部分房屋。2006年11月，因乙公司拒绝支付工程欠款，甲公司起诉至法院，要求乙公司支付工程欠款900万元及违约金。乙公司随后反诉，称因工程质量缺陷未修复，请求减少支付工程款300万元。

二、问题

1. 该大厦未经竣工验收乙公司便提前使用，该工程的质量责任应如何承担？

2. 甲公司要求乙公司支付工程欠款及违约金时，是否还可以主张停工损失，停工损失包括哪些具体内容？

三、解析

1. 乙公司在大厦未经验收的情况下擅自使用该工程，出现质量缺陷的应自行承担责任。因为，乙公司违反了《建筑法》、《合同法》和《建设工程质量管理条例》的禁止性规定，可视为其对建筑工程质量的认可。随着乙公司的提前使用，工程质量责任的风险也由施工单位甲公司转移给了发包人乙公司，而且工程交付的时间，也可依据《最高人民法院关于审理建设工程施工合同纠纷案件适用法律问题的解释》第14条规定："建设工程未经竣工验收，发包人擅自使用的，以转移占有建设工程之日为竣工日期"，认定为乙公司提前使用的时间。但根据《最高人民法院关于审理建设工程施工合同纠纷案件适用法律问题的解释》第13条规定："建设工程未经验收，发包人擅自使用后，又以使用部分质量不符合约定为由主张权利的，不予支持；但是承包人应当在建设工程的合理使用寿命内对地基基础工程和主体结构质量承担民事责任。"所以，该大厦如果出现地基基础和主体结构的质量问题，甲公司仍需承担民事责任。

2. 甲公司可以主张停工损失。《合同法》第283条规定，"发包人未按照约定的时间和要求提供原材料、设备、场地、资金、技术资料的，承包人可以顺延工程日期，并有权要求赔偿停工、窝工等损失。"据此，甲公司在请求支付工程欠款及违约金时，还可以向乙公司主张停工损失。停工损失一般包括人员窝工、机械停置费用、现场看护费用、工程保险费等损失。

7.5 建设工程质量保修制度

7.5.1 质量保修书和最低保修期限的规定

《建筑法》、《建设工程质量管理条例》均规定，建设工程实行质量保修制度。

建设工程质量保修制度，是经建设工程竣工经验收后，在规定的保修期限内，因勘察、设计、施工、材料等原因造成的质量缺陷，应当由施工承包单位负责维修、返工或更换，由责任单位负责赔偿损失的法律制度。建设工程质量保修制度对于促进建设各方加强质量管理，保护用户及消费者的合法权益可起到重要的保障作用。

1. 建设工程质量保修书

《建设工程质量管理条例》规定，建设工程承包单位在向建设单位提交工程竣工验收报告时，应当向建设单位出具质量保修书。质量保修书中应当明确建设工程的保修范围、保修期限和保修责任等。

（1）质量保修范围

《建筑法》规定，建筑工程的保修范围应当包括地基基础工程、主体结构工程、屋面防水工程和其他土建工程，以及电气管线、上下水管线的安装工程，供热、供冷系统工程等项目。

当然，不同类型的建设工程，其保修范围是有所不同的。

（2）质量保修期限

《建筑法》规定，保修的期限应当按照保证建筑物合理寿命年限内正常使用，维护使用者合法权益的原则确定。

对具体的保修范围和最低保修期限，《建设工程质量管理条例》中作了明确规定。

（3）质量保修责任

施工单位在质量保修书中，应当向建设单位承诺保修范围、保修期限和有关具体实施保修的措施，如保修的方法、人员及联络办法，保修答复和处理时限，不履行保修责任的罚则等。

需要注意的是，施工单位在建设工程质量保修书中，应当对建设单位合理使用建设工程有所提示。如果是因建设单位或者用户使用不当或擅自改动结构、设备位置以及不当装修等造成质量问题的，施工单位不承担保修责任；由此而造成的质量受损或者其他用户损失，应当由责任人承担相应的责任。

2. 建设工程质量的最低保修期限

《建设工程质量管理条例》规定，在正常使用条件下，建设工程的最低保修期限为：①基础设施工程、房屋建筑的地基基础工程和主体结构工程，为设计文件规定的该工程的合理使用年限；②屋面防水工程、有防水要求的卫生间、房间和外墙面的防渗漏，为5年；③供热与供冷系统，为2个采暖期、供冷期；④电气管线、给排水管道、设备安装和装修工程，为2年。其他项目的保修期限由发包方与承包方约定。

（1）地基基础工程和主体结构的保修期

基础设施工程、房屋建筑的地基基础工程和主体结构工程的质量，直接关系到基础设施工程和房屋建筑的整体安全可靠，必须在该工程的合理使用年限内予以保修，即实行终身负责制。因此，工程合理使用年限就是该工程勘察、设计、施工等单位的质量责任年限。

（2）屋面防水工程、供热与供冷系统等的最低保修期

在《建设工程质量管理条例》中，对屋面防水工程、供热与供冷系统、电气管线、给排水管道、设备安装和装修工程等的最低保修期限分别作出了规定。如果建设单位与施工单位经平等协商另行签订保修合同的，其保修期限可以高于法定的最低保修期限，

但不能低于最低保修期限，否则视作无效。

建设工程保修期的起始日是竣工验收合格之日。《建设工程质量管理条例》规定，建设行政主管部门或者其他有关部门发现建设单位在竣工验收过程中有违反国家有关建设工程质量管理规定行为的，责令停止使用，重新组织竣工验收。

对于重新组织竣工验收的工程，其保修期为各方都认可的重新组织竣工验收的日期。

（3）建设工程超过合理使用年限后需要继续使用的规定

《建设工程质量管理条例》规定，建设工程在超过合理使用年限后需要继续使用的，产权所有人应当委托具有相应资质等级的勘察、设计单位鉴定，并根据鉴定结果采取加固、维修等措施，重新界定使用期。

各类工程根据其重要程度、结构类型、质量要求和使用性能等所对应的使用年限是不同的。确定建设工程的合理使用年限，并不意味着超过合理使用年限后，建设工程就一定要报废、拆除。经过具有相应资质等级的勘察、设计单位鉴定，制定技术加固措施，在设计文件中重新界定使用期，并经有相应资质等级的施工单位进行加固、维修和补强，该建设工程能达到继续使用条件的就可以继续使用。但是，如果不经鉴定、加固等而违法继续使用的，所产生的后果由产权所有人自负。

7.5.2　质量责任的损失赔偿

《建设工程质量管理条例》规定，建设工程在保修范围和保修期限内发生质量问题的，施工单位应当履行保修义务，并对造成的损失承担赔偿责任。

1. 保修义务的责任落实与损失赔偿责任的承担

《最高人民法院关于审理建设工程施工合同纠纷案件适用法律问题的解释》规定，因保修人未及时履行保修义务，导致建筑物损毁或者造成人身、财产损害的，保修人应当承担赔偿责任。保修人与建筑物所有人或者发包人对建筑物毁损均有过错的，各自承担相应的责任。

建设工程保修的质量问题是指在保修范围和保修期限内的质量问题。对于保修义务的承担和维修的经济责任承担应当按下述原则处理：

（1）施工单位未按照国家有关标准规范和设计要求施工所造成的质量缺陷，由施工单位负责返修并承担经济责任。

（2）由于设计问题造成的质量缺陷，先由施工单位负责维修，其经济责任按有关规定通过建设单位向设计单位索赔。

（3）因建筑材料、构配件和设备质量不合格引起的质量缺陷，先由施工单位负责维修，其经济责任属于施工单位采购的或经其验收同意的，由施工单位承担经济责任；属于建设单位采购的，由建设单位承担经济责任。

（4）因建设单位（含监理单位）错误管理而造成的质量缺陷，先由施工单位负责维修，其经济责任由建设单位承担；如属监理单位责任，则由建设单位向监理单位索赔。

（5）因使用单位使用不当造成的损坏问题，先由施工单位负责维修，其经济责任由使用单位自行负责。

（6）因地震、台风、洪水等自然灾害或其他不可抗拒原因造成的损坏问题，先由施工单位负责维修，建设参与各方再根据国家具体政策分担经济责任。

2. 建设工程质量保证金

《建设工程质量保证金管理暂行办法》规定，建设工程质量保证金（保修金）（以下简称保证金）是指发包人与承包人在建设工程承包合同中约定，从应付的工程款中预留，用以保证承包人在缺陷责任期内对建设工程出现的缺陷进行维修的资金。

（1）缺陷责任期的确定

所谓缺陷，是指建设工程质量不符合工程建设强制性标准、设计文件，以及承包合同的约定。缺陷责任期一般为 6 个月、12 个月或 24 个月，具体可由发承包双方在合同中约定。

缺陷责任期从工程通过竣（交）工验收之日起计。由于承包人原因导致工程无法按规定期限进行竣（交）工验收的，缺陷责任期从实际通过竣（交）工验收之日起计。由于发包人原因导致工程无法按规定期限进行竣（交）工验收的，在承包人提交竣（交）工验收报告 90 天后，工程自动进入缺陷责任期。

（2）预留保证金的比例

全部或者部分使用政府投资的建设项目，按工程价款结算总额 5% 左右的比例预留保证金。社会投资项目采用预留保证金方式的，预留保证金的比例可参照执行。

缺陷责任期内，由承包人原因造成的缺陷，承包人应负责维修，并承担鉴定及维修费用。如承包人不维修也不承担费用，发包人可按合同约定扣除保证金，由承包人承担违约责任。承包人维修并承担相应费用后，不免除对工程的一般损失赔偿责任。由他人原因造成的缺陷，发包人负责组织维修，承包人不承担费用，且发包人不得从保证金中扣除费用。

（3）质量保证金的返还

缺陷责任期内，承包人认真履行合同约定的责任，到期后，承包人向发包人申请返还保证金。

发包人在接到承包人返还保证金申请后，应于 14 日内会同承包人按照合同约定的内容进行核实。如无异议，发包人应当在核实后 14 日内将保证金返还给承包人，逾期支付的，从逾期之日起，按照同期银行贷款利率计付利息，并承担违约责任。发包人在接到承包人返还保证金申请后 14 日内不予答复，经催告后 14 日内仍不予答复，视同认可承包人的返还保证金申请。

发包人和承包人对保证金预留、返还以及工程维修质量、费用有争议，按承包合同约定的争议和纠纷解决程序处理。

7.5.3 违法行为应承担的法律责任

建设工程质量保修违法行为应承担的主要法律责任如下：

《建筑法》规定，建筑施工企业违反本法规定，不履行保修义务的责令改正，可以处以罚款，并对在保修期内因屋顶、墙面渗漏、开裂等质量缺陷造成的损失，承担赔偿责任。

《建设工程质量管理条例》规定，施工单位不履行保修义务或者拖延履行保修义务的，责令改正，处 10 万元以上 20 万元以下的罚款，并对在保修期内因质量缺陷造成的损失承担赔偿责任。

《建设工程质量保证金管理暂行办法》规定，缺陷责任期内，由承包人原因造成的缺陷，承包人应负责维修，并承担鉴定及维修费用。如承包人不维修也不承担费用，发包人可按合同约定扣除保证金，并由承包人承担违约责任。承包人维修并承担相应费用后，不免除对工程的一般损失赔偿责任。

《建筑业企业资质管理规定》规定，取得建筑业企业资质的企业，申请资质升级、资质增项，在申请之日起前一年内，未依法履行工程质量保修义务或拖延履行保修义务，造成严重后果的，资质许可机关不予批准企业的资质升级申请和增项申请。

【案例 7-5】

一、背景

某建设单位投资 3100 万元建疗养院，该工程框架结构 5 层，设计合理使用年限 50 年，由北京某设计院设计，施工图已通过北京某施工图设计文件审查机构审查。施工阶段由甲监理公司负责监理。建设单位与乙施工单位签订合同，其中乙起草的《工程质量保修书》中约定卫生间防水工程：6 年，供热系统工程：2 年，轻钢结构工程：35 年，装修工程：2 年，钢筋混凝土主体结构工程：50 年。并约定铝合金窗和电梯由建设单位供应。施工中发生了未按图施工，漏设旋转楼梯下一根柱子的质量事故，且进场的铝合金窗质量不合格。甲公司和乙公司出现责任推诿，乙公司认为是由甲监理公司同意后使用的，监理公司则认为是由于乙公司自身的原因导致质量问题。装修时，建设单位提出在顶层增加一层轻钢结构层，并办理了规划等相关手续。建设单位为了加速施工周期直接委托当地某甲级设计院出变更图纸，送当地审图机构审查后进行施工。

二、问题

1. 以上案例中有哪些不妥之处？

2. 柱子漏设的质量事故、铝合金窗质量不合格的问题责任应由哪方承担？

3. 乙起草的《工程质量保修书》中，哪些保修期不符合《建设工程质量管理条例》要求？

三、解析

1. 根据《建设工程勘察设计管理条例》第二十八条规定，"确需修改建设工程设计文件的，应当由原设计单位修改，经原建设工程设计单位书面同意，建设单位也可以委托其他具有相应资质的建设工程设计单位修改"。建设单位为了加速施工周期直接委托当地某甲级设计院出变更图纸，未经原设计单位同意的做法不妥。

2. 根据《建设工程质量管理条例》的规定，施工单位未按图施工，监理公司未尽到对施工质量的监督管理责任，二者应当对柱子漏设这一质量问题各自承担相应的法律责任；铝合金窗是由建设单位提供的，其质量不合格的问题应当由建设单位承担。

3. 根据《建设工程质量管理条例》第三十八条建设工程最低保修期限的规定，"主体结构为设计文件规定的该工程的合理使用年限"。轻钢结构工程也是该工程的主体结构工程，故其保修期限应为其设计年限，应当等于主体结构的设计年限 50 年。

本单元小结

本单元详细介绍了工程建设标准的分类和强制性标准的实施，施工单位、建设单位及相关单位的质量责任和义务，工程竣工验收的主体和法定条件及程序，建设工程质量保修制度。

练习题

一、单项选择题

1. 下列选项中，不属于我国《标准化法》对标准划分类型的是（　　）。

    A. 国家标准　　　　B. 行业标准　　　　C. 技术标准　　　　D. 企业标准

2. 工程建设领域制定的行业标准，在相关技术要求公布了国家标准后，该行业标准（　　）。

    A. 即行废止　　　　　　　　　　　B. 行业标准优先适用

    C. 国家标准优先适用　　　　　　　D. 两个同时适用

3. 某住宅小区施工时，承包方发现设计图纸结构尺寸部分存在错误，承包方正确的做法是（　　）。

    A. 仍按图纸施工　　　　　　　　　B. 按通常做法施工

    C. 当地技术质量监督局认可　　　　D. 向相关单位及时提出修改建议

4. 按照 2013 版《建设工程施工合同文本》通用条款规定，隐蔽工程验收达到工程质量符合标准规范和设计图纸等要求，但监理工程师验收后不在验收记录上签字，在以下（　　）情况下，施工单位可以继续进行隐蔽。

    A. 经建设单位书面确认　　　　　　B. 经监理口头通知

    C. 经施工项目负责人确认　　　　　D. 经过 24 小时

5. 关于施工图纸报审和审查合格的时间，应为（　　）。

    A. 基础及结构部分在开工前报审及完成审查

    B. 建筑部分开始施工前完成报审

    C. 根据工程进度可以边报审边施工

    D. 设计文件应在开工前完成报审和审核

6. 依法为建设工程申请办理质量监督手续，是（　　）的法定义务。

    A. 建设单位　　　　B. 施工单位　　　　C. 监理单位　　　　D. 质量监督机构

7. 建设工程完工后，组织竣工验收的主体是（　　）。

    A. 质量监督站　　　　　　　　　　B. 建设单位

    C. 监理单位　　　　　　　　　　　D. 建设行政主管部门

8. 某建设工程竣工后未经验收发包人提前使用，下列说法错误的是（　　）。

    A. 出现防水问题，5 年内承包人应承担保修责任

    B. 主体结构出现裂纹，承包人应承担保修责任

    C. 出现任何问题承包人都需要承担保修责任

    D. 出现任何问题承包人都不需要承担保修责任

9. 在正常使用条件下，以下关于建设工程最低保修期限的说法，符合《建设工程质量管理条例》规定的是（　　）。

    A. 外墙面的防渗漏为 5 年　　　　　B. 供热和供冷系统为 2 年

C. 屋面防水工程为 3 年　　　　　　　D. 地基基础和主体结构工程为永久

10. 根据《建设工程质量管理条例》的规定，《工程质量保修书》应当明确保修的范围、期限和责任。起重最低保修期限是（　　　　）。

A. 双方约定的　　　　　　　　　　　B. 法定的

C. 设计文件确定的　　　　　　　　　D. 业主方规定的

二、多项选择题

1. 工程建设批准部门应当对工程项目执行强制性标准情况进行监督检查，其检查内容包括（　　　　）。

A. 工程作业人员是否熟悉强制性标准

B. 规划、勘察、设计、施工、验收等是否符合强制性标准的规定

C. 采用的材料、设备是否符合强制性标准的规定

D. 采用的导则、指南、手册、计算机软件的内容是否符合强制性标准的规定

E. 工程安全、质量是否使用了强制性标准

2. 某房地产公司暗示施工企业违反工程建设质量标准以缩短工期，建设单位对此应承担的法律责任中不包括（　　　　）。

A. 责令改正　　　　　　　　　　　　B. 处以罚款

C. 追究刑事责任　　　　　　　　　　D. 责令停业整顿

E. 吊销资质证书

3. 施工单位在现场取样是，应在（　　　　）的见证下进行。

A. 政府质量监督人员　　　　　　　　B. 施工单位项目技术负责人

C. 材料供应商技术负责人　　　　　　D. 监理工程师

E. 建设单位代表

4. 在工程实践中，建设单位应当向施工单位提供原始材料，这些资料主要包括（　　　　）。

A. 可行性研究报告　　　　　　　　　B. 概算批准文件

C. 建设用地的征用资料　　　　　　　D. 建设项目所在地规划部门批准文件

E. 项目规划总平面图、地下管线、地形地貌等在内的基础资料

5. 下述行为中应由建设单位承担相应行政责任的有（　　　　）。

A. 按时设计单位违反工程建设强制性标准，降低工程质量

B. 任意压缩合理工期

C. 施工图未经报审而就用于工程施工

D. 迫使承包方低于成本价竞标

E. 未对钢筋和商品混凝土进行检验

6. 工程质量监督机构对竣工验收实施的监督包括（　　　　）。

A. 验收程序是否合法　　　　　　　　B. 参加验收单位人员的资格是否符合要求

C. 竣工验收资料是否齐全　　　　　　D. 实体质量是否存在严重的缺陷

E. 竣工结算是否编制

单元 8
建设工程相关法律制度

【引言】

> 　　建筑施工企业应当遵守有关环境保护和安全生产的法律、法规的规定，采取控制和处理施工现场的各种粉尘、废气、废水、固体废物以及噪声、振动对环境的污染和危害的措施。本章主要讲解施工环境保护法律制度、节约能源法律制度、文物保护法律制度。

【学习目标】

> 　　通过本单元学习，你将能够：
> 　　√　熟悉环境保护法律制度；
> 　　√　掌握施工现场环境保护制度；
> 　　√　掌握施工现场废水、大气、噪声、固体废物等污染防治规定；
> 　　√　熟悉"三同时"制度。

8.1　施工现场环境保护制度

8.1.1　环境保护法概述

1. 环境保护法的概念

环境保护法有广义和狭义之分。狭义的环境保护法是指 1989 年 12 月 26 日实施的《中华人民共和国环境保护法》（以下简称《环境保护法》），广义的环境保护法指的是与环境保护相关的法律体系，包括《环境保护法》、《水污染防治法》、《大气污染防治法》、《环境噪声污染防治法》和《固体废物污染防治法》等。

2. 环境保护基本制度

（1）环境规划制度

环境规划是指为了使环境与社会、经济协调发展，国家将"社会—经济—环境"作为一个复合的生态系统，依据社会经济规律、生态规律和地学原理，对其发展变化趋势进行研究而对人类自身活动所做的时间和空间的合理安排。

1）环境规划的分类和内容。

① 按规划的时间期限分为：短期规划、中期规划和长期规划。通常短期规划以5年为限，中期规划以15年为限，长期规划以20年、30年、50年为限。

② 按规划的法定效力分为：强制性规划和指导性规划。

③ 按规划的性质分为：污染控制规划、国民经济整体规划和国土利用规划三大类，每一类还可以按范围、行业或专业再细划成子项规划。其中，污染控制规划是针对污染引起的环境问题编制的，主要是对工农业生产、交通运输和城市生活等人类活动对环境造成的污染而规定的防治目标和措施。

2）环境规划的编制程序。

① 对象调查。这是制订规划的第一步，要通过周密细致的调查，摸清规划对象本身现状及其与外界事物的联系。通过历史比较及有关环境问题的分类排序。其目的在于总结各方面的经验教训，从中发现规律性，用以指导规划的制定。

② 目标导向预测。主要是预测环境的发展趋势和防治的可能成就。

③ 拟制方案。根据规模目标预测结果和现实条件，拟定实现目标的不同备选方案，并确定主要污染物的目标削减量。

④ 系统分析，择优决策。根据经济、社会和环境协调发展的原则，进行近期与远期的全面考虑，兼顾全局和局部利益，择优选择方案，以保证经济、社会发展和环境保护的全面开展。

（2）环境影响评价制度

环境影响评价（Environmental Impact Assessment）是指对规划和建设项目实施后可能造成的环境影响进行分析、预测和评估，提出预防或者减轻不良环境影响的对策和措施，进行跟踪监测的方法与制度。2002年12月28日，全国人民代表大会常务委员会发布了《环境影响评价法》，以法律的形式确立了规划和建设项目的环境影响评价制度。关于建设项目的环境影响评价制度，该法主要规定了以下内容。

1）对建设项目的环境影响评价实行分类管理。

① 建设单位应当按照下列规定组织编制环境影响报告书、环境影响报告表或者填报环境影响登记表（以下统称环境影响评价文件）。

② 可能造成重大环境影响的，应当编制环境影响报告书，对产生的环境影响进行全面评价。可能造成轻度环境影响的，应当编制环境影响报告表，对产生的环境影响进行分析或者专项评价。

③ 对环境影响很小、不需要进行环境影响评价的，应当填报环境影响登记表。

2）环境影响报告书的基本内容。

建设项目的环境影响报告书应当包括下列内容。

① 建设项目概况；

② 建设项目周围环境现状；

③ 建设项目对环境可能造成影响的分析、预测和评估；

④ 建设项目环境保护措施及其技术、经济论证；

⑤ 建设项目对环境影响的经济损益分析；

⑥ 对建设项目实施环境监测的建议；

⑦ 环境影响评价的结论。

涉及水土保持的建设项目，还必须经由水行政主管部门审查同意的水土保持方案。

(3) "三同时"制度

"三同时"制度，是指建设项目中的环境保护设施必须与主体工程同时设计、同时施工、同时投产使用的制度。该制度适用于下几个方面的开发建设项目：新建、扩建、改建项目；技术改造项目；一切可能对环境造成污染和破坏的其他工程建设项目。

1) 设计阶段。建设项目的初步设计，应当按照环境保护设计规范的要求，编制环境保护篇章，并依据经批准的建设项目环境影响报告书或者环境影响报告表，在环境保护篇章中落实防治环境污染和生态破坏的措施以及环境保护设施投资概算。

2) 试生产阶段。建设项目的主体工程完工后，需要进行试生产的，其配套建设的环境保护设施必须与主体工程同时投入试运行。建设项目试生产期间，建设单位应当对环境保护设施运行情况和建设项目对环境的影响进行监测。

(4) 竣工验收和投产使用阶段。建设项目竣工后，建设单位应当向审批该建设项目环境影响报告书、环境影响报告表或者环境影响登记表的环境保护行政主管部门，申请该建设项目需要配套建设的环境保护设施竣工验收。环境保护设施竣工验收，应当与主体工程竣工验收同时进行。需要进行试生产的建设项目，建设单位应当自建设项目投入试生产之日起3个月内，向审批该建设项目环境影响报告书、环境影响报告表或者环境影响登记表的环境保护行政主管部门，申请该建设项目需要配套建设的环境保护设施竣工验收。分期建设、分期投入生产或者使用的建设项目，其相应的环境保护设施应当分期验收。环境保护行政主管部门应当自收到环境保护设施竣工验收申请之日起30日内，完成验收。建设项目需要配套建设的环境保护设施经验收合格，该建设项目方可正式投入生产或者使用。

(5) 排污收费制度

排污收费制度，是指国家环境管理机关依照法律规定对排污者征收一定费用的一整套管理措施。我国的排污收费制度主要包括以下内容。

1) 排污收费的对象。征收排污费的对象是超过国家或地方污染物排放标准排放污染物的企业和事业单位。

2) 排污收费的范围。排污收费的范围，是指对排放的哪些污染物征收排污费。按照有关规定，征收排污费的污染物包括污水、废气、固体废物、噪声和放射性物质五大类。但是，对于蒸汽机车和其他流动污染源排放的废气，在符合环境保护标准的贮存或处置的设施、处置的工业固体废物，进入城市水集中处理设施的污水，不征收排污费。

3) 缴纳排污费以外的其他法律义务和责任。对排污者而言，缴纳了排污费，并不免除其负担治理污染、赔偿污染损失和法律规定的其他义务和责任。

（6）环境保护许可证制度

环境保护许可证制度，是指从事有害或可能有害环境的活动之前，必须向有关管理机关提出申请，经审查批准，发给许可证后，方可进行该活动的一整套管理措施。在环境保护许可证制度中，使用最广泛的是排污许可证。

1）排污许可证的适用范围。对依法实施重点污染物排放总量控制的水体排放重点水污染物的和对大气污染物总量控制区排放主要大气污染物的实行排污许可证制度。

2）排污许可证制度的实施程序。排污许可证制度的实施程序如下：

① 排污申报登记。排污单位向环境保护主管部门如实申报排放污染物的种类、数量、浓度、排放的方式和排放去向。

② 分配排污量。各地区确定本地区污染物排放总量控制指标和分配污染物总量削减指标。

③ 发放许可证。对不超过排污总量控制指标的排污单位，颁发排放许可证；对超出排污总量控制指标的排污单位，颁发临时排放许可证，并限期削减排放量。

④ 发证后的监督管理。

（7）限期治理制度

限期治理制度是指对现已存在的危害环境的污染源，由法定机关做出决定，令其在一定期限内治理并达到规定要求的一整套措施。其主要包括以下几方面的内容。

1）限期治理的对象。目前法律规定的限期治理对象主要有两类：

① 位于特别保护区域内的超标排污的污染源。在国务院、国务院有关主管部门和省、自治区、直辖市人民政府划定的风景名胜区、自然保护区和其他需要特别保护的区域内，按规定不得建设污染环境的工业生产设施；建设其他设施，其污染物排放不得超过规定的排放标准；已经建成的设施，其污染物排放超过规定的排放标准的，要限期治理。

② 造成严重污染的污染源。实践中通常是根据污染物的排放是否对人体健康有严重影响和危害、是否严重扰民、经济效益是否远小于环境危害所造成的损失、是否属于有条件治理而不治理等情况来考虑是否属于严重污染。

2）限期治理的决定权。按照法律规定，市、县或者市、县级以下人民政府管辖的企业事业单位的限期治理，由市、县级人民政府决定；中央或省、自治区、直辖市人民政府直接管辖的企业事业单位的限期治理，由省、自治区、直辖市人民政府决定。

3）限期治理的目标和期限。限期治理的目标，就是限期治理要达到的结果。一般情况下是浓度目标，即通过限期治理使污染源排放的污染物达到一定的排放标准。限期治理的期限由决定限期治理的机关根据污染源的具体情况、治理的难度、治理能力等因素来合理确定。其最长期限不得超过3年。

（8）环境标准制度

环境标准制度是国家根据人体健康、生态平衡和社会经济发展对环境结构、状态的要求，在综合考虑本国自然环境特征、科学技术水平和经济条件的基础上，对环境要素间的配比、布局和各环境要素的组成以及进行环境保护工作的某些技术要求加以限定的规范。我国的环境标准制度主要包括以下内容。

① 环境标准的分类。我国的环境标准分为五大类：环境质量标准、污染物排放标准、环境基础标准、环境方法标准和环境样品标准。

② 环境标准的分级。我国的环境标准分为两级，即国家环境标准和地方环境标准。

③ 环境标准制定权利的划分。按照法律规定，国务院环境保护行政主管部门可以制定所有种类的环境标准。省、自治区、直辖市人民政府只能就国家环境质量标准中未规定的项目制定地方补充标准，对国家已有规定的，不能另行制定标准；对国家污染物排放标准中的未规定的项目，可以制定地方污染物排放标准；对国家污染物排放标准中已规定的项目，只能制定严于国家污染物排放标准的地方污染物排放标准，而不能制定宽于国家污染物排放标准的地方污染物排放标准。地方环境标准必须报国务院环境保护行政主管部门备案。省、自治区、直辖市人民政府无权制定环境基础标准、环境方法标准和环境样品标准。

（9）施工现场环境保护制度

《建筑法》规定，建筑施工企业应当遵守有关环境保护和安全生产的法律、法规的规定，采取控制和处理施工现场的各种粉尘、废气、废水、固体废物以及噪声、振动对环境的污染和危害的措施。《建设工程安全生产管理条例》进一步规定，施工单位应当遵守有关环境保护法律、法规的规定，在施工现场采取措施，防止或者减少粉尘、废气、废水、固体废物、噪声、振动和施工照明对人和环境的危害和污染。

8.1.2 水污染防治法律制度

水污染，是指水体因某种物质的介入，而导致其化学、物理、生物或者放射性等方面特性的改变，从而影响水的有效利用，危害人体健康或者破坏生态环境，造成水质恶化的现象。水污染防治包括江河、湖泊、旱河、渠道、水库等地表水体以及地下水体的污染防治。

2008年2月颁布的《中华人民共和国水污染防治法》（以下简称《水污染防治法》）规定，水污染防治应当坚持预防为主、防治结合、综合治理的原则，优先保护饮用水水源，严格控制工业污染、城镇生活污染，防治农业面源污染，积极推进生态治理工程建设，预防、控制和减少水环境污染和生态破坏。

1. 施工现场水污染的防治

《水污染防治法》规定，排放水污染物，不得超过国家或者地方规定的水污染物排放标准和重点水污染物排放总量控制指标。

直接或者间接向水体排放污染物的企业事业单位和个体工商户，应当按照国务院环境保护主管部门的规定，向县级以上地方人民政府环境保护主管部门申报登记拥有的水污染物排放设施、处理设施和在正常作业条件下排放水污染物的种类、数量和浓度，并提供防治水污染方面的有关技术资料。

禁止向水体排放油类、酸液、碱液或者剧毒废液。禁止在水体清洗装贮过油类或者有毒污染物的车辆和容器。禁止向水体排放、倾倒放射性固体废物或者含有高放射性和中放射性物质的废水。向水体排放含低放射性物质的废水，应当符合国家有关放射性污染防治的规定和标准。

禁止向水体排放、倾倒工业废渣、城镇垃圾和其他废弃物。禁止将含有汞、镉、砷、铬、铅、氰化物、黄磷等的可溶性剧毒废渣向水体排放、倾倒或者直接埋入地下。存放可溶性剧毒废渣的场所，应当采取防水、防渗漏、防流失的措施。禁止在江河、湖泊、运河、渠道、水库最高水位线以下的滩地和岸坡堆放、存贮固体废弃物和其他污染物。

在饮用水水源保护区内，禁止设置排污口。在风景名胜区水体、重要渔业水体和其他具有特殊经济文化价值的水体的保护区内，不得新建排污口。在保护区附近新建排污口，应当保证保护区水体不受污染。

禁止利用渗井、渗坑、裂隙和溶洞排放、倾倒含有毒污染物的废水、含病原体的污水和其他废弃物。禁止利用无防渗漏措施的沟渠、坑塘等输送或者存贮含有毒污染物的废水、含病原体的污水和其他废弃物。

兴建地下工程设施或者进行地下勘探、采矿等活动，应当采取防护性措施，防止地下水污染。人工回灌补给地下水，不得恶化地下水质。

2013 年 10 月颁布的《城镇排水与污水处理条例》规定，城镇排水主管部门应当会同有关部门，按照国家有关规定划定城镇排水与污水处理设施保护范围，并向社会公布。在保护范围内，有关单位从事爆破、钻探、打桩、顶进、挖掘、取土等可能影响城镇排水与污水处理设施安全的活动的，应当与设施维护运营单位等共同制定设施保护方案，并采取相应的安全防护措施。

建设工程开工前，建设单位应当查明工程建设范围内地下城镇排水与污水处理设施的相关情况。城镇排水主管部门及其他相关部门和单位应当及时提供相关资料。建设工程施工范围内有排水管网等城镇排水与污水处理设施的，建设单位应当与施工单位、设施维护运营单位共同制定设施保护方案，并采取相应的安全保护措施。因工程建设需要拆除、改动城镇排水与污水处理设施的，建设单位应当制定拆除、改动方案，报城镇排水主管部门审核，并承担重建、改建和采取临时措施的费用。

《绿色施工导则》进一步规定，水污染控制：①施工现场污水排放应达到国家标准《污水综合排放标准》GB 8978—1996 的要求；②在施工现场应针对不同的污水，设置相应的处理设施，如沉淀池、隔油池、化粪池等；③污水排放应委托有资质的单位进行废水水质检测，提供相应的污水检测报告；④保护地下水环境。采用隔水性能好的边坡支护技术。在缺水地区或地下水位持续下降的地区，基坑降水尽可能少地抽取地下水；当基坑开挖抽水量大于 50 万立方米时，应进行地下水回灌，并避免地下水被污染；⑤对于化学品等有毒材料、油料的储存地，应有严格的隔水层设计，做好渗漏液收集和处理。

2. 建设项目水污染的防治

《水污染防治法》规定，新建、改建、扩建直接或者间接向水体排放污染物的建设项目和其他水上设施，应当依法进行环境影响评价。

建设单位在江河、湖泊新建、改建、扩建排污口的，应当取得水行政主管部门或者流域管理机构同意；涉及通航、渔业水域的，环境保护主管部门在审批环境影响评价文件时，应当征求交通、渔业主管部门的意见。

建设项目的水污染防治设施，应当与主体工程同时设计、同时施工、同时投入使用。水污染防治设施应当经过环境保护主管部门验收，验收不合格的，该建设项目不得投入生产或者使用。

禁止在饮用水水源一级保护区内新建、改建、扩建与供水设施和保护水源无关的建设项目；已建成的与供水设施和保护水源无关的建设项目，由县级以上人民政府责令拆除或者关闭。禁止在饮用水水源二级保护区内新建、改建、扩建排放污染物的建设项目；已建成的排放污染物的建设项目，由县级以上人民政府责令拆除或者关闭。

禁止在饮用水水源准保护区内新建、扩建对水体污染严重的建设项目；改建建设项目，不得增加排污量。

3. 发生事故或者其他突发性事件的规定

《水污染防治法》规定，企业事业单位发生事故或者其他突发性事件，造成或者可能造成水污染事故的，应当立即启动本单位的应急方案，采取应急措施，并向事故发生地的县级以上地方人民政府或者环境保护主管部门报告。

8.1.3 大气污染防治法律制度

按照国际标准化组织（ISO）的定义，大气污染通常是指由于人类活动或自然过程引起某些物质进入大气中，呈现出足够的浓度，达到足够的时间，并因此危害了人体的舒适、健康和福利或环境污染的现象。如果不对大气污染物的排放总量加以控制和防治，将会严重破坏生态系统和人类生存条件。

1. 施工现场大气污染的防治

2000 年 4 月 29 日颁布的《中华人民共和国大气污染防治法》（以下简称《大气污染防治法》）规定，城市人民政府应当采取绿化责任制、加强建设施工管理、扩大地面铺装面积、控制渣土堆放和清洁运输等措施，提高人均占有绿地面积，减少市区裸露地面和地面尘土，防治城市扬尘污染。

在城市市区进行建设施工或者从事其他产生扬尘污染活动的单位，必须按照当地环境保护的规定，采取防治扬尘污染的措施。运输、装卸、贮存能够散发有毒有害气体或者粉尘物质的，必须采取密闭措施或者其他防护措施。

在人口集中地区存放煤炭、煤矸石、煤渣、煤灰、砂石、灰土等物料，必须采取防燃、防尘措施，防止污染大气。严格限制向大气排放含有毒物质的废气和粉尘；确需排放的，必须经过净化处理，不超过规定的排放标准。

施工现场大气污染的防治，重点是防治扬尘污染。2007 年 9 月建设部颁发的《绿色施工导则》中规定：

（1）运送土方、垃圾、设备及建筑材料等，不污损场外道路。运输容易散落、飞扬、流漏的物料的车辆，必须采取措施封闭严密，保证车辆清洁。施工现场出口应设置洗车槽。

（2）土方作业阶段，采取洒水、覆盖等措施，达到作业区目测扬尘高度小于 1.5 米，不扩散到场区外。

（3）结构施工、安装装饰装修阶段，作业区目测扬尘高度小于 0.5 米。对易产生扬尘的堆放材料应采取覆盖措施；对粉末状材料应封闭存放；场区内可能引起扬尘的材料及建筑垃圾搬运应有降尘措施，如覆盖、洒水等；浇筑混凝土前清理灰尘和垃圾时尽量使用吸尘器，避免使用吹风器等易产生扬尘的设备；机械剔凿作业时可用局部遮挡、掩盖、水淋等防护措施；高层或多层建筑清理垃圾应搭设封闭性临时专用道或采用容器吊运。

（4）施工现场非作业区达到目测无扬尘的要求。对现场易飞扬物质采取有效措施，如洒水、地面硬化、围挡、密网覆盖、封闭等，防止扬尘产生。

（5）构筑物机械拆除前，做好扬尘控制计划。可采取清理积尘、拆除体洒水、设置隔挡等措施。

（6）构筑物爆破拆除前，做好扬尘控制计划。可采用清理积尘、淋湿地面、预湿墙体、屋面敷水袋、楼面蓄水、建筑外设高压喷雾状水系统、搭设防尘排栅和直升机投水弹等综合降尘。选择风力小的天气进行爆破作业。

（7）在场界四周隔挡高度位置测得的大气总悬浮颗粒物（TSP）月平均浓度与城市背景值的差值不大于 $0.08mg/m^3$。

2. 建设项目大气污染的防治

《大气污染防治法》规定，新建、扩建、改建向大气排放污染物的项目，必须遵守国家有关建设项目环境保护管理的规定。

建设项目的环境影响报告书，必须对建设项目可能产生的大气污染和对生态环境的影响作出评价，规定防治措施，并按照规定的程序报环境保护行政主管部门审查批准。例如，新建、扩建排放二氧化硫的火电厂和其他大中型企业，超过规定的污染物排放标准或者总量控制指标的，必须建设配套脱硫、除尘装置或者采取其他控制二氧化硫排放、除尘的措施；炼制石油、生产合成氨、煤气和燃煤焦化、有色金属冶炼过程中排放含有硫化物气体的，应当配备脱硫装置或者采取其他脱硫措施等。

建设项目投入生产或者使用之前，其大气污染防治设施必须经过环境保护行政主管部门验收，达不到国家有关建设项目环境保护管理规定的要求的建设项目，不得投入生产或者使用。

3. 对向大气排放污染物单位的监管

《大气污染防治法》规定，向大气排放污染物的单位，必须按照国务院环境保护行政主管部门的规定向所在地的环境保护行政主管部门申报拥有的污染物排放设施、处理设施和在正常作业条件下排放污染物的种类、数量、浓度，并提供防治大气污染方面的有关技术资料。

排污单位排放大气污染物的种类、数量、浓度有重大改变的，应当及时申报；其大气污染物处理设施必须保持正常使用，拆除或者闲置大气污染物处理设施的，必须事先报经所在地的县级以上地方人民政府环境保护行政主管部门批准。

向大气排放污染物的，其污染物排放浓度不得超过国家和地方规定的排放标准。在人口集中地区和其他依法需要特殊保护的区域内，禁止焚烧沥青、油毡、橡胶、塑料、皮革、垃圾以及其他产生有毒有害烟尘和恶臭气体的物质。

8.1.4　环境噪声污染防治法律制度

环境噪声，是指在工业生产、建筑施工、交通运输和社会生活中所产生的干扰周围生活环境的声音。环境噪声污染，则是指产生的环境噪声超过国家规定的环境噪声排放标准，并干扰他人正常生活、工作和学习的现象。

在工程建设领域，环境噪声污染的防治主要包括两个方面：一是施工现场环境噪声污染的防治；二是建设项目环境噪声污染的防治。前者则是要解决建设工程施工过程中产生的施工噪声污染问题，后者主要是解决建设项目建成后使用过程中可能产生的环境噪声污染问题。

1. 施工现场环境噪声污染的防治

施工噪声，是指在建设工程施工过程中产生的干扰周围生活环境的声音。随着城市化进程的不断加快及工程建设的大规模开展，施工噪声污染问题日益突出，尤其是在城市人口稠密地区的建设工程施工中产生的噪声污染，不仅影响周围居民的正常生活，而且损害城市的环境形象。施工单位与周围居民因噪声而引发的纠纷也时有发生，群众投诉日渐增多。因此，应当依法加强施工现场噪声管理，采取有效措施防治施工噪声污染。

(1) 排放建筑施工噪声应当符合建筑施工场界环境噪声排放标准

1996 年 10 月颁布的《中华人民共和国环境噪声污染防治法》（以下简称《环境噪声污染防治法》）规定，在城市市区范围内向周围生活环境排放建筑施工噪声的，应当符合国家规定的建筑施工场界环境噪声排放标准。

所谓噪声排放，是指噪声源向周围生活环境辐射噪声。2011 年 12 月经修改后颁布的《建筑施工场界环境噪声排放标准》GB 12523—2011 中规定，建筑施工过程中场界环境噪声不得超过规定的排放限值。建筑施工场界环境噪声排放限值，昼间 70dB（A），夜间 55dB（A）。夜间噪声最大声级超过限值的幅度不得高于 15dB（A）。"昼间"是指 6：00 至 22：00 之间的时段；"夜间"是指 22：00 至次日 6：00 之间的时段。县级以上人民政府为环境噪声污染防治的需要（如考虑时差、作息习惯差异等）而对昼间、夜间的划分另有规定的，应按其规定执行。

(2) 使用机械设备可能产生环境噪声污染的申报

《环境噪声污染防治法》规定，在城市市区范围内，建筑施工过程中使用机械设备，可能产生环境噪声污染的，施工单位必须在工程开工 15 日以前向工程所在地县级以上地方人民政府环境保护行政主管部门申报该工程的项目名称、施工场所和期限、可能产生的环境噪声值以及所采取的环境噪声污染防治措施的情况。

国家对环境噪声污染严重的落后设备实行淘汰制度。国务院经济综合主管部门应当会同国务院有关部门公布限期禁止生产、禁止销售、禁止进口的环境噪声污染严重的设备名录。

(3) 禁止夜间进行产生环境噪声污染施工作业的规定

《环境噪声污染防治法》规定，在城市市区噪声敏感建筑物集中区域内，禁止夜间进行产生环境噪声污染的建筑施工作业，但抢修、抢险作业和因生产工艺上要求或者特殊需要必须连续作业的除外。因特殊需要必须连续作业的，必须有县级以上人民政府或者其有关主管部门的证明。以上规定的夜间作业，必须公告附近居民。

所谓噪声敏感建筑物集中区域，是指医疗区、文教科研区和以机关或者居民住宅为主的区域。所谓噪声敏感建筑物，是指医院、学校、机关、科研单位、住宅等需要保持安静的建筑物。

(4) 政府监管部门的现场检查

《环境噪声污染防治法》规定，县级以上人民政府环境保护行政主管部门和其他环境噪声污染防治工作的监督管理部门、机构，有权依据各自的职责对管辖范围内排放环境噪声的单位进行现场检查。

2. 建设项目环境噪声污染的防治

城市道桥、铁路（包括轻轨）、工业厂房等，其建成后的使用可能会对周围环境产生噪声污染。因此，建设单位必须在建设前期就规定环境噪声污染的防治措施，并在建设过程中同步建设环境噪声污染防治设施。

《环境噪声污染防治法》规定，新建、改建、扩建的建设项目，必须遵守国家有关建设项目环境保护管理的规定。

建设项目可能产生环境噪声污染的，建设单位必须提出环境影响报告书，规定环境噪声污染的防治措施，并按照国家规定的程序报环境保护行政主管部门批准。环境影响报告书中，应当有该建设项目所在地单位和居民的意见。

建设项目的环境噪声污染防治设施必须与主体工程同时设计、同时施工、同时投产使用。例如，建设经过已有的噪声敏感建筑物集中区域的高速公路和城市高架、轻轨道路，有可能造成环境噪声污染的，应当设置声屏障或者采取其他有效的控制环境噪声污染的措施；在已有的城市交通干线的两侧建设噪声敏感建筑物的，建设单位应当按照国家规定间隔一定距离，并采取减轻、避免交通噪声影响的措施等。

建设项目在投入生产或者使用之前，其环境噪声污染防治设施必须经原审批环境影响报告书的环境保护行政主管部门验收；达不到国家规定要求的，该建设项目不得投入生产或者使用。

3. 交通运输噪声污染的防治

建设工程施工有着大量的运输任务，还会产生交通运输噪声。所谓交通运输噪声，是指机动车辆、铁路机车、机动船舶、航空器等交通运输工具在运行时所产生的干扰周围生活环境的声音。《环境噪声污染防治法》规定，在城市市区范围内行驶的机动车辆的消声器和喇叭必须符合国家规定的要求。机动车辆必须加强维修和保养，保持技术性能良好，防治环境噪声污染。警车、消防车、工程抢险车、救护车等机动车辆安装、使用警报器，必须符合国务院公安部门的规定；在执行非紧急任务时，禁止使用警报器。

4. 对产生环境噪声污染企业事业单位的规定

《环境噪声污染防治法》规定，产生环境噪声污染的企业事业单位，必须保持防治环境噪声污染的设施的正常使用；拆除或者闲置环境噪声污染防治设施的，必须事先报经所在地的县级以上地方人民政府环境保护行政主管部门批准。

产生环境噪声污染的单位，应当采取措施进行治理，并按照国家规定缴纳超标准排污费。征收的超标准排污费必须用于污染的防治，不得挪作他用。

对于在噪声敏感建筑物集中区域内造成严重环境噪声污染的企业事业单位，限期治理。被限期治理的单位必须按期完成治理任务。

8.1.5　固体废物污染防治法律制度

固体废物，是指在生产、生活和其他活动中产生的丧失原有利用价值或者虽未丧失利用价值但被抛弃或者放弃的固态、半固态和置于容器中的气态的物品、物质以及法律、行政法规规定纳入固体废物管理的物品、物质。固体废物污染环境，是指固体废物在产生、收集、贮存、运输、利用、处置的过程中产生的危害环境的现象。

2013 年 6 月经修改后公布的《中华人民共和国固体废物污染环境防治法》（以下简称《固体废物污染环境防治法》）规定，国家对固体废物污染环境的防治，实行减少固体废物的产生量和危害性、充分合理利用固体废物和无害化处置固体废物的原则，促进清洁生产和循环经济发展。

1. 施工现场固体废物污染环境的防治

施工现场的固体废物主要是建筑垃圾和生活垃圾。固体废物又分为一般固体废物和危险废物。所谓危险废物，是指列入国家危险废物名录或者根据国家规定的危险废物鉴别标准和鉴别方法认定的具有危险特性的固体废物。

（1）一般固体废物污染环境的防治

《固体废物污染环境防治法》规定，产生固体废物的单位和个人，应当采取措施，防止或者减少固体废物对环境的污染。

收集、贮存、运输、利用、处置固体废物的单位和个人，必须采取防扬散、防流失、防渗漏或者其他防止污染环境的措施；不得擅自倾倒、堆放、丢弃、遗撒固体废物。禁止任何单位或者个人向江河、湖泊、运河、渠道、水库及其最高水位线以下的滩地和岸坡等法律、法规规定禁止倾倒、堆放废弃物的地点倾倒、堆放固体废物。

转移固体废物出省、自治区、直辖市行政区域存放、处置的，应当向固体废物移出地的省、自治区、直辖市人民政府环境保护行政主管部门提出申请。移出地的省、自治区、直辖市人民政府环境保护行政主管部门应当经接受地的省、自治区、直辖市人民政府环境保护行政主管部门同意后，方可批准转移该固体废物出省、自治区、直辖市行政区域。未经批准的，不得转移。

工程施工单位应当及时清运工程施工过程中产生的固体废物，并按照环境卫生行政主管部门的规定进行利用或者处置。

（2）危险废物污染环境防治的特别规定

对危险废物的容器和包装物以及收集、贮存、运输、处置危险废物的设施、场所，必须设置危险废物识别标志。以填埋方式处置危险废物不符合国务院环境保护行政主管部门规定的，应当缴纳危险废物排污费。危险废物排污费用于污染环境的防治，不得挪作他用。

禁止将危险废物提供或者委托给无经营许可证的单位从事收集、贮存、利用、处置的经营活动。运输危险废物，必须采取防止污染环境的措施，并遵守国家有关危险货物运输管理的规定。禁止将危险废物与旅客在同一运输工具上载运。

收集、贮存、运输、处置危险废物的场所、设施、设备和容器、包装物及其他物品转作他用时，必须经过消除污染的处理，方可使用。

产生、收集、贮存、运输、利用、处置危险物的单位，应当制定意外事故的防范措施和应急预案，并向所在地县级以上地方人民政府环境保护行政主管部门备案；环境保护行政主管部门应当进行检查。因发生事故或者其他突发性事件，造成危险废物严重污染环境的单位，必须立即采取措施消除或者减轻对环境的污染危害，及时通报可能受到污染危害的单位和居民，并向所在地县级以上地方人民政府环境保护行政主管部门和有关部门报告，接受调查处理。

（3）施工现场固体废物的减量化和回收再利用

《绿色施工导则》规定，制定建筑垃圾减量化计划，如住宅建筑，每万平方米的建筑垃圾不宜超过 400 吨。

加强建筑垃圾的回收再利用，力争建筑垃圾的再利用和回收率达到 30%，建筑物拆除产生的废弃物的再利用和回收率大于 40%。对于碎石类、土石方类建筑垃圾，可采用地基填埋、铺路等方式提高再利用率，力争再利用率大于 50%。

施工现场生活区设置封闭式垃圾容器，施工场地生活垃圾实行袋装化，及时清运。对建筑垃圾进行分类，并收集到现场封闭式垃圾站，集中运出。

2. 建设项目固体废物污染环境的防治

《固体废物污染环境防治法》规定，建设产生固体废物的项目以及建设贮存、利用、处置固体废物的项目，必须依法进行环境影响评价，并遵守国家有关建设项目环境保护管理的规定。

建设项目的环境影响评价文件确定需要配套建设的固体废物污染环境防治设施，必须与主体工程同时设计、同时施工、同时投入使用。固体废物污染环境防治设施必须经原审批环境影响评价文件的环境保护行政主管部门验收合格后，该建设项目方可投入生产或者使用。对固体废物污染环境防治设施的验收应当与对主体工程的验收同时进行。

在国务院和国务院有关主管部门及省、自治区、直辖市人民政府划定的自然保护区、风景名胜区、饮用水水源保护区、基本农田保护区和其他需要特别保护的区域内，禁止建设工业固体废物集中贮存、处置的设施、场所和生活垃圾填埋场。

【案例 8-1】

一、背景

2014 年 10 月 10 日夜 23 时，某市环境保护行政主管部门接到居民投诉，称某项目工地有夜间施工噪声扰民情况。执法人员立刻赶赴施工现场，并在施工场界进行了噪声测量。经现场勘查：施工噪声源主要是推土机、挖掘机、打桩机等设备的施工作业噪声，施工场界噪声经测试为 70dB（A）。通过调查，执法人员核实了此次夜间施工作业不属于抢修、抢险作业，也不属于因生产工艺要求必须进行的连续作业，并无有关主管部门出具的相关证明。

二、问题

本案中，施工单位的夜间施工作业行为是否合法？如违法说明理由。对本案中施工单位的夜间施工作业行为应如何处理？

三、解析

本案中，施工单位的夜间施工作业行为构成了环境噪声污染违法行为。《环境噪声污染防治法》第 30 条规定，"在城市市区噪声敏感建筑物集中区域内，禁止夜间进行产生环境噪声污染的建筑施工作业，但抢修、抢险作业和因生产工艺上要求或者特殊需要必须连续作业的除外。因特殊需要必须连续作业的，必须有县级以上人民政府或者其有关主管部门的证明。以上规定的夜间作业，必须公告附近居民。"经执法人员核实，该施工单位夜间作业既不属于抢修、抢险作业，也不属于因生产工艺上要求必须进行的连续作业，并无有关主管部门出具的因特殊需要必须连续作业的证明。同时，该法第28条规定，"在城市市区范围内向周围生活环境排放建筑施工噪声的，应当符合国家规定的建筑施工场界噪声标准。"经检测，该施工场界噪声为70dB（A），超过了《建筑施工场界环境噪声排放标准》中关于夜间噪声最大声级超过限值的标准。

依据《环境噪声污染防治法》第56条规定，"在城市市区噪声敏感建筑物集中区域内，夜间进行禁止进行的产生环境噪声污染的建筑施工作业的，由工程所在地县级以上地方人民政府环境保护行政主管部门责令改正，可以并处罚款。"据此，对该施工单位应由市环境保护行政主管部门依法责令改正，还可以并处罚款。

8.2 施工节约能源制度

8.2.1 节约能源法概述

1. 节约能源与节约能源法

节约能源是指加强用能管理，采取技术上可行、经济上合理以及环境和社会可以承受的措施，从能源生产到消费的各个环节，降低消耗、减少损失和污染物排放、制止浪费，有效、合理地利用能源。

早在1997年我国就制定了《中华人民共和国节约能源法》（以下简称《节约能源法》），2007年9月28日，重新修订的《节约能源法》为我国科学发展再添法律利器，其有助于解决当前我国经济发展与能源资源及环境之间日益尖锐的矛盾。

2. 节能管理制度

（1）节能目标责任制和节能考核评价制度

修订后的《节约能源法》规定，国家实行节能目标责任制和节能评价考核制度，将节能目标完成情况作为对地方政府及其负责人考核评价的内容；省级地方政府每年要向国务院报告节能目标责任的履行情况。这使节能问责制的要求刚性化、法定化，有利于增强各级领导干部的节能责任意识，强化政府的主导责任。

（2）固定资产投资项目节能评估和审查制度

《节约能源法》规定，应建立固定资产投资项目节能评估和审查制度，通过项目评估和节能评审，控制不符合强制性节能标准和节能设计规范的投资项目，遏制高耗能行业盲目发展和过快增长。

（3）落后高耗能产品、设备和生产工艺淘汰制度

《节约能源法》规定，国家要制定并公布淘汰的用能产品、设备和生产工艺的目录及实施办法；禁止生产、进口、销售国家明令淘汰的用能产品、设备。这不仅把住了高耗能产品、设备和生产工艺的市场入口关，也加大了淘汰力度。

（4）重点用能单位节能管理制度

《节约能源法》明确了重点用能单位的范围，对重点用能单位和一般用能单位实行分类指导和管理；规定重点用能单位应每年向管理节能工作部门报送能源利用状况报告；要求管理节能工作的部门加强对重点用能单位的监督和管理；规定重点用能单位必须设立能源管理岗位，聘任能源管理负责人。

（5）能效标识管理制度

新修订的《节约能源法》将能效标识管理作为一项法律制度确立下来，明确了能效标识的实施对象，要求生产者和进口商必须对能效标识及相关信息的准确性负责，并对应标但未标、违规使用能效标识等行为规定了具体的处罚措施。

（6）节能表彰奖励制度

《节约能源法》规定，各级人民政府对在节能管理、节能科学技术研究和推广应用中有显著成绩以及检举严重浪费能源行为的单位和个人，给予表彰和奖励。这是加强节能管理的一项鼓励措施，旨在为全社会树立先进典型，激发全社会做好节能工作的积极性。

8.2.2　建筑节能与施工节能

1. 建筑节能的规定

《节约能源法》规定，国家实行固定资产投资项目节能评估和审查制度。不符合强制性节能标准的项目，依法负责项目审批或者核准的机关不得批准或者核准建设；建设单位不得开工建设；已经建成的，不得投入生产、使用。

国家鼓励在新建建筑和既有建筑节能改造中使用新型墙体材料等节能建筑材料和节能设备，安装和使用太阳能等可再生能源利用系统。

建筑工程的建设、设计、施工和监理单位应当遵守建筑节能标准。

（1）采用太阳能、地热能等可再生能源

《民用建筑节能条例》规定，国家鼓励和扶持在新建建筑和既有建筑节能改造中采用太阳能、地热能等可再生能源。

在具备太阳能利用条件的地区，有关地方人民政府及其部门应当采取有效措施，鼓励和扶持单位、个人安装使用太阳能热水系统、照明系统、供热系统、采暖制冷系统等太阳能利用系统。

（2）新建建筑节能的规定

国家推广使用民用建筑节能的新技术、新工艺、新材料和新设备，限制使用或者禁止使用能源消耗高的技术、工艺、材料和设备。国家限制进口或者禁止进口能源消耗高的技术、材料和设备。

建设单位、设计单位、施工单位不得在建筑活动中使用列入禁止使用目录的技术、工艺、材料和设备。

① 施工图审查机构的节能义务

施工图设计文件审查机构应当按照民用建筑节能强制性标准对施工图设计文件进行审查；经审查不符合民用建筑节能强制性标准的，县级以上地方人民政府建设主管部门不得颁发施工许可证。

② 建设单位的节能义务

建设单位不得明示或者暗示设计单位、施工单位违反民用建筑节能强制性标准进行设计、施工，不得明示或者暗示施工单位使用不符合施工图设计文件要求的墙体材料、保温材料、门窗、采暖制冷系统和照明设备。

按照合同约定由建设单位采购墙体材料、保温材料、门窗、采暖制冷系统和照明设备的，建设单位应当保证其符合施工图设计文件要求。

建设单位组织竣工验收，应当对民用建筑是否符合民用建筑节能强制性标准进行查验；对不符合民用建筑节能强制性标准的，不得出具竣工验收合格报告。

③ 设计单位、施工单位、工程监理单位的节能义务。

设计单位、施工单位、工程监理单位及其注册执业人员，应当按照民用建筑节能强制性标准进行设计、施工、监理。

施工单位应当对进入施工现场的墙体材料、保温材料、门窗、采暖制冷系统和照明设备进行查验；不符合施工图设计文件要求的，不得使用。

工程监理单位发现施工单位不按照民用建筑节能强制性标准施工的，应当要求施工单位改正；施工单位拒不改正的，工程监理单位应当及时报告建设单位，并向有关主管部门报告。

墙体、屋面的保温工程施工时，监理工程师应当按照工程监理规范的要求，采取旁站、巡视和平行检验等形式实施监理。未经监理工程师签字，墙体材料、保温材料、门窗、采暖制冷系统和照明设备不得在建筑上使用或者安装，施工单位不得进行下一道工序的施工。

（3）既有建筑节能的规定

既有建筑节能改造，是指对不符合民用建筑节能强制性标准的既有建筑的围护结构、供热系统、采暖制冷系统、照明设备和热水供应设施等实施节能改造的活动。

实施既有建筑节能改造，应当符合民用建筑节能强制性标准，优先采用遮阳、改善通风等低成本改造措施。既有建筑围护结构的改造和供热系统的改造应当同步进行。

2. 施工节能的规定

《循环经济促进法》规定，建筑设计、建设、施工等单位应当按照国家有关规定和标准，对其设计、建设、施工的建筑物及构筑物采用节能、节水、节地、节材的技术工艺和小型、轻型、再生产品。有条件的地区，应当充分利用太阳能、地热能、风能等可再生能源。

（1）节材与材料资源利用

《循环经济促进法》规定，国家鼓励利用无毒无害的固体废物生产建筑材料，鼓励使用散装水泥，推广使用预拌混凝土和预拌砂浆。禁止损毁耕地烧砖。在国务院或者省、自治区、直辖市人民政府规定的期限和区域内，禁止生产、销售和使用黏土砖。

《绿色施工导则》进一步规定，图纸会审时，应审核节材与材料资源利用的相关内容，达到材料损耗率比定额损耗率降低 30％；根据施工进度、库存情况等合理安排材料的采购、进场时间和批次，减少库存；现场材料堆放有序；储存环境适宜，措施得当；保管制度健全，责任落实；材料运输工具适宜，装卸方法得当，防止损坏和遗洒；根据现场平面布置情况就近卸载，避免和减少二次搬运，采取技术和管理措施提高模板、脚手架等的周转次数；优化安装工程的预留、预埋、管线路径等方案；应就地取材，施工现场 500 公里以内生产的建筑材料用量占建筑材料总重量的 70％以上。

此外，还分别就结构材料、围护材料、装饰装修材料、周转材料提出了明确要求。例如，结构材料节材与材料资源利用的技术要点是：

1）推广使用预拌混凝土和商品砂浆。准确计算采购数量、供应频率、施工速度等，在施工过程中动态控制。结构工程使用散装水泥；

2）推广使用高强钢筋和高性能混凝土，减少资源消耗；

3）推广钢筋专业化加工和配送；

4）优化钢筋配料和钢构件下料方案。钢筋及钢结构制作前应对下料单及样品进行复核，无误后方可批量下料；

5）优化钢结构制作和安装方法。大型钢结构宜采用工厂制作，现场拼装；宜采用分段吊装、整体提升、滑移、顶升等安装方法，减少方案的措施用材量；

6）采取数字化技术，对大体积混凝土、大跨度结构等专项施工方案进行优化。

（2）节水与水资源利用

《循环经济促进法》规定，国家鼓励和支持使用再生水。企业应当发展串联用水系统和循环用水系统，提高水的重复利用率。企业应当采用先进技术、工艺和设备，对生产过程中产生的废水进行再生利用。

《绿色施工导则》进一步对提高用水效率、非传统水源利用和安全用水作出规定。

1）提高用水效率：

① 施工中采用先进的节水施工工艺。

② 施工现场喷洒路面、绿化浇灌不宜使用市政自来水。现场搅拌用水、养护用水应采取有效的节水措施，严禁无措施浇水养护混凝土。

③ 施工现场供水管网应根据用水量设计布置，管径合理、管路简捷，采取有效措施减少管网和用水器具的漏损。

④ 现场机具、设备、车辆冲洗用水必须设立循环用水装置。施工现场办公区、生活区的生活用水采用节水系统和节水器具，提高节水器具配置比率。项目临时用水应使用节水型产品，安装计量装置，采取针对性的节水措施。

⑤ 施工现场建立可再利用水的收集处理系统，使水资源得到梯级循环利用。

⑥ 施工现场分别对生活用水与工程用水确定用水定额指标，并分别计量管理。

⑦ 大型工程的不同单项工程、不同标段、不同分包生活区，凡具备条件的应分别计量用水量。在签订不同标段分包或劳务合同时，将节水定额指标纳入合同条款，进行计量考核。

⑧ 对混凝土搅拌站点等用水集中的区域和工艺点进行专项计量考核。施工现场建立雨水、中水或可再利用水的搜集利用系统。

2）非传统水源利用：

① 优先采用中水搅拌、中水养护，有条件的地区和工程应收集雨水养护。

② 处于基坑降水阶段的工地，宜优先采用地下水作为混凝土搅拌用水、养护用水、冲洗用水和部分生活用水。

③ 现场机具、设备、车辆冲洗，喷洒路面，绿化浇灌等用水，优先采用非传统水源，尽量不使用市政自来水。

④ 大型施工现场，尤其是雨量充沛地区的大型施工现场建立雨水收集利用系统，充分收集自然降水用于施工和生活中适宜的部位。

⑤ 力争施工中非传统水源和循环水的再利用量大于30%。

3）安全用水：在非传统水源和现场循环再利用水的使用过程中，应制定有效的水质检测与卫生保障措施，确保避免对人体健康、工程质量以及周围环境产生不良影响。

（3）节能与能源利用

《绿色施工导则》对节能措施，机械设备与机具，生产、生活及办公临时设施，施工用电及照明分别作出规定。

1）节能措施：

① 制订合理施工能耗指标，提高施工能源利用率；

② 优先使用国家、行业推荐的节能、高效、环保的施工设备和机具，如选用变频技术的节能施工设备等；

③ 施工现场分别设定生产、生活、办公和施工设备的用电控制指标，定期进行计量、核算、对比分析，并有预防与纠正措施；

④ 在施工组织设计中，合理安排施工顺序、工作面，以减少作业区域的机具数量，相邻作业区充分利用共有的机具资源。安排施工工艺时，应优先考虑耗用电能的或其他能耗较少的施工工艺。避免设备额定功率远大于使用功率或超负荷使用设备的现象；

⑤ 根据当地气候和自然资源条件，充分利用太阳能、地热等可再生能源。

2）机械设备与机具：

① 建立施工机械设备管理制度，开展用电、用油计量，完善设备档案，及时做好维修保养工作，使机械设备保持低耗、高效的状态；

② 选择功率与负载相匹配的施工机械设备，避免大功率施工机械设备低负载长时间运行。机电安装可采用节电型机械设备，如逆变式电焊机和能耗低、效率高的手持电动工具等，以利节电。机械设备宜使用节能型油料添加剂，在可能的情况下，考虑回收利用，节约油量；

③ 合理安排工序，提高各种机械的使用率和满载率，降低各种设备的单位耗能。

3）生产、生活及办公临时设施：

① 利用场地自然条件，合理设计生产、生活及办公临时设施的体形、朝向、间距和窗墙面积比，使其获得良好的日照、通风和采光。南方地区可根据需要在其外墙窗设遮阳设施；

② 临时设施宜采用节能材料，墙体、屋面使用隔热性能好的材料，减少夏天空调、冬天取暖设备的使用时间及耗能量；

③ 合理配置采暖、空调、风扇数量，规定使用时间，实行分段分时使用，节约用电。

4）施工用电及照明：

① 临时用电优先选用节能电线和节能灯具，临电线路合理设计、布置，临电设备宜采用自动控制装置。采用声控、光控等节能照明灯具；

② 照明设计以满足最低照度为原则，照度不应超过最低照度的20%。

（4）节地与施工用地保护

《绿色施工导则》对临时用地指标、临时用地保护、施工总平面布置分别作出规定。

1）临时用地指标：

① 根据施工规模及现场条件等因素合理确定临时设施，如临时加工厂、现场作业棚

及材料堆场、办公生活设施等的占地指标。临时设施的占地面积应按用地指标所需的最低面积设计。

② 要求平面布置合理、紧凑，在满足环境、职业健康与安全及文明施工要求的前提下尽可能减少废弃地和死角，临时设施占地面积有效利用率大于 90%。

2）临时用地保护：

① 应对深基坑施工方案进行优化，减少土方开挖和回填量，最大限度地减少对土地的扰动，保护周边自然生态环境。

② 红线外临时占地应尽量使用荒地、废地，少占用农田和耕地。工程完工后，及时对红线外占地恢复原地形、地貌，使施工活动对周边环境的影响降至最低。

③ 利用和保护施工用地范围内原有绿色植被。对于施工周期较长的现场，可按建筑永久绿化的要求，安排场地新建绿化。

3）施工总平面布置：

① 施工总平面布置应做到科学、合理，充分利用原有建筑物、构筑物、道路、管线为施工服务；

② 施工现场搅拌站、仓库、加工厂、作业棚、材料堆场等布置应尽量靠近已有交通线路或即将修建的正式或临时交通线路，缩短运输距离；

③ 临时办公和生活用房应采用经济、美观、占地面积小、对周边地貌环境影响较小，且适合于施工平面布置动态调整的多层轻钢活动板房、钢骨架水泥活动板房等标准化装配式结构；生活区与生产区应分开布置，并设置标准的分隔设施；

④ 施工现场围墙可采用连续封闭的轻钢结构预制装配式活动围挡，减少建筑垃圾，保护土地；

⑤ 施工现场道路按照永久道路和临时道路相结合的原则布置。施工现场内形成环形通路，减少道路占用土地；

⑥ 临时设施布置应注意远近结合（本期工程与下期工程），努力减少和避免大量临时建筑拆迁和场地搬迁。

【案例 8-2】

一、背景

2013 年年底，某住宅小区 2 期工程设计完成，2014 年开始施工，按照当地规定，所有新建、改建、扩建的住宅建设项目，必须按照《夏热冬冷地区居住建筑节能设计标准》的要求进行建筑节能设计、施工。在施工过程中，建设单位按设计图纸规定的规格、数量要求采购了墙体材料、保温材料、采暖制冷系统等，并声称是优质产品；施工单位在以上材料设备进入施工现场后，便直接用于该项目的施工并形成工程实体，导致 2 期工程验收不合格。经有关部门检验，建设单位购买的墙体材料、保温材料、采暖制冷系统存在严重质量问题，根本不符合该项目设计图纸规定的质量要求。

二、问题

施工单位的行为是否违法？施工单位应承担哪些法律责任？

三、解析

《民用建筑节能条例》第 16 条规定，"施工单位应当对进入施工现场的墙体材料、保温材料、门窗、采暖制冷系统和照明设备进行查验；不符合施工图设计文件要求的，不得使用。"本案中，施工单位未对进入施工现场的墙体材料、保温材料、采暖制冷系统等进行查验，导致不符合施工图设计文件要求的墙体材料等用于该项目的施工，构成了违法行为。

《民用建筑节能条例》第41条规定，"施工单位有下列行为之一的，由县级以上地方人民政府建设主管部门责令改正，处10万元以上20万元以下的罚款；情节严重的，由颁发资质证书的部门责令停业整顿，降低资质等级或者吊销资质证书；造成损失的，依法承担赔偿责任：①未对进入施工现场的墙体材料、保温材料、门窗、采暖制冷系统和照明设备进行查验的；②使用不符合施工图设计文件要求的墙体材料、保温材料、门窗、采暖制冷系统和照明设备。"据此，当地建设主管部门应当依法责令该施工单位改正，处10万元以上20万元以下的罚款。

8.3 施工文物保护与档案法规制度

8.3.1 施工发现文物报告和保护的规定

《文物保护法》规定，地下埋藏的文物，任何单位或者个人都不得私自发掘。考古发掘的文物，任何单位或者个人不得侵占。

1. 配合建设工程进行考古发掘工作的规定

进行大型基本建设工程，建设单位应当事先报请省、自治区、直辖市人民政府文物行政部门组织从事考古发掘的单位在工程范围内有可能埋藏文物的地方进行考古调查、勘探。

确因建设工期紧迫或者有自然破坏危险，对古文化遗址、古墓葬急需进行抢救发掘的，由省、自治区、直辖市人民政府文物行政部门组织发掘，并同时补办审批手续。

2. 施工发现文物的报告和保护

《文物保护法》规定，在进行建设工程或者在农业生产中，任何单位或者个人发现文物，应当保护现场，立即报告当地文物行政部门，文物行政部门接到报告后，如无特殊情况，应当在24小时内赶赴现场，并在7日内提出处理意见。

依照以上规定发现的文物属于国家所有，任何单位或者个人不得哄抢、私分、藏匿。

3. 水下文物的报告和保护

《水下文物保护管理条例》规定，任何单位或者个人以任何方式发现遗存于中国内水、领海内的一切起源于中国的、起源国不明的和起源于外国的文物以及遗存于中国领海以外依照中国法律由中国管辖的其他海域内的起源于中国的和起源国不明的文物，应当及时报告相关部门，或者造成严重后果的，处5万元以上50万元以下的罚款；构成犯罪的，依法追究刑事责任。

未取得建设行政主管部门发给的相应等级的资质证书，擅自承担含有建筑活动的文物保护单位的修缮、迁移、重建工程的，由建设行政主管部门依照有关法律、行政法规的规定予以处罚。

4. 历史文化名城名镇名村保护范围内违法行为应承担的法律责任

《历史文化名城名镇名村保护条例》规定，在历史文化名城、名镇、名村保护范围内有下列行为之一的，由城市、县人民政府城乡规划主管部门责令停止违法行为、限期恢复原状或者采取其他补救措施；有违法所得的，没收违法所得；逾期不恢复原状或者不采取其他补救措施的，城乡规划主管部门可以指定有能力的单位代为恢复原状或者采取其他补救措施，所需费用由违法者承担；造成严重后果的，对单位并处 50 万元以上 100 万元以下的罚款，对个人并处 5 万元以上 10 万元以下的罚款；造成损失的，依法承担赔偿责任：①开山、采石、开矿等破坏传统格局和历史风貌的；②占用保护规划确定保留的园林绿地、河湖水系、道路等的；③修建生产、储存爆炸性、易燃性、放射性、毒害性、腐蚀性物品的工厂、仓库等的。

未经城乡规划主管部门会同同级文物主管部门批准，有下列行为之一的，由城市、县人民政府城乡规划主管部门责令停止违法行为、限期恢复原状或者采取其他补救措施；有违法所得的，没收违法所得；逾期不恢复原状或者不采取其他补救措施的，城乡规划主管部门可以指定有能力的单位代为恢复原状或者采取其他补救措施，所需费用由违法者承担；造成严重后果的，对单位并处 5 万元以上 10 万元以下的罚款，对个人并处 1 万元以上 5 万元以下的罚款；造成损失的，依法承担赔偿责任：①改变园林绿地、河湖水系等自然状态的；②拆除历史建筑以外的建筑物、构筑物或者其他设施的；③对历史建筑进行外部修缮装饰、添加设施以及改变历史建筑的结构或者使用性质的；④其他影响传统格局、历史风貌或者历史建筑的。有关单位或者个人经批准进行上述活动，但是在活动过程中对传统格局、历史风貌或者历史建筑构成破坏性影响的，依照以上规定予以处罚。

损坏或者擅自迁移、拆除历史建筑的，由城市、县人民政府城乡规划主管部门责令停止违法行为、限期恢复原状或者采取其他补救措施；有违法所得的，没收违法所得；逾期不恢复原状或者不采取其他补救措施的，城乡规划主管部门可以指定有能力的单位代为恢复原状或者采取其他补救措施，所需费用由违法者承担；造成严重后果的，对单位并处 20 万元以上 50 万元以下的罚款，对个人并处 10 万元以上 20 万元以下的罚款；造成损失的，依法承担赔偿责任。

擅自设置、移动、涂改或者损毁历史文化街区、名镇、名村标志牌的，由城市、县人民政府城乡规划主管部门责令限期改正；逾期不改正的，对单位处 1 万元以上 5 万元以下的罚款，对个人处 1000 元以上 1 万元以下的罚款。

5. 下文物保护违法行为应承担的法律责任

《水下文物保护管理条例》规定，破坏水下文物，私自勘探、发掘、打捞水下文物，或者隐匿、私分、贩运、非法出售、非法出口水下文物，依法给予行政处罚或者追究刑事责任。

8.3.2 档案法规

《中华人民共和国档案法》于 1987 年 9 月 5 日第六届全国人民代表大会常务委员会第二十二次会议通过，1996 年 7 月 5 日第八届全国人民代表大会常务委员会第二十次会议对其进行了修正。

依据《档案法》，2001年3月5日，建设部、国家质量监督总局联合发布了《建设工程文件归档规范》GB/T 50328—2014。该规范适用于建设工程文件的归档整理以及建设工程档案的验收。

1. 建设工程档案的种类

建设工程档案，是指在工程建设活动中直接形成的具有归档保存价值的文字、图表、声像等各种形式的历史记录。根据《建设工程文件归档整理规范》，应当归档的建设工程文件主要包括：

（1）工程准备阶段文件

工程准备阶段文件，指工程开工以前，在立项、审批、征地、勘察、设计、招投标等工程准备阶段形成的文件。

主要包括：①立项文件；②建设用地、征地、拆迁文件；③勘察、测绘、设计文件；④招投标文件；⑤开工审批文件；⑥财务文件；⑦建设、施工、监理机构及负责人名单等。

（2）监理文件

监理文件，指工程监理单位在工程监理过程中形成的文件。主要包括：①监理规划；②监理月报中的有关质量问题；③监理会议纪要中的有关质量问题；④进度控制文件；⑤质量控制文件；⑥造价控制文件；⑦分包资质文件；⑧监理通知；⑨合同与其他事项管理文件；⑩监理工作总结。

（3）施工文件

施工文件，指施工单位在工程施工过程中形成的文件。不同专业的工程对施工文件的要求不尽相同，一般包括：①施工技术准备文件；②施工现场准备文件；③地基处理记录；④工程图纸变更记录；⑤施工材料、预制构件质量证明文件及复试试验报告；⑥设备、产品质量检查、安装记录；⑦施工试验记录、隐蔽工程检查记录；⑧施工记录；⑨工程质量事故处理记录；⑩工程质量检验记录。

（4）竣工图和竣工验收文件

竣工图是指工程竣工验收后，真实反映建设工程项目施工结果的图样。竣工验收文件是指建设工程项目竣工验收活动中形成的文件。竣工验收文件主要包括：①工程竣工总结；②竣工验收记录；③财务文件；④声像、缩微、电子档案。

2. 建设工程档案的移交程序

（1）工程文件的归档范围

对与工程建设有关的重要活动、记载工程建设主要过程和现状、具有保存价值的各种载体的文件，均应收集齐全，整理立卷后归档。归档的工程文件应为原件。工程文件的内容及其深度必须符合国家有关工程勘察、设计、施工、监理等方面的技术规范、标准和规程。

（2）工程文件归档的质量要求

归档文件必须完整、准确、系统，能够反映工程建设活动的全过程。归档的文件必须经过分类整理，并应组成符合要求的案卷。根据建设程序和工程特点，归档可以分阶段进行，也可以在单位或分部工程通过竣工验收后进行。勘察、设计单位应当在任务完成时，施工、监理单位应当在工程竣工验收前，将各自形成的有关工程档案向建设单位归档。凡设计，施工及监理单位需要向本单位归档的文件，应按国家有关规定单独立卷归档。

勘察、设计、施工单位在收齐工程文件并整理立卷后，建设单位、监理单位应根据城建管理机构的要求对档案文件完整、准确、系统情况和案卷质量进行审查。审查合格后向建设单位移交。工程档案一般不少于两套，一套由建设单位保管，一套（原件）移交当地城建档案馆（室）。勘察、设计、施工、监理等单位向建设单位移交档案时，应编制移交清单，双方签字、盖章后方可交接。

（3）参建单位向建设单位移交工程文件

1）《建设工程文件归档整理规范》规定，建设、勘察、设计、施工、监理等单位应将工程文件的形成和积累纳入工程建设管理的各个环节和有关人员的职责范围。建设单位在工程招标及与勘察、设计、施工、监理等单位签订合同时，应对工程文件的套数、费用、质量、移交时间等提出明确要求。勘察、设计、施工、监理等单位应将本单位形成的工程文件立卷后向建设单位移交。

建设工程项目实行总承包的，总包单位负责收集、汇总各分包单位形成的工程档案，并应及时向建设单位移交；各分包单位应将本单位形成的工程文件整理、立卷后及时移交总包单位。建设工程项目由几个单位承包的，各承包单位负责收集、整理立卷其承包项目的工程文件，并应及时向建设单位移交。

2）建设单位应当收集和整理工程准备阶段、竣工验收阶段形成的文件，并应进行立卷归档。建设单位还应当负责组织、监督和检查勘察、设计、施工、监理等单位的工程文件的形成、积累和立卷归档工作，并收集和汇总勘察、设计、施工、监理等单位立卷归档的工程档案。

（4）建设单位向政府主管机构移交建设项目档案

《建设工程质量管理条例》第十七条规定："建设单位应当严格按照国家有关档案管理的规定，及时收集、整理建设项目各环节的文件资料，建立、健全建设项目档案，并在建设工程竣工验收后，及时向建设行政主管部门或者其他有关部门移交建设项目档案。"

城建档案馆（室）档案接收范围内的工程，建设单位在组织工程竣工验收前，应提请城建档案管理机构对工程档案进行预验收。建设单位未取得城建档案管理机构出具的认可文件，不得组织工程竣工验收。

城建档案管理部门在进行工程档案验收时，应重点验收以下内容：①工程档案齐全、系统、完整；②工程档案的内容真实、准确地反映工程建设活动和工程实际状况；③工程档案已整理立卷，立卷符合规定；④竣工图绘制方法、图式及规格等符合专业技术要求，图面整洁，盖有竣工图章；⑤文件的形成、来源符合实际，要求单位或个人签章的文件，其签章手续完备；⑥文件材质、幅面、书写、绘图、用墨、托裱等符合要求。

列入城建档案馆（室）接收范围的工程，建设单位在工程竣工验收后 3 个月内，必须向城建档案馆（室）移交一套符合规定的工程档案。

停建、缓建建设工程的档案，暂由建设单位保管。对改建、扩建和维修工程，建设单位应当组织设计、施工单位据实修改、补充和完善原工程档案。对改变的部件，应当重新编制工程档案，并在工程竣工验收后3个月内向城建档案馆（室）移交。

建设单位向城建档案馆（室）移交工程档案时，应办理移交手续，填写移交目录，双方签字、盖章后交接。

建设工程竣工验收后，建设单位未按规定移交建设工程档案的，依据《建设工程质量管理条例》第五十九条的规定，建设单位除应被责令改正外，还应当受到罚款的行政处罚。

3. 重大建设项目档案验收

为加强重大建设项目档案管理工作，确保重大建设项目档案的完整、准确、系统和安全，根据《中华人民共和国档案法》和国家有关规定，2006年6月14日国家档案局和国家发改委联合制定了《重大建设项目档案验收办法》。该办法对重大建设项目档案验收的组织、验收申请、验收要求作出了具体规定。

《重大建设项目档案验收办法》规定，项目建设单位（法人）应将项目档案工作纳入项目建设管理程序，与项目建设实行同步管理，建立项目档案工作领导责任制和相关人员岗位责任制。未经档案验收或档案验收不合格的项目，不得进行或通过项目的竣工验收。

（1）验收组织

1）项目档案验收的组织

国家发展和改革委员会组织验收的项目，由国家档案局组织项目档案的验收；

国家发展和改革委员会委托中央主管部门（含中央管理企业，下同）、省级政府投资主管部门组织验收的项目，由中央主管部门档案机构、省级档案行政管理部门组织项目档案的验收、验收结果报国家档案局备案；

省以下各级政府投资主管部门组织验收的项目，由同级档案行政管理部门组织项目档案的验收；

国家档案局对中央主管部门档案机构、省级档案行政管理部门组织的项目档案验收进行监督、指导。项目主管部门、各级档案行政管理部门应加强项目档案验收前的指导和咨询，必要时可组织预检。

2）项目档案验收组的组成

国家档案局组织的项目档案验收，验收组由国家档案局、中央主管部门、项目所在地省级档案行政管理部门等单位组成。

中央主管部门档案机构组织的项目档案验收，验收组由中央主管部门档案机构及项目所在地省级档案行政管理部门等单位组成。

省级及省以下各级档案行政管理部门组织的项目档案验收，由档案行政管理部门、项目主管部门等单位组成。

凡在城市规划区范围内建设的项目，项目档案验收组成员应包括项目所在地的城建档案接收单位。

项目档案验收组人数为不少于5人的单数，组长由验收组织单位人员担任。必要时可邀请有关专业人员参加验收组。

（2）验收申请

项目建设单位（法人）应向项目档案验收组织单位报送档案验收申请报告，并填报《重大建设项目档案验收申请表》。项目档案验收组织单位应在收到档案验收申请报告 10 个工作日内作出答复。

项目档案验收申请报告的主要内容包括：

1）项目建设及项目档案管理概况；

2）保证项目档案的完整、准确、系统所采取的控制措施；

3）项目文件材料的形成、收集、整理与归档情况，竣工图的编制情况及质量状况；

4）档案在项目建设、管理、试运行中的作用；

5）存在的问题及解决措施。

验收要求

① 项目档案验收会议

项目档案验收应在项目竣工验收 3 个月之前完成。项目档案验收以验收组织单位召集验收会议的形式进行。项目档案验收组全体成员参加项目档案验收会议，项目的建设单位（法人）、设计、施工、监理和生产运行管理或使用单位的有关人员列席会议。

项目档案验收会议的主要议程包括：A. 项目建设单位（法人）汇报项目建设概况、项目档案工作情况；B. 监理单位汇报项目档案质量的审核情况；C. 项目档案验收组检查项目档案及档案管理情况；D. 项目档案验收组对项目档案质量进行综合评价；E. 项目档案验收组形成并宣布项目档案验收意见。

② 档案质量的评价

检查项目档案，采用质询、现场查验、抽查案卷的方式。抽查档案的数量应不少于 100 卷，抽查重点为项目前期管理性文件、隐蔽工程文件、竣工文件、质检文件、重要合同、协议等。

项目档案验收应根据《国家重大建设项目文件归档要求与档案整理规范》（DA/T 28—2002），对项目档案的完整性、准确性、系统性进行评价。

③ 项目档案验收意见的主要内容

项目档案验收意见的主要内容包括：A. 项目建设概况；B. 项目档案管理情况，包括：项目档案工作的基础管理工作，项目文件材料的形成、收集、整理与归档情况，竣工图的编制情况及质量，档案的种类、数量，档案的完整性、准确性、系统性及安全性评价，档案验收的结论性意见；C. 存在问题、整改要求与建议。

④ 档案验收结果

项目档案验收结果分为合格与不合格。项目档案验收组半数以上成员同意通过验收的为合格。

项目档案验收合格的项目，由项目档案验收组出具项目档案验收意见。

项目档案验收不合格的项目，由项目档案验收组提出整改意见，要求项目建设单位（法人）于项目竣工验收前对存在的问题限期整改，并进行复查。复查后仍不合格的，不得进行竣工验收，并由项目档案验收组提请有关部门对项目建设单位（法人）通报批评。造成档案损失的，应依法追究有关单位及人员的责任。

【案例 8-3】

一、背景

2014年10月28日，某市文物局接到群众举报，某住宅小区深基坑施工人员在取土区挖出部分文物，随之出现了民工滥挖和哄抢状况。该区文保所接到市文物局电话后，即刻赶到现场，经查情况属实。市文物局责成区文保所速报省文物局，省文物研究所3位专业人员于2014年10月30日到现场进行勘察。

这一事件引起施工管理部门、市发改委、市文物局的高度重视。为配合住宅小区施工建设，同时保护好地下文物，避免施工中再次发生类似事件，经市文物局提议，3家单位迅速联合举办文物保护学习班，15位施工单位负责人参加了学习。各施工单位反复告诫作业人员，不论在哪里发现文化遗存，都应立即停工，保护好现场，并在第一时间通报文物部门；如不及时上报，造成文物被破坏，就会触犯刑律。培训工作很快显现积极效果，12月26日，施工人员向市文物局报告，施工中发现了古墓；不到2小时，此信息上报到省文物局，文物部门对现场采取了保护性措施。

二、问题

本案中哪些行为违反了《文物保护法》的规定？施工过程中发现文物时施工单位应该采取什么措施？对文物保护违法行为应如何处理？

三、解析

根据《文物保护法》第32条规定，"在进行建设工程或者在农业生产中，任何单位或者个人发现文物，应当保护现场，立即报告当地文物行政部门"。"任何单位或者个人不得哄抢、私分、藏匿。"本案中，高速铁路施工人员在取土区挖出沉船遗骸和部分文物时，不仅没有依法及时报告，而且滥挖和哄抢文物，造成了文物破坏。施工人员的哄抢、滥挖行为以及不及时上报文物行政部门的行为，违反了《文物保护法》的规定。

根据《文物保护法》第32条规定，在施工过程中发现文物时，首先应当保护现场，停止施工，立即报告当地文物行政部门；其次，配合考古发掘单位，保护出土文物或者遗迹的安全，在发掘未结束前不得继续施工。

依据《文物保护法》第64条、第65条规定，对于盗窃、哄抢、私分或者非法侵占国有文物的，构成犯罪的，依法追究刑事责任；造成文物丢失、损毁的，依法承担民事责任；构成违反治安管理行为的，由公安机关依法给予治安管理处罚。

本单元小结

本单元详细介绍了施工环境保护法律制度、节约能源法律制度，简单介绍了文物保护法律制度。在学习本章中内容中，特别注意施工现场的各种粉尘、废气、废水、固体废物以及噪声、振动对环境的污染和危害的防治措施、施工节能的相关规定以及档案整理、验收和移交程序。

练习题

一、单项选择题

1.《环境保护法》颁布实施时间是（   ）。

A. 1988年12月1日   B. 1989年12月1日

C. 1984 年 5 月 11 日　　　　　　　　　D. 2008 年 1 月 1 日

2. 环境规划分为短期规划、中期规划和（　　）。

A. 目标规划　　　B. 控制规划　　　C. 长期规划　　　D. 长远规划

3. 环境保护设施验收，应当与主体工程竣工验收（　　）进行。

A. 分别　　　　　B. 同时　　　　　C. 交叉　　　　　D. 顺序

4.《环境影响评价法》规定，建设项目的环境影响评价文件自批准之日起超过
（　　），方决定该项目开工建设的，其环境影响评价文件应当报原审批部门重新审核。

A. 2 年　　　　　B. 3 年　　　　　C. 4 年　　　　　D. 5 年

5.《环境影响评价法》发布时间是（　　）。

A. 2002 年 12 月 28 日　　　　　　　　B. 1999 年 12 月 1 日

C. 2000 年 10 月 1 日　　　　　　　　　D. 2005 年 5 月 1 日

6. 我国环境标准分为（　　）和地方标准。

A. 国家标准　　　B. 质量标准　　　C. 环境基础标准　　D. 行业标准

7. 环境保护"三同时"制度是指建设项目需要配套的环境保护设施，必须与主体工
程（　　）。

A. 同时论证、同时评价、同时投资

B. 同时投资、同时施工、同时评价

C. 同时设计、同时施工、同时投入使用

D. 同时设计、同时施工、同时竣工验收

8. 在城市市区范围内，建筑施工过程中使用机械设备，可能产生噪声污染的，
（　　）必须在工程开工前向工程所在地的相关部门申报相关情况。

A. 建设单位　　　B. 施工单位　　　C. 规划部门　　　D. 建设单位

9. 按照《建筑施工场界噪声限值》GB 12523—90 的规定，装饰施工阶段噪声限值是
昼间（　　），夜间（　　）。

A. 85，55　　　B. 75，55　　　C. 70，55　　　D. 62，55

10. 可能产生噪声污染的，应当由（　　）提出环境影响报告书。

A. 建设单位　　　　　　　　　　　　B. 建设行政主管部门

C. 施工单位　　　　　　　　　　　　D. 环境保护行政主管部门

二、多项选择题

1. 某钢厂拟在市城区的轧制分厂扩建一条冲压生产线，考虑到可能产生的环境噪声
污染，该钢厂编制了建设项目环境影响报告书，其中报告书中应有（　　）的意见。

A. 建设项目所在地规划部门

B. 建设项目所在地工商部门

C. 建设项目所在地单位

D. 建设项目所在地居民

E. 建设项目所在地建设行政主管部门

2. 根据施工现场固体废物的减量化和回收再利用的要求，施工单位应采取的有效措
施包括（　　）。

A. 生活垃圾袋装化　　　　　　　　B. 建筑垃圾分类化

C. 建筑垃圾及时清运　　　　　　　D. 设置封闭式垃圾容器

E. 建筑垃圾集中化

3. 下列选项中，对我国《固体废物污染防治法》论述正确的是（　　　）。

A. 城市生活垃圾收集、贮存应符合环境保护和环境卫生规定

B. 产品应采取易回收的包装，有关部门应加强包装物的回收利用工作

C. 危险物的处置场所必须设有识别标志

D. 船舶贮运油类必须有防溢液、防渗流措施

E. 转移危险废物必须填写"转移单"，并向移出地环保部门报告，经接受地许可

4. 为了有效地防治扬尘大气污染，施工现场采取比较得当的措施包括（　　　）。

A. 运送土方车辆密闭严密　　　　　B. 施工现场出口设置洗车槽

C. 堆放的土方洒水、覆盖　　　　　D. 建筑垃圾分类堆放

E. 地面硬化处理

5. （　　　）不得在建筑活动中使用列入禁止使用目录的技术、工艺、材料和设备。

A. 建设单位　　B. 监理单位　　C. 设计单位　　D. 勘察单位

E. 施工单位

6. 某省辖区某市市区内发现的古文化遗址被确定为全国重点文物保护单位，则其建设控制地带由（　　　）划定。

A. 省文物行政主管部门　　　　　　B. 市文物行政主管部门

C. 省级规划行政主管部门　　　　　D. 市级规划行政主管部门

E. 国家文物局

7. 《历史文化名城名镇名村保护条例》规定，在历史文化名城、名镇、名村保护范围内禁止以下活动（　　　）。

A. 修建储存腐蚀性物品的仓库　　　B. 开采矿产

C. 进行影视剧摄制活动　　　　　　D. 举办大型群众性活动

E. 修建生产易燃性物品的工厂

8. 环境保护"三同时"制度是（　　　）。

A. 同时设计　　B. 同时施工　　　C. 同时投产使用　　D. 同时评价

E. 同时验收

9. 施工节能的规定（　　　）。

A. 节材和材料资源利用　　　　　　B. 节水与水资源利用

C. 节能与能源利用　　　　　　　　D. 节地与施工用地保护

E. 节电与发电资源利用

10. 以下属于《绿色施工导则》规定的提高用水效率的措施的是（　　　）。

A. 混凝土养护过程中应采取必要的措施

B. 将节水定额指标纳入分包或劳务合同中进行计量考核

C. 对现场各个分包生活区合计统一计量用水量

D. 临时用水采用节水型产品，安装计量装置

E. 现场车辆冲洗设立循环用水装置

三、简答题

1. 什么是环境保护法？

2. 什么是环境保护"三同时"制度？

3. 新修订的《节约能源法》的特点是什么？

4. 简述各参建单位的节能责任。

5. 简述环境影响报告书的基本内容。

6. 什么是施工现场环境保护制度？

7. 在建筑施工中如何防止地表水污染、地下水污染、大气污染、施工噪声污染、固体废物污染？

8. 在工程建设中应采取哪些消防安全措施？

9. 什么是建设工程档案？建设工程档案有哪些种类？

10. 建设工程档案的移交程序是什么？

单元9
市政工程专业相关标准

【引言】

工程建设标准通过行之有效的标准规范，特别是工程建设强制性标准，为建设工程实施安全防范措施、消除安全隐患提供统一的技术要求，以确保在现有的技术、管理条件下尽可能地保障建设工程质量安全，从而最大限度地保障工程的建造者、使用者和所有者的生命财产安全以及人身健康安全。

【学习目标】

通过本单元学习，你将能够：

√ 了解市政工程标准的效力；

√ 熟悉市政工程标准的基本规定；

√ 掌握强制性条文的规定。

9.1 城市道路工程质量检验评定标准

城市道路工程质量

2008年4月，住房与建设部在关于发布行业标准《城镇道路工程施工与质量验收规范》的公告中规定，批准《城镇道路工程施工与质量验收规范》为行业标准，编号为CJJ 1—2008，自2008年9月1日起实施。原行业标准《市政道路工程质量检验评定标准》CJJ 1—90同时废止。

本规范的主要技术内容是：总则，术语及代号，基本规定，施工准备，测量，路基，基层，沥青混合料面层，贯入式沥青表面处治面层，水泥混凝土面层，铺砌式面层，广场与停车场面层，人行道铺筑，人行道结构，挡土墙，附属构筑物，冬雨季施工，工程质量与竣工验收。

本规范以黑体字标志的条文为强制性条文，必须严格执行。

9.1.1 总则

第1.0.1条 为加强城镇道路施工技术管理，规范施工要求，统一施工质量检验及验收标准，提高工程质量，制定本规范。

第1.0.2条 本规范适用于新建、改建、扩建的道路及广场、停车场等工程的施工和质量检验、验收。

第1.0.3条 原材料、半成品或成品的质量标准，应按国家现行有关的标准执行。

第1.0.4条 城镇道路工程施工与质量验收除应执行本规范外，尚应符合国家现行有关标准的规定。

9.1.2 基本规定

第2.0.1条 施工单位应具备相应的城镇道路工程施工资质。

第2.0.2条 施工单位应建立健全施工技术、质量、安全生产管理体系，制定各项施工管理制度，并贯彻执行。

第2.0.3条 施工前，施工单位应组织有关施工技术管理人员深入现场调查，了解掌握现场情况，做好充分的施工准备工作。

第2.0.4条 工程开工前，施工单位应根据合同文件、设计文件和有关的法规、标准、规范、规程，并根据建设单位提供的施工界域内地下管线等构筑物资料、工程水文地质资料等踏勘施工现场，依据工程特点编制施工组织设计，并按其管理程序进行审批。

第2.0.5条 施工单位应按合同规定的、经过审批的有效设计文件进行施工。严禁按未经批准的设计变更、工程洽商进行施工。

第2.0.6条 施工中应对施工测量进行复核，确保准确。

第2.0.7条 施工中必须建立安全技术交底制度，并对作业人员进行相关的安全技术教育与培训。作业前主管施工技术人员必须向作业人员进行详尽的安全技术交底，并形成文件。

第2.0.8条 遇冬、雪期等特殊气候施工时，应结合工程实际情况，制定专项施工方案，并经审批程序批准后实施。

第2.0.9条 施工中，前一分项工程未经验收合格严禁进行后一分项工程施工。

第2.0.10条 与道路同期施工，敷设于城镇道路下的新管线等构筑物，应按先深后浅的原则与道路配合施工。施工中应保护好既有及新建地上杆线、地下管线等构筑物。

第2.0.11条 道路范围（含人行步道、隔离带）内的各种检查井井座应设于混凝土或钢筋混凝土井圈上。井盖宜能锁固。检查井的井盖、井座应与道路交通等级匹配。

第2.0.12条 施工中应按合同文件的要求，根据国家现行有关标准的要求，进行施工过程与成品质量控制。

第2.0.13条 道路工程应划分为单位工程、分部工程、分项工程和检测工程，作为工程施工质量检验和验收的基础。

第2.0.14条 单位工程完成后，施工单位应进行自检，并在自检合格的基础上，将竣工资料、自检结果报监理工程师，申请预验收。监理工程师应在预验合格后报建设单位申请正式验收。建设单位结合相关规定及时组织相关单位进行工程竣工验收，并应在规定时间内报建设行政主管部门备案。

9.2　城市桥梁工程质量检验评定标准

2008 年 11 月，住房和城乡建设部在关于发布行业标准《城市桥梁工程施工与质量验收规范》CJJ 2—2008 的公告【第 140 号】规定，批准《城市桥梁工程施工与质量验收规范》CJJ 2—2008 为行业标准。原行业标准《市政桥梁工程质量检验评定标准》CJJ 2—90 同时废止。

本规范的主要内容是：总则，基本规定，施工准备，测量，模板、支架和拱架，钢筋，混凝土，预应力混凝土，砌体，基础，墩台，支座，混凝土梁（板），钢梁，结合梁，拱部与拱上结构，斜拉桥，悬索桥，顶进箱涵，桥面系，附属结构，装饰与装修，工程竣工验收等。

本规范以黑体字标志的条文为强制性条文，必须严格执行。

9.2.1　总则

第 1.0.1 条　为加强城市桥梁工程施工技术管理，规范施工技术标准，统一施工质量检验、验收标准，确保工程质量，制定本规范。

第 1.0.2 条　本规范适用于一般地质条件下城市桥梁的新建、改建、扩建工程和大、中修维护工程的施工与质量验收。

第 1.0.3 条　原材料、半成品或成品的质量应符合国家现行有关标准的规定。

第 1.0.4 条　城市桥梁工程的施工及验收，除应执行本规范外，尚应符合国家现行有关标准的规定。

9.2.2　基本规定

第 2.0.1 条　施工单位应具备相应的桥梁工程施工资质。总承包施工单位，必须选择合格的分包单位。分包单位应接受总承包单位的管理。

第 2.0.2 条　施工单位应建立健全质量保证体系和施工安全管理制度。

第 2.0.3 条　施工前，施工单位应组织有关施工技术管理人员深入现场调查，了解掌握现场情况，做好充分的施工准备工作。

第 2.0.4 条　施工组织设计应按其审批程序报批，经主管领导批准后方可实施；施工中需修改或补充时，应履行原审批程序。

第 2.0.5 条　施工单位应按合同规定的或经过审批的设计文件进行施工。发生设计变更及工程洽商应按国家现行有关规定程序办理设计变更与工程洽商手续，并形成文件。严禁按未经批准的设计变更进行施工。

第 2.0.6 条　工程施工应加强各项管理工作，符合合理部署、周密计划、精心组织、文明施工、安全生产、节约资源的原则。

第 2.0.7 条　施工中应加强施工测量与试验工作，按规定作业，内业资料完整，经常复核，确保准确。

第 2.0.8 条　施工中必须建立技术与安全交底制度。作业前主管施工技术人员必须向作业人员进行安全与技术交底，并形成文件。

第2.0.9条　施工中应按合同文件规定的国家现行标准和设计文件的要求进行施工过程与成品质量控制，确保工程质量。

第2.0.10条　工程质量验收应在施工单位自检基础上，按照检验批、分项工程、分部工程（子分部工程）、单位工程顺序进行。单位工程完成且经监理工程师预验收合格后，应由建设单位按相关规定组织工程验收。各项单位工程验收合格后，建设单位应按相关规定及时组织竣工验收。

第2.0.11条　验收后的桥梁工程，应结构坚固、表面平整、色泽均匀、棱角分明、线条直顺、轮廓清晰，满足城市景观要求。

第2.0.12条　桥梁工程范围内的排水设施、挡土墙、引道等工程施工及验收应符合国家现行标准《城镇道路工程施工与质量验收规范》CJJ 1—2008 的有关规定。

9.3　城市给水排水工程质量检验评定标准

2008 年 10 月住房和城乡建设部在关于发布国家标准《给水排水管道工程施工及验收规范》的公告中规定，批准《给水排水管道工程施工及验收规范》为国家标准，编号为GB 50268—2008，自 2009 年 5 月 1 日起实施。原《给水排水管道工程施工及验收规范》GB 50268—97 和《市政排水管渠工程质量检验评定标准》CJJ 3—90 同时废止。

本规范规定的主要内容有：总则、术语、基本规定、土石方与地基处理、开槽施工管道主体结构、不开槽施工管道主体结构、沉管和桥管施工主体结构、管道附属构筑物、管道功能性试验及附录。

本规范中以黑体字标志的条文为强制性条文，必须严格执行。

9.3.1　总则

第1.0.1条　为加强给水、排水（以下简称给排水）管道工程施工管理，规范施工技术，统一施工质量检验、验收标准，确保工程质量，制定本规范。

第1.0.2条　本规范适用于新建、扩建和改建城镇公共设施和工业企业的室外给排水管道工程的施工及验收；不适用于工业企业中具有特殊要求的给排水管道施工及验收。

第1.0.3条　给排水管道工程所用的原材料、半成品、成品等产品的品种、规格、性能必须符合国家有关标准的规定和设计要求；接触饮用水的产品必须符合有关卫生要求。严禁使用国家明令淘汰、禁用的产品。

第1.0.4条　给排水管道工程施工与验收，除应符合本规范的规定外尚应符合国家现行有关标准的规定。

9.3.2　基本规定

1. 施工基本规定

第2.1.1条　从事给排水管道工程的施工单位应具备相应的施工资质，施工人员应具备相应的资格。给排水管道工程施工和质量管理应具有相应的施工技术标准。

第2.1.2条　施工单位应建立、健全施工技术、质量、安全生产等管理体系，制订各项施工管理规定，并贯彻执行。

第2.1.3条　施工单位应按照合同文件、设计文件和有关规范、标准要求，根据建设单位提供的施工界域内地下管线等构（建）筑物资料、工程水文地质资料，组织有关施工技术管理人员深入沿线调查，掌握现场实际情况，做好施工准备工作。

第2.1.4条　施工单位应熟悉和审查施工图纸，掌握设计意图与要求实行自审、会审（交底）和签证制度；发现施工图有疑问、差错时，应及时提出意见和建议；如需变更设计，应按照相应程序报审，经相关单位签证认定后实施。

第2.1.5条　施工单位在开工前应编制施工组织设计，对关键的分项、分部工程应分别编制专项施工方案。施工组织设计、专项施工方案必须按规定程序审批后执行，有变更时要办理变更审批。

第2.1.6条　施工临时设施应根据工程特点合理设置，并有总体布置方案。对不宜间断施工的项目，应有备用动力和设备。

第2.1.7条　施工测量应实行施工单位复核制、监理单位复测制，填写相关记录，并符合下列规定：

（1）施工前，建设单位应组织有关单位进行现场交桩，施工单位对所交桩进行复核测量；原测桩有遗失或变位时，应及时补桩校正，并应经相应的技术质量管理部门和人员认定；

（2）临时水准点和管道轴线控制桩的设置应便于观测、不易被扰动且必须牢固，并应采取保护措施；开槽铺设管道的沿线临时水准点，每200m不宜少于1个；

（3）临时水准点、管道轴线控制桩、高程桩，必须经过复核方可使用，并应经常校核；

（4）不开槽施工管道，沉管、桥管等工程的临时水准点、管道轴线控制桩，应根据施工方案进行设置，并及时校核；

（5）对既有管道、构（建）筑物与拟建工程衔接的平面位置和高程，开工前必须校测。

第2.1.8条　施工测量的允许偏差，应满足国家现行标准《工程测量规范》GB 50026—2007和《城市测量规范》CJJ 8—2011的有关规定；对有特定要求的管道还应遵守其特殊规定。

第2.1.9条　工程所用的管材、管道附件、构（配）件和主要原材料等产品进入施工现场时必须进行进场验收并妥善保管。进场验收时应检查每批产品的订购合同、质量合格证书、性能检验报告、使用说明书、进口产品的商检报告及证件等，并按国家有关标准规定进行复验，验收合格后方可使用。

第2.1.10条　现场配制的混凝土、砂浆、防腐与防水涂料等工程材料应经检测合格后方可使用。

第2.1.11条　所用管节、半成品、构（配）件等在运输、保管和施工过程中，必须采取有效措施防止其损坏、锈蚀或变质。

第2.1.12条　施工单位必须遵守国家和地方政府有关环境保护的法律、法规，采取有效措施控制施工现场的各种粉尘、废气、废弃物以及噪声、振动等对环境造成的污染和危害。

第2.1.13条　施工单位必须取得安全生产许可证，并应遵守有关施工安全、劳动保护、防火、防毒的法律、法规，建立安全管理体系和安全生产责任制，确保安全施工。对不开槽施工、过江河管道或深基槽等特殊作业，应制定专项施工方案。

第 2.1.14 条　在质量检验、验收中使用的计量器具和检测设备，必须经计量检定、校准合格后方可使用。承担材料和设备检测的单位，应具备相应的资质。

第 2.1.15 条　给排水管道工程施工质量控制应符合下列规定：

1　各分项工程应按照施工技术标准进行质量控制，每分项工程完成后，必须进行检验；

2　相关各分项工程之间，必须进行交接检验，所有隐蔽分项工程必须进行隐蔽验收，未经检验或验收不合格不得进行下道分项工程。

第 2.1.16 条　管道附属设备安装前应对有关的设备基础、预埋件、预留孔的位置、高程、尺寸等进行复核。

第 2.1.17 条　施工单位应按照相应的施工技术标准对工程施工质量进行全过程控制，建设单位、勘察单位、设计单位、监理单位等各方应按有关规定对工程质量进行管理。

第 2.1.18 条　工程应经过竣工验收合格后，方可投入使用。

2. 质量验收基本规定

第 2.2.1 条　给排水管道工程施工质量验收应在施工单位自检基础上，按验收批、分项工程、分部（子分部）工程、单位（子单位）工程的顺序进行，并应符合下列规定：

1　工程施工质量应符合本规范和相关专业验收规范的规定；

2　工程施工质量应符合工程勘察、设计文件的要求；

3　参加工程施工质量验收的各方人员应具备相应的资格；

4　工程施工质量的验收应在施工单位自行检查，评定合格的基础上进行；

5　隐蔽工程在隐蔽前应由施工单位通知监理等单位进行验收，并形成验收文件；

6　涉及结构安全和使用功能的试块、试件和现场检测项目，应按规定进行平行检测或见证取样检测；

7　验收批的质量应按主控项目和一般项目进行验收；每个检查项目的检查数量，除本规范有关条款有明确规定外，应全数检查；

8　对涉及结构安全和使用功能的分部工程应进行试验或检测；

9　承担检测的单位应具有相应资质；

10　外观质量应由质量验收人员通过现场检查共同确认。

第 2.2.2 条　单位（子单位）工程、分部（子分部）工程、分项工程和验收批的划分可按本规范附录 A 在工程施工前确定，质量验收记录应按本规范附录 B 填写。

第 2.2.3 条　验收批质量验收合格应符合下列规定：

1　主控项目的质量经抽样检验合格；

2　一般项目中的实测（允许偏差）项目抽样检验的合格率应达到 80%，且超差点的最大偏差值应在允许偏差值的 1.5 倍范围内；

3　主要工程材料的进场验收和复验合格，试块、试件检验合格；

4　主要工程材料的质量保证资料以及相关试验检测资料齐全、正确；具有完整的施工操作依据和质量检查记录。

第2.2.4条　分项工程质量验收合格应符合下列规定：

1　分项工程所含的验收批质量验收全部合格；

2　分项工程所含的验收批的质量验收记录应完整、正确；有关质量保证资料和试验检测资料应齐全、正确。

第2.2.5条　分部（子分部）工程质量验收合格应符合下列规定：

1　分部（子分部）工程所含分项工程的质量验收全部合格；

2　质量控制资料应完整；

3　分部（子分部）工程中，地基基础处理、桩基础检测、混凝土强度、混凝土抗渗、管道接口连接、管道位置及高程、金属管道防腐层、水压试验、严密性试验、管道设备安装调试、阴极保护安装测试、回填压实等的检验和抽样检测结果应符合本规范的有关规定；

4　外观质量验收应符合要求。

第2.2.6条　单位（子单位）工程质量验收合格应符合下列规定：

1　单位（子单位）工程所含分部（子分部）工程的质量验收全部合格；

2　质量控制资料应完整；

3　单位（子单位）工程所含分部（子分部）工程有关安全及使用功能的检测资料应完整；

4　涉及金属管道的外防腐层、钢管阴极保护系统、管道设备运行、管道位置及高程等的试验检测、抽查结果以及管道使用功能试验应符合本规范规定；

5　外观质量验收应符合要求。

第2.2.7条　给排水管道工程质量验收不合格时，应按下列规定处理：

1　经返工重做或更换管节、管件、管道设备等的验收批，应重新进行验收；

2　经有相应资质的检测单位检测鉴定能够达到设计要求的验收批，应予以验收；

3　经有相应资质的检测单位检测鉴定达不到设计要求，但经原设计单位验算认可，能够满足结构安全和使用功能要求的验收批，可予以验收；

4　经返修或加固处理的分项工程、分部（子分部）工程，改变外形尺寸但仍能满足结构安全和使用功能要求，可按技术处理方案文件和协商文件进行验收。

第2.2.8条　通过返修或加固处理仍不能满足结构安全或使用功能要求的分部（子分部）工程、单位（子单位）工程，严禁验收。

第2.2.9条　验收批及分项工程应由专业监理工程师组织施工项目的技术负责人（专业质量检查员）等进行验收。

第2.2.10条　分部（子分部）工程应由专业监理工程师组织施工项目质量负责人等进行验收。

对于涉及重要部位的地基基础、主体结构、非开挖管道、桥管、沉管等分部（子分部）工程，设计和勘察单位工程项目负责人、施工单位技术质量部门负责人应参加验收。

第2.2.11条　单位工程经施工单位自行检验合格后，应由施工单位向建设单位提出验收申请。单位工程有分包单位施工时，分包单位对所承包的工程应按本规范的规定进行验收，验收时总承包单位应派人参加；分包工程完成后，应及时地将有关资料移交总承包单位。

　　第 2.2.12 条　对符合竣工验收条件的单位工程，应由建设单位按规定组织验收。施工、勘察、设计、监理等有关单位负责人以及该工程的管理或使用单位有关人员应参加验收。

　　第 2.2.13 条　参加验收各方对工程质量验收意见不一致时，可由工程所在地建设行政主管部门或工程质量监督机构协调解决。

　　第 2.2.14 条　单位工程质量验收合格后，建设单位应按规定将竣工验收报告和有关文件，报工程所在地建设行政主管部门备案。

　　第 2.2.15 条　工程竣工验收后，建设单位应将有关文件和技术资料归档。

本单元小结

　　本单元概括介绍了现行城市道路工程质量检验评定标准、城市桥梁工程质量检验评定标准、城市给排水工程质量检验评定标准的基本规定。

练习题

一、单项选择题

1. 在工程建设标准中，不属于强制性标准用词的是（　　）。

A. 不得　　　　　　B. 不应　　　　　　C. 必须　　　　　　D. 不宜

2. 下列不属于工程建设强制性标准条文的是直接涉及（　　）方面的。

A. 安全　　　　　　B. 能源　　　　　　C. 环境　　　　　　D. 卫生

3. 在《工程建设施工企业质量管理规范》GB/T 50430—2007 中，GB/T 符号表示的此规范为（　　）。

A. 强制性国家标准　　　　　　　　B. 推荐性国家标准

C. 强制性行业标准　　　　　　　　D. 推荐性行业标准

4. 标准、规范、规程都有标准的表示方式，习惯上统称为标准。当针对操作、工艺、管理等专用技术要求时，一般采用（　　）。

A. 标准　　　　　　B. 规范　　　　　　C. 规程　　　　　　D. 规程或规范

5. 根据《建设工程质量管理条例》下列文件中，不属于工程监理单位对施工质量实施监理依据的是（　　）。

A. 施工合同中约定采用推荐性标准　　B. 工程施工图纸

C. 法律法规　　　　　　　　　　　　D. 监理合同

6. 工程监理单位在实施建立过程中，发现存在安全事故隐患，情况严重的，应当要求施工单位（　　）。

A. 暂停施工，并及时报告建设单位

B. 暂停施工，并及时报告有关主管部门

C. 整改，并及时报告建设单位

D. 整改，并及时报告有关主管部门

7. 工程施工过程中应当采取消防安全措施，下列说法中错误的是（　　）。

A. 自动消防系统的操作人员必须持证上岗

B. 禁止在具有火灾、爆炸危险的场所使用明火

C. 修建道路有可能影响消防队灭火救援的，有关单位必须事先经过当地消防机构批准

D. 禁止携带火种进入生产、储存易燃易爆危险物品的场所

8. 施工合同履行过程中，监理工程师向承包人发出了提高混凝土等级的通知，施工图纸中标明该部位的混凝土标号为 C30 标准。对该单位工程应以（　　　）为准进行质量验收。

A. 施工图纸　　　　B. 施工合同　　　　C. 技术规范　　　　D. 监理通知

9. 同一专业的两个以上不同资质等级的单位实行联合承包的，应当按照（　　　）单位的业务许可范围承揽工程。

A. 资质等级较高的　　　　　　　　B. 承担主要任务的

C. 资质等级较低的　　　　　　　　D. 联合体牵头

10. 某工程施工联合体参加资格预审并获得通过后，投标文件中其组成成员发生变化，虽未经招标人同意，但新联合体仍然符合资格预审条件要求，则招标人（　　　）。

A. 可以认定投标文件有效

B. 征得评标文员会同意后可以认定投标文件有效

C. 应当认定投标文件无效

D. 征得其他所有人同意后可以认定投标文件无效

二、多项选择题

1. 根据招投标相关法律和司法解释，下列施工合同中，属于无效合同的有（　　　）。

A. 未经发包人同意，承包人将部分非主体工程分包给具有相应自己的施工单位的合同

B. 招标文件中明确要求投标人垫资并据此与中标人签订的合同

C. 建设单位直接与专业施工单位签订的合同

D. 承包人将其承包的工程全部分包给其他有资质的承包人的合同

E. 投标人串通投标中标后与招标人签订的合同

2. 下列工程施工过程中，属于侵权责任的情形有（　　　）。

A. 工地的塔吊倒塌造成行人黄某被砸伤

B. 施工单位将施工废料倒入临近鱼塘造成供电设施损坏

C. 分包商在施工时操作不当造成公用供电设施损坏

D. 施工单位违约造成供货商重大损失

E. 施工单位未按合同约定支付项目经理李某的奖金

3. 关于工程竣工验收的说法，正确的有（　　　）。

A. 工程竣工验收合格的，以承包人送交竣工验收报告之日为竣工日期

B. 承包人送交竣工验收报告，当事人对工程质量发生争议，工程质量经鉴定合格，以承包人送交竣工验收报告之日为竣工之日

C. 工程按发包人要求修改后经竣工验收合格的以承包人首次送交竣工验收报告之日为竣工日期

D. 承包人送交竣工验收报告后，发包人拖延验收的，以承包人送交竣收验收报告之日为竣工日期

E. 建设工程未经验收，发包人擅自使用的，以建设工程转移占有之日为竣工验收日期

4. 关于工程文件与档案的整理立卷、验收移交要求的说法，符合《建设工程文件归档整理规范》的有（   ）。

A. 在施工合同中，建设单位应对工程文件套数、费用、质量、移交时间等提出明确要求

B. 建设工程项目由几个单位承包的各承包单位形成的文件由股则主要施工任务的施工单位整理立卷，并及时向建设单位移交

C. 在组织工程竣工验收前，建设单位应提请当地城建档案管理机构对工程档案进行验收

D. 未取得工程档案验收认可文件，建设单位不得组织竣工验收

E. 建设工程实行总承包的，各分包单位应将汇总、收集的档案直接向建设单位移交

5. 工程施工合同履行过程中，建设单位延迟支付工程款，则施工单位要求建设单位承担违约责任的方式可以是（   ）。

A. 继续履行合同　　　　　　　　B. 支付逾期利息

C. 降低工程质量标准　　　　　　D. 提高合同价款

E. 提高支付所有工程款

6. 下列伤害情形中，属于建筑意外伤害保险常见除外责任的由（   ）。

A. 被保险人因过失而在工程作业中坠落受伤

B. 在保险合同承揽前，被保险人发生伤害

C. 被保险人在施工现场外发生伤害

D. 被保险人在施工现场斗殴而发生伤害

E. 被保险人因涉嫌犯罪逃避追捕而被击伤

三、简答题

1. 道路工程应划分为哪几部分作为工程施工质量检验和验收的基础？

2. 单位工程完工后进行竣工验收的程序是什么？

3. 工程中对安全技术交底有哪些要求？

4. 工程对设计变更的要求有哪些？

5. 给排水管道工程施工质量验收应符合哪些规定？

参 考 文 献

［1］ 全国一级建造师执业资格考试用书编写委员会. 建设工程法规及相关知识［M］. 第四版. 北京：中国建筑工业出版社，2014.

［2］ 全国二级建造师执业资格考试用书编写委员会. 建设工程法规及相关知识［M］. 第四版. 北京：中国建筑工业出版社，2014.

［3］ 陈东佐. 建筑法规概论［M］. 第三版. 北京：中国建筑工业出版社，2011.

［4］ 国务院法制办. 中华人民共和国建筑法［M］实用版. 北京：中国法制出版社，2010.

［5］ 朱宏亮. 建设法规［M］. 第三版. 武汉：武汉理工大学出版社，2012.

［6］ 臧炜彤，韩丽红. 建设法规概论［M］. 北京：中国电力出版社，2010.

［7］ 宋宗宇. 建设工程法规概论［M］. 重庆：重庆大学出版社，2011.

［8］ 徐占发. 建设法规与案例分析［M］. 第二版. 北京：机械工业出版社，2012.

［9］ 王秀燕. 工程招投标与合同管理［M］. 第二版. 北京：机械工业出版社，2014.

［10］ 林密. 工程项目招投标与合同管理［M］. 第二版. 北京：中国建筑工业出版社，2007.

［11］ 张瑞生. 建筑工程质量与安全管理［M］. 第二版. 北京：中国建筑工业出版社，2013.

［12］ 颜剑锋. 建筑工程安全管理［M］. 北京：中国建筑工业出版社，2013.

［13］ 潘明远. 建筑工程质量事故分析与处理［M］. 北京：中国电力出版社，2007.

［14］ 曹林同. 建筑工程监理概论与实务［M］. 武汉：华中科技大学出版社，2014.

［15］ 住房和城乡建设部工程质量安全监管司组织. 建设工程安全生产法律法规［M］. 第二版. 北京：中国建筑工业出版社，2008.

［16］ 李清立. 建设工程监理［M］. 第二版. 北京：机械工业出版社，2011.

［17］ 郑润梅. 建设法规概论［M］. 第二版. 北京：中国建材工业出版社，2010.

［18］ 何佰洲. 工程建设合同与合同管理［M］. 第三版. 大连：东北财经大学出版社，2011.

［19］ 余群舟. 工程建设合同管理［M］. 北京：中国计划出版社，2008.

［20］ 丛培经. 工程项目管理［M］. 第四版. 北京：中国建筑工业出版社，2012.